Refuge

Lara Gasparotto

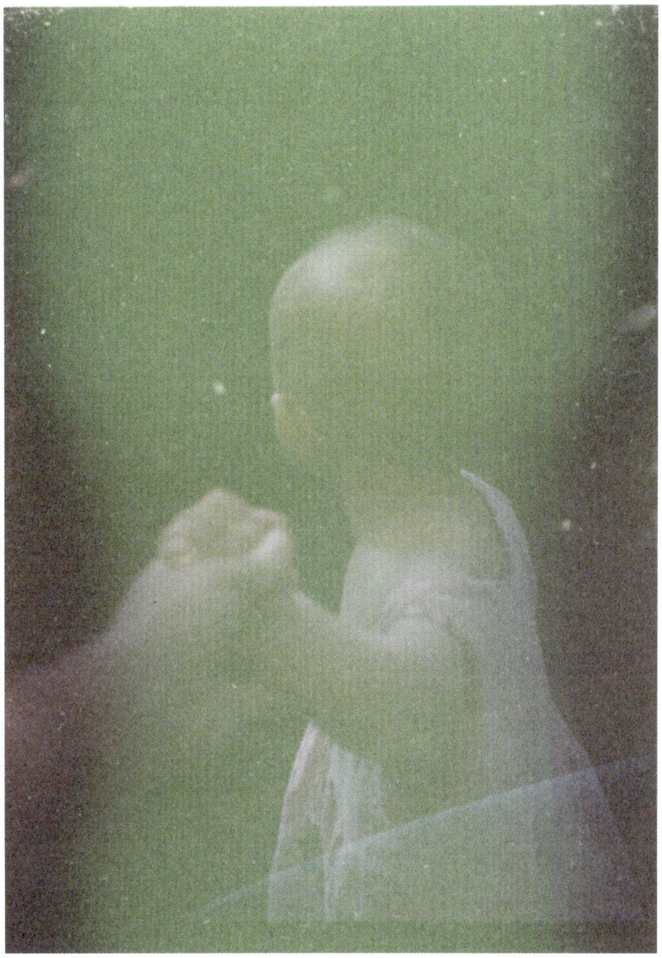

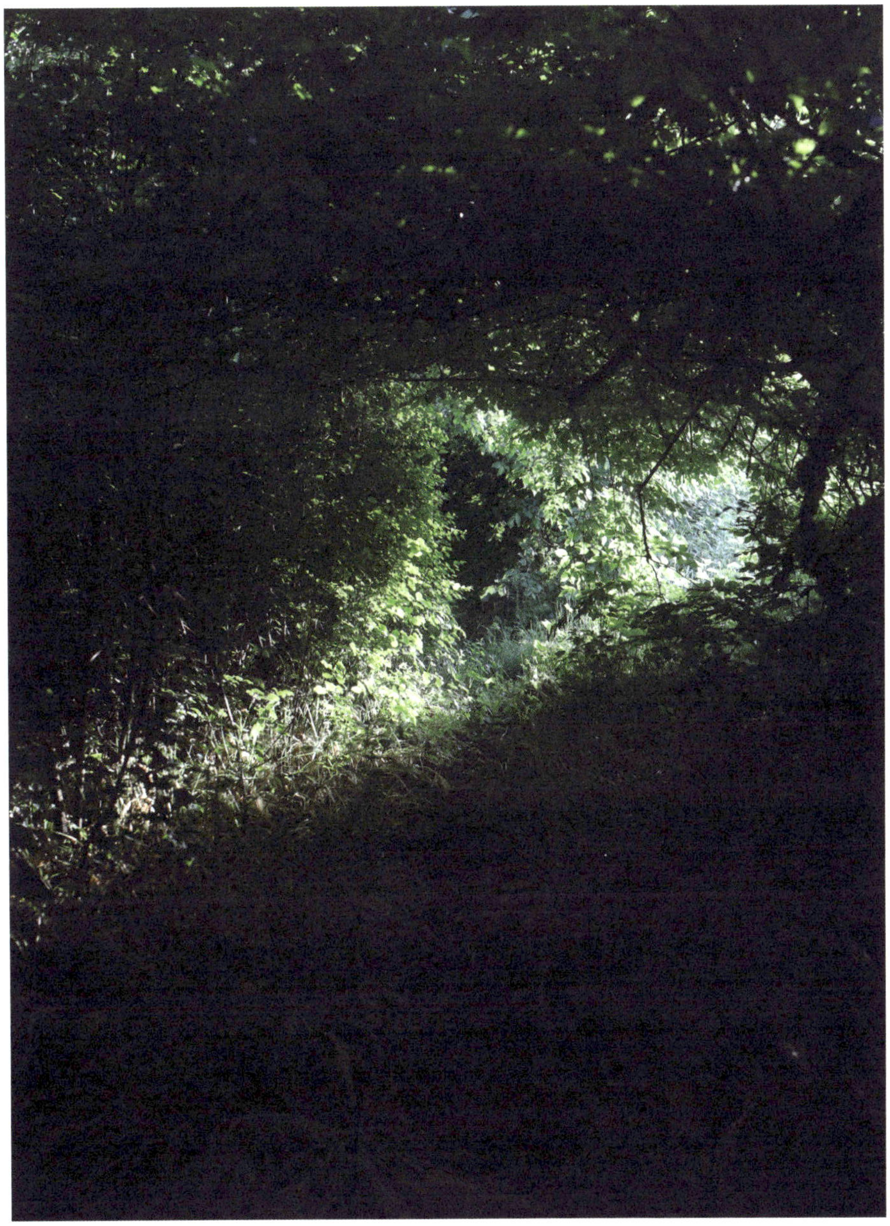

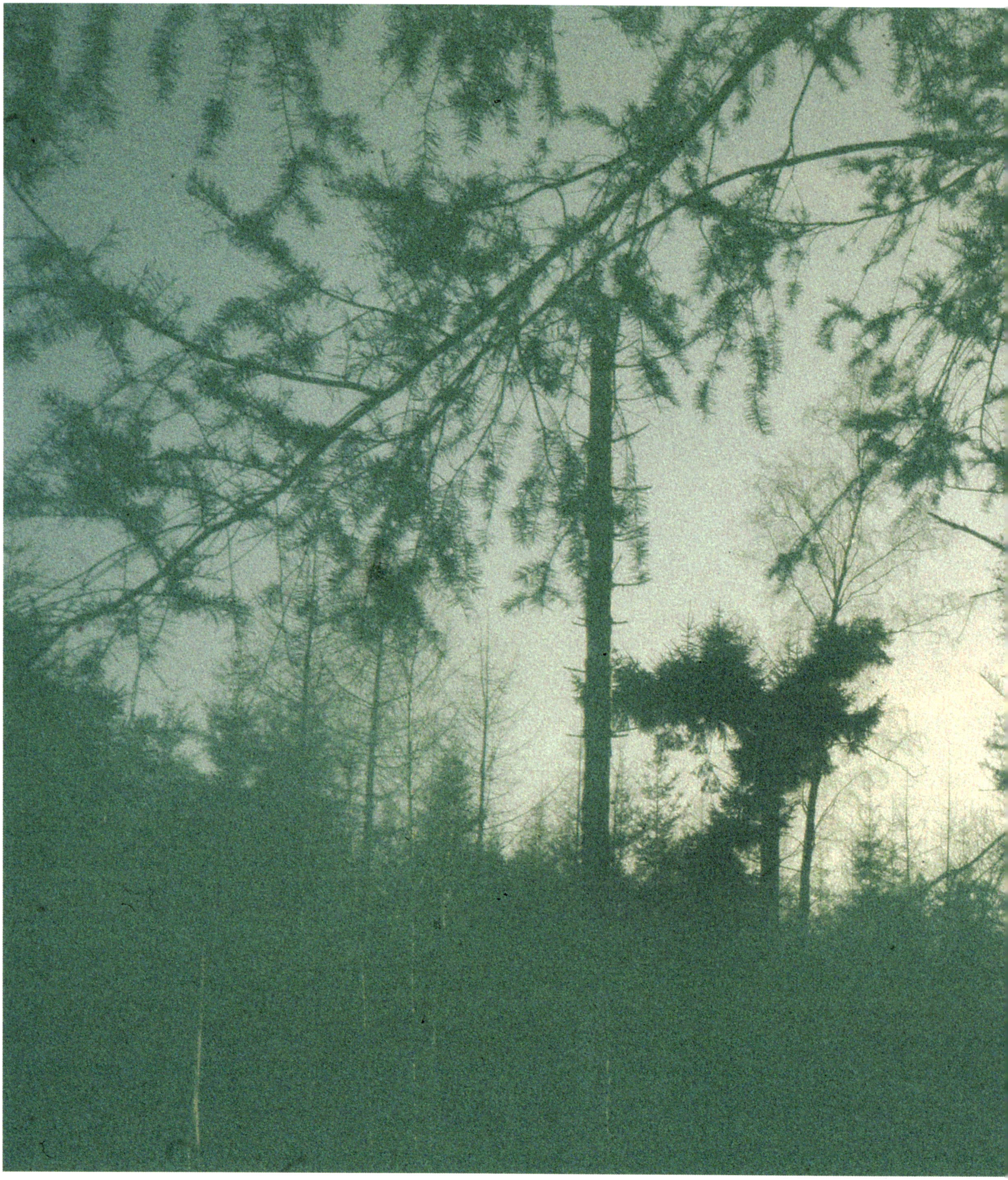

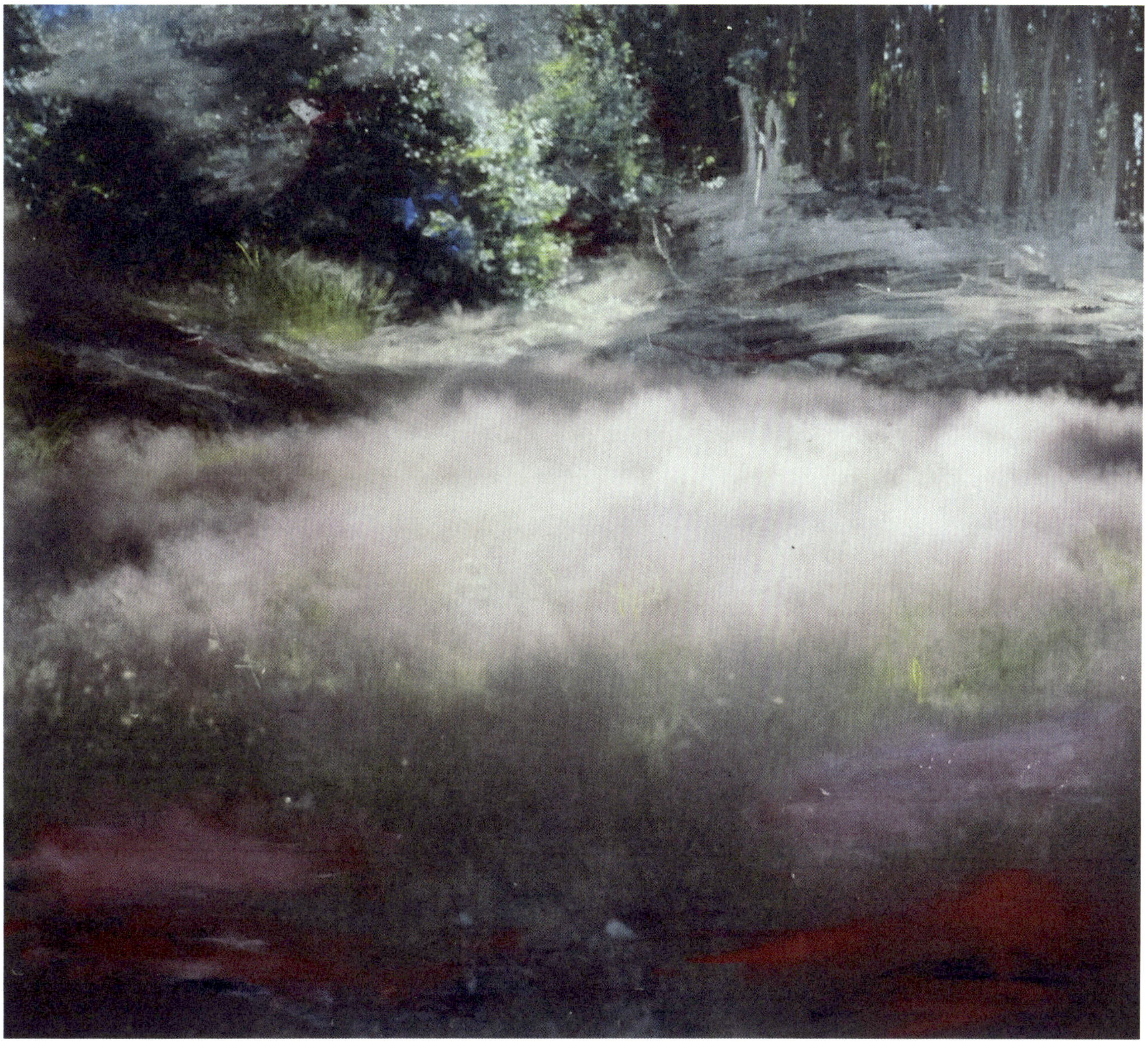

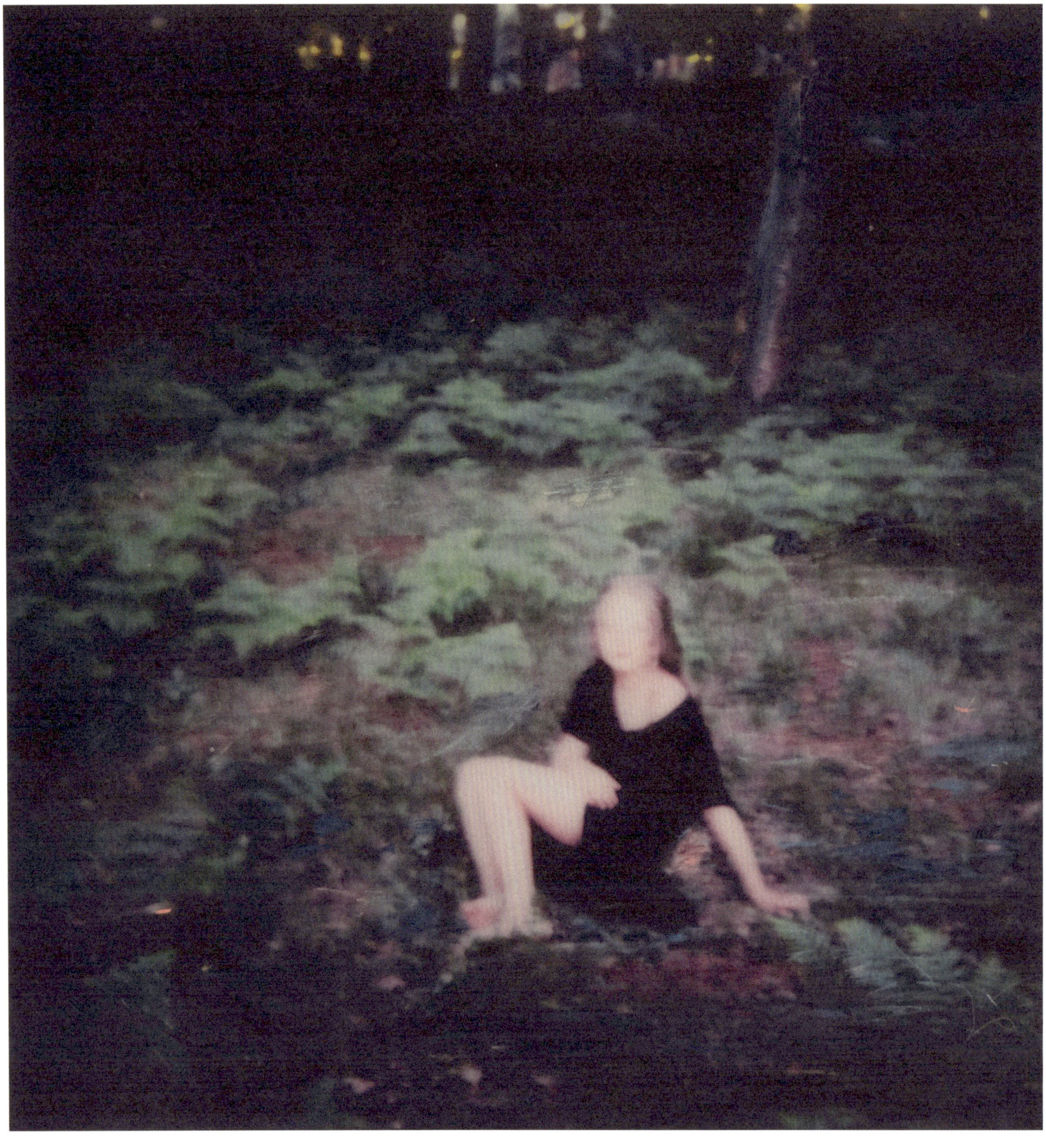

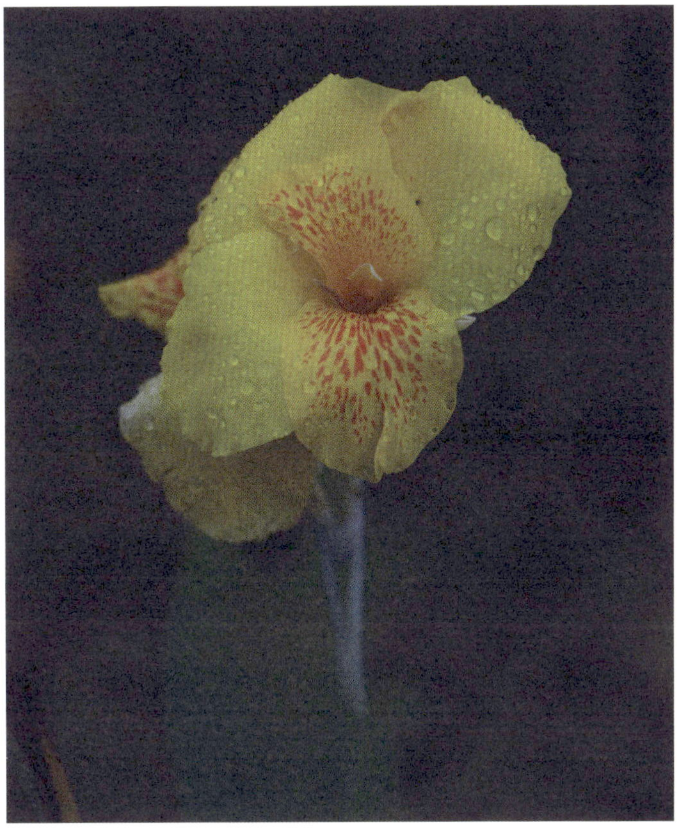

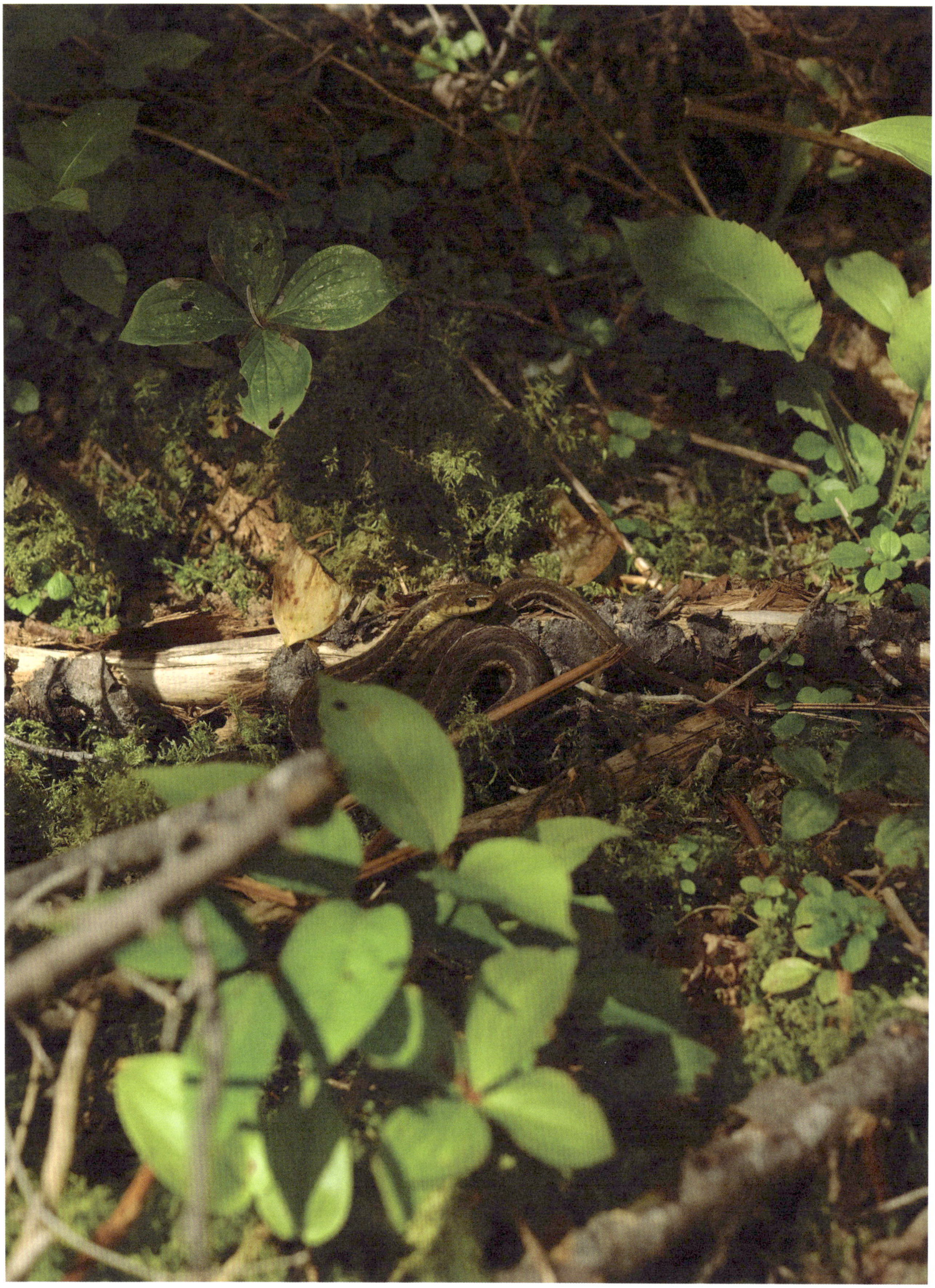

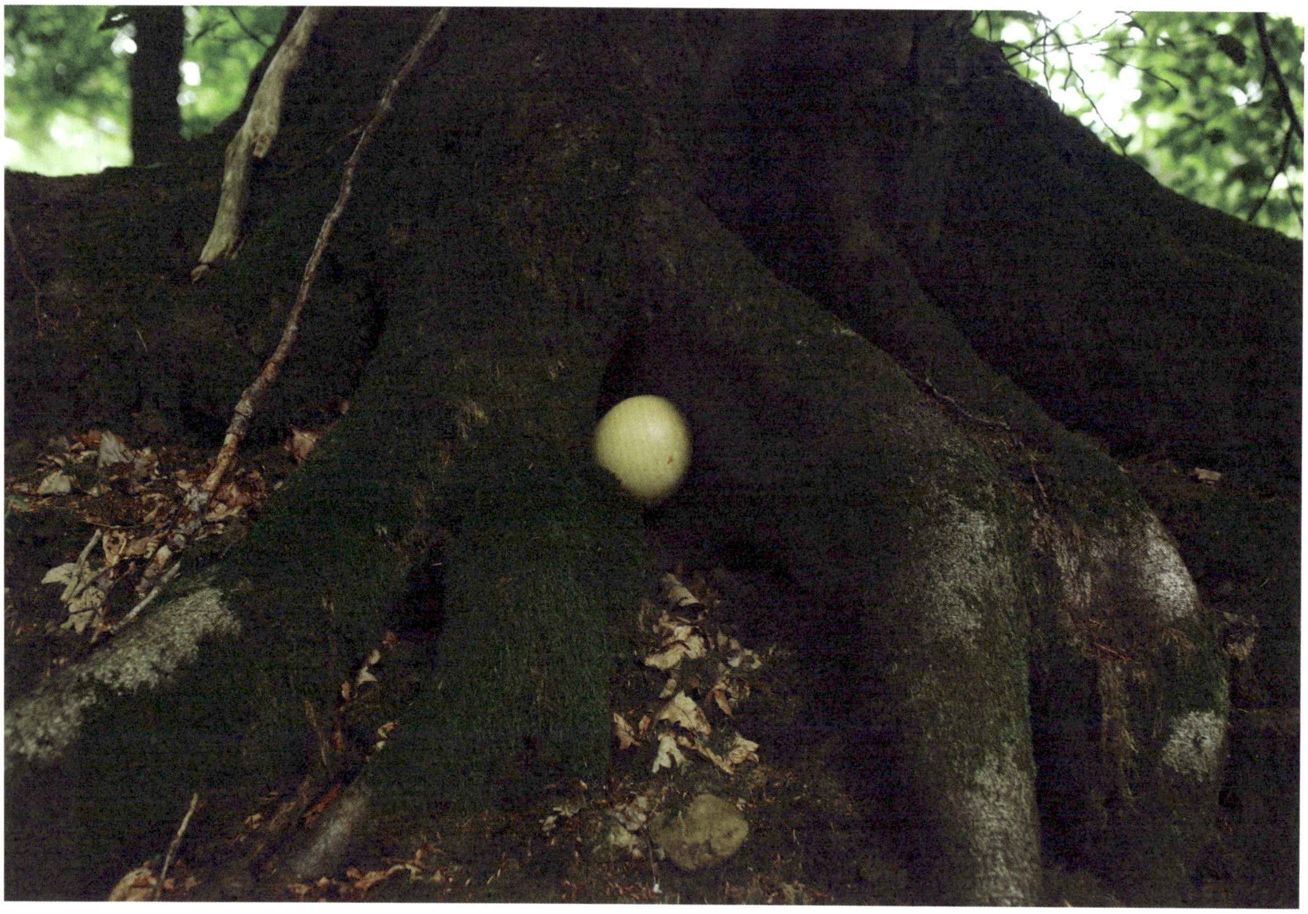

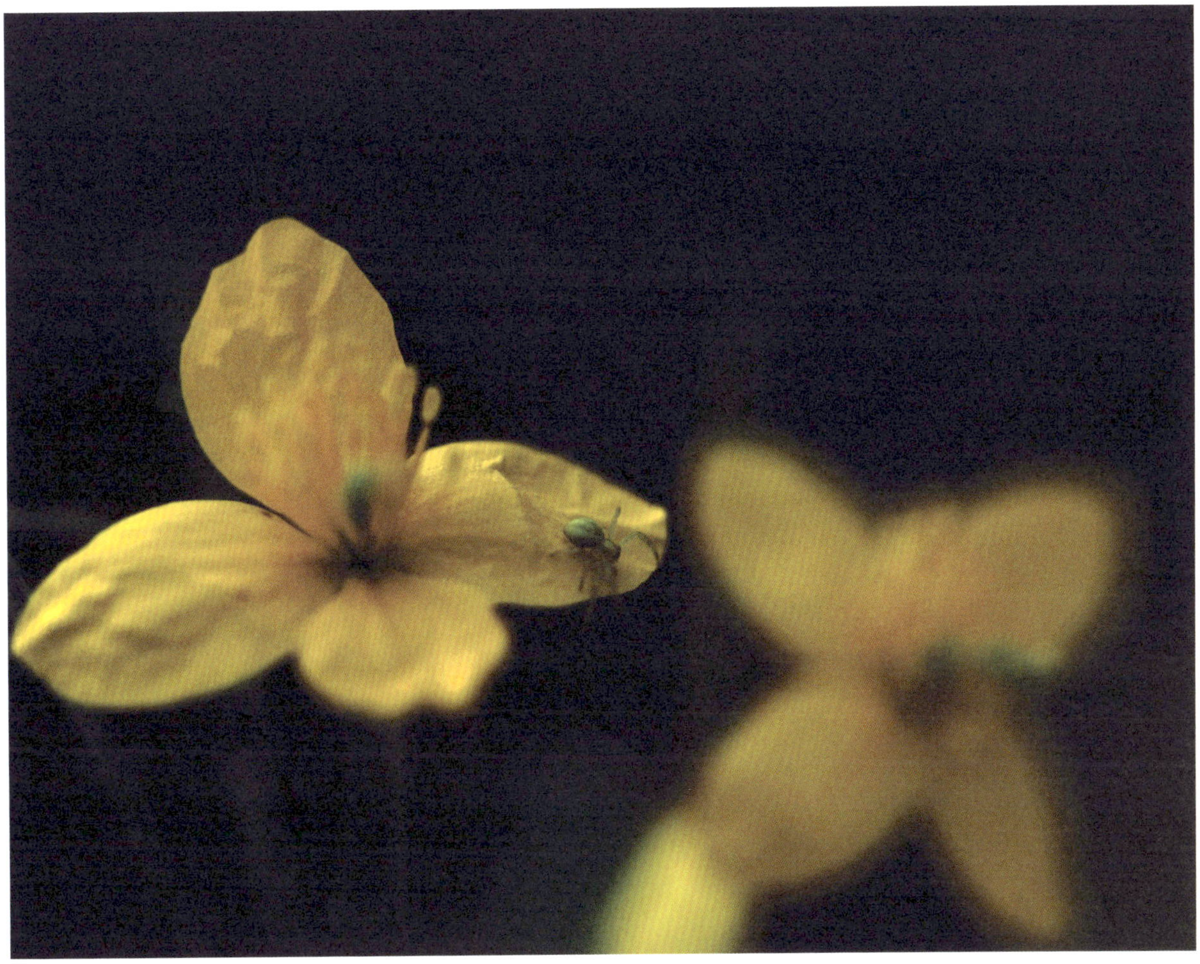

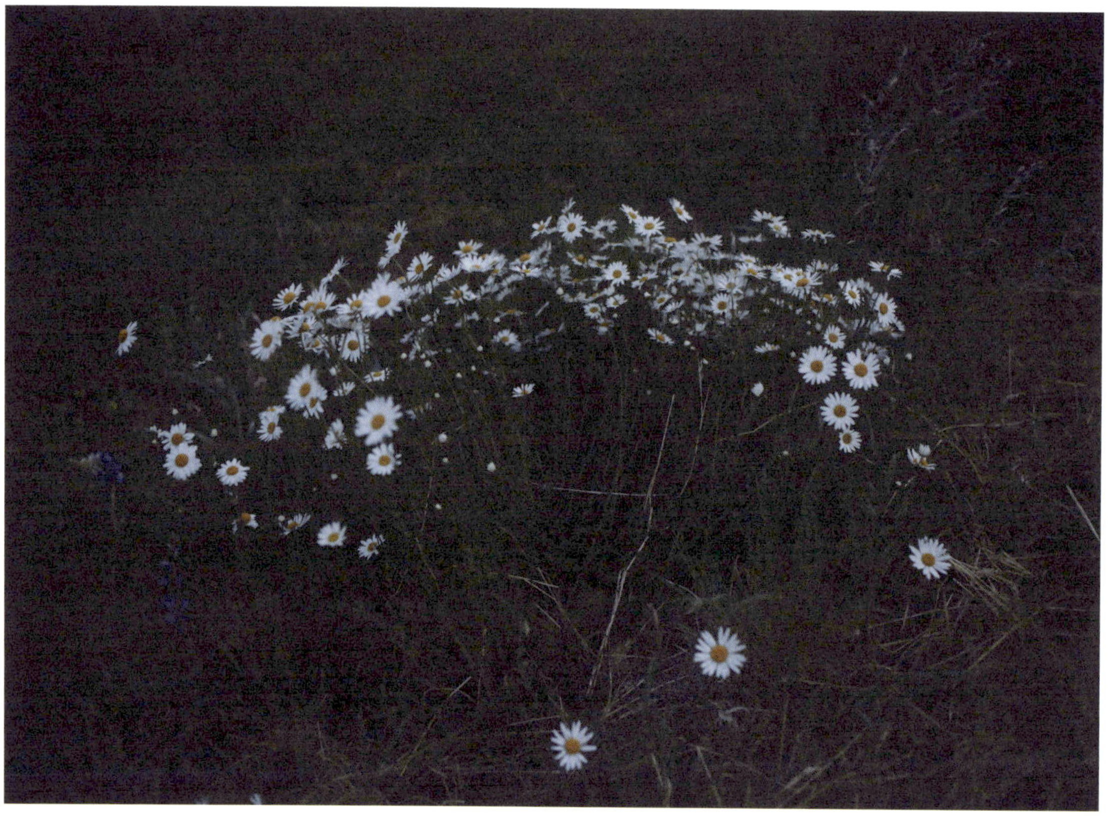

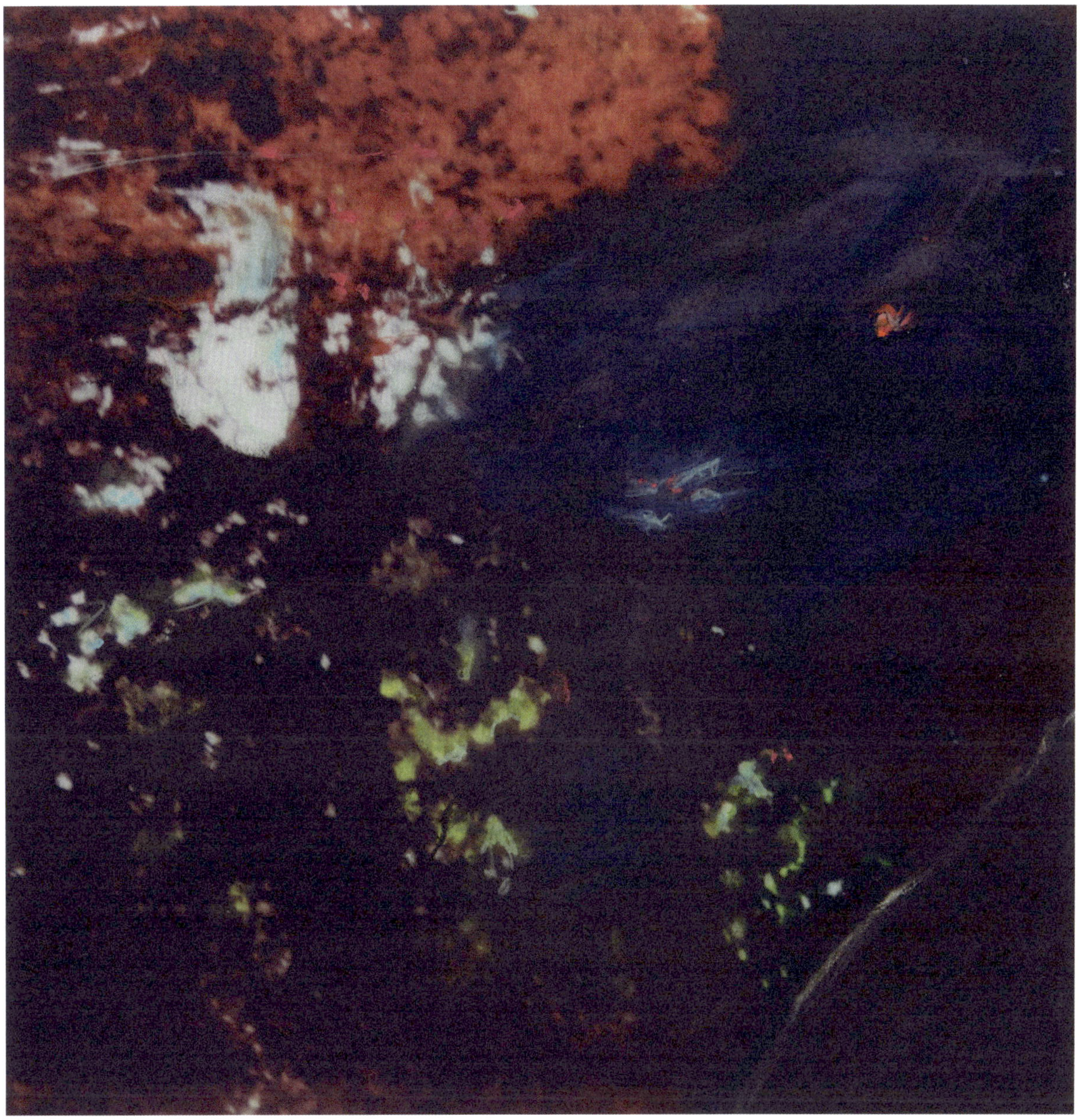

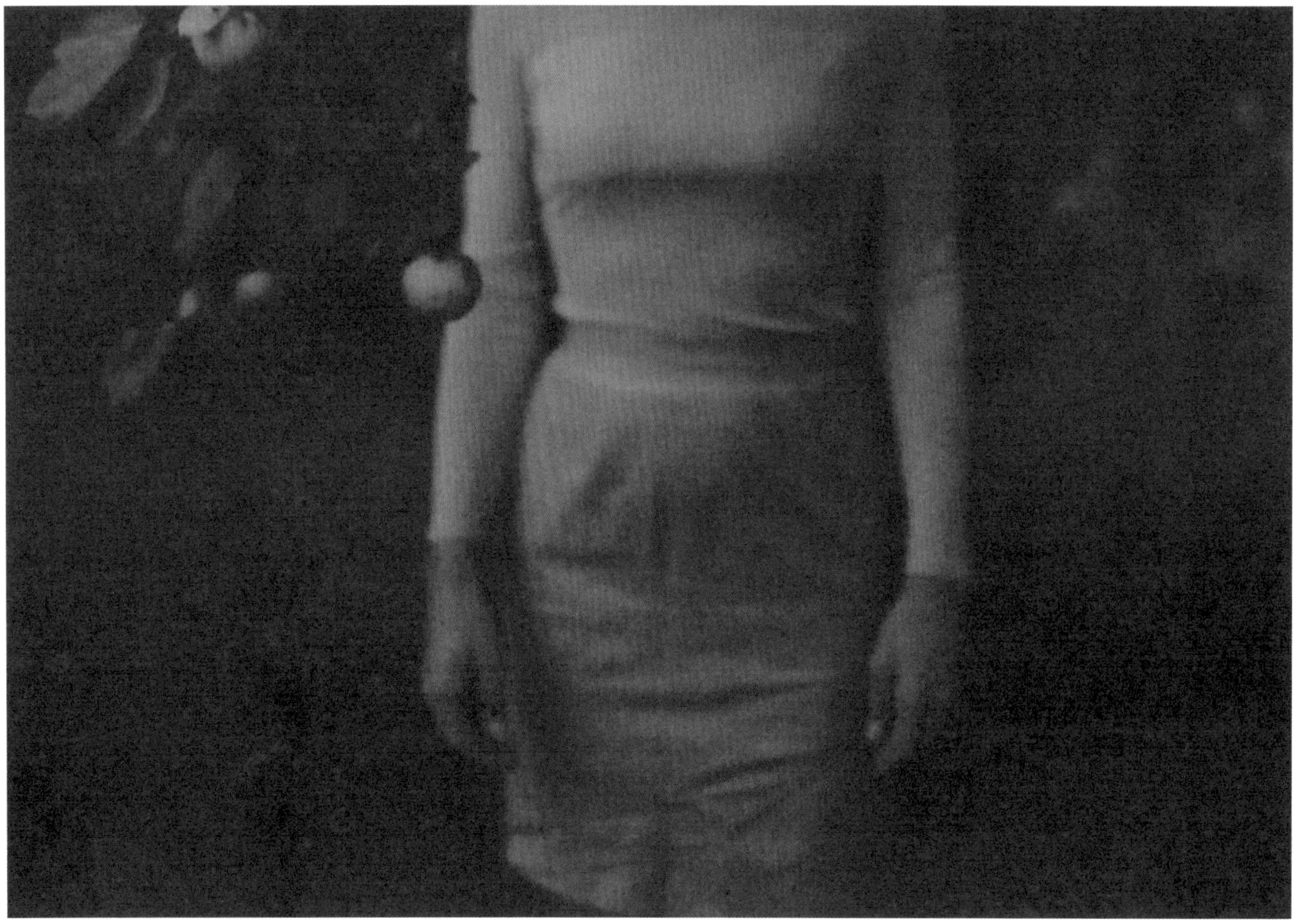

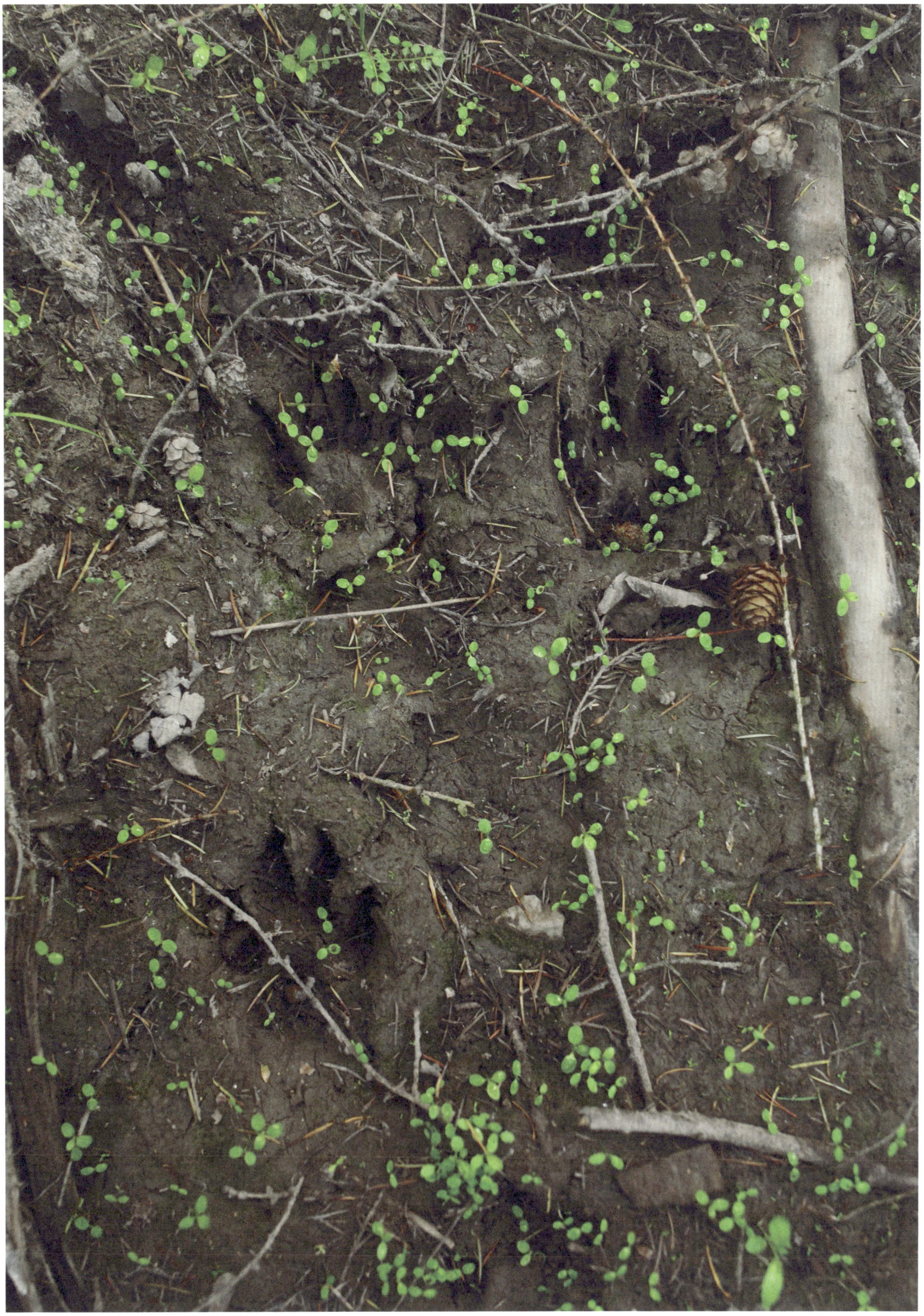

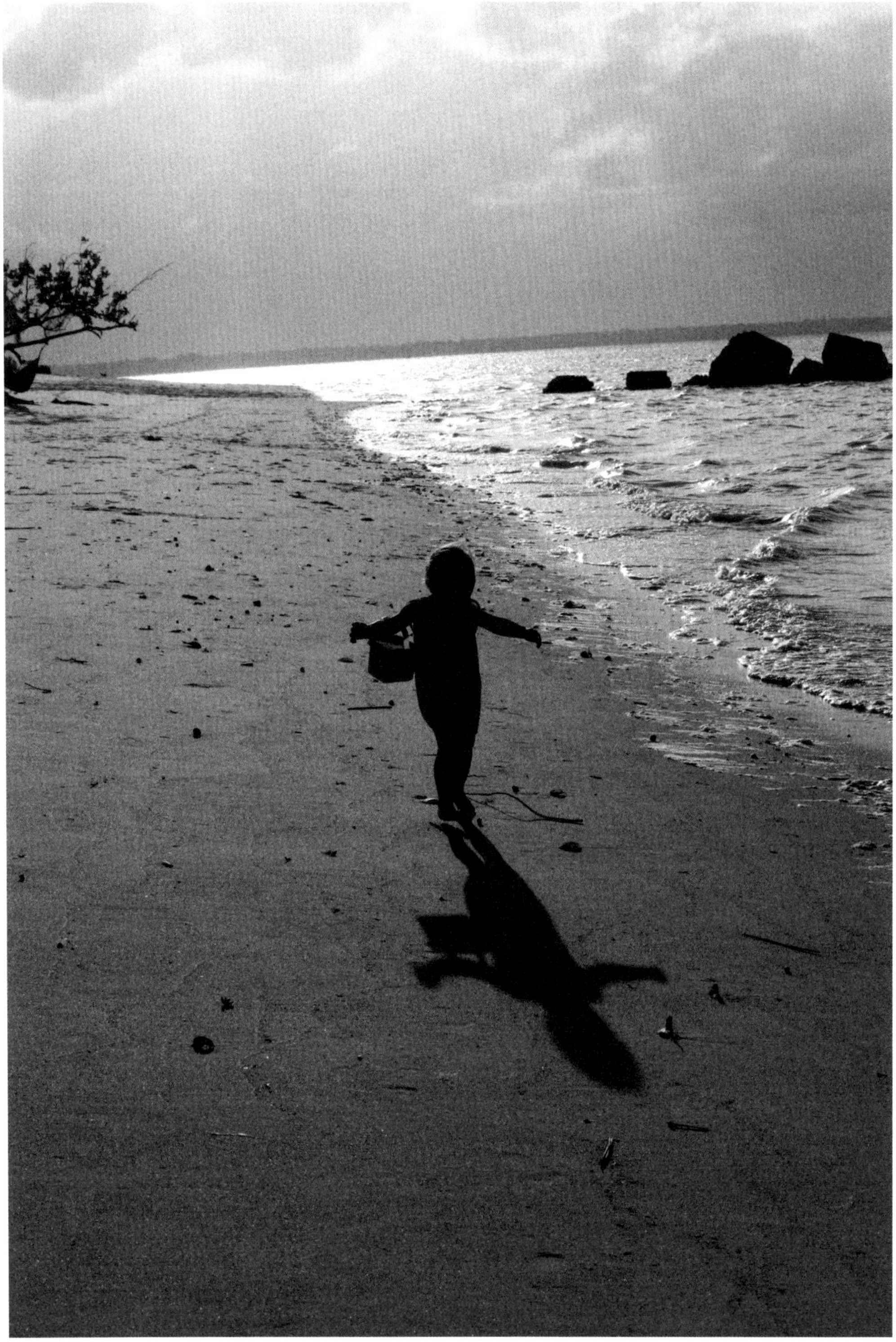

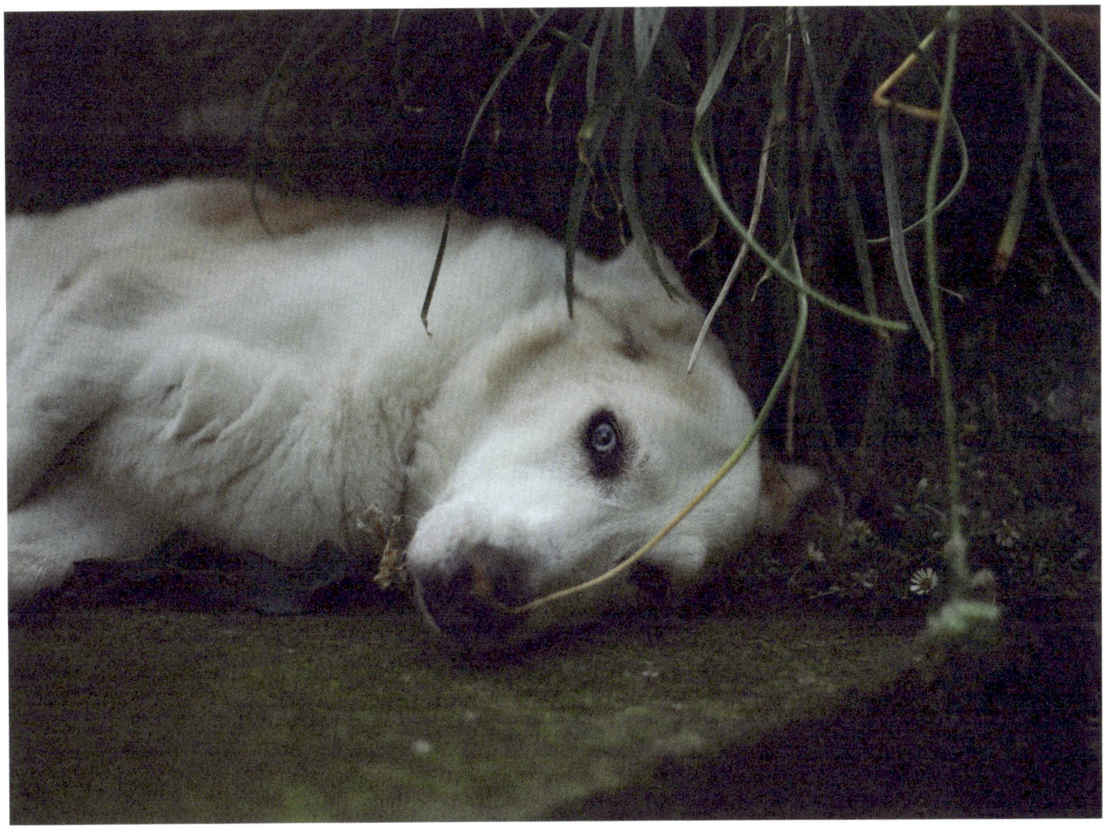

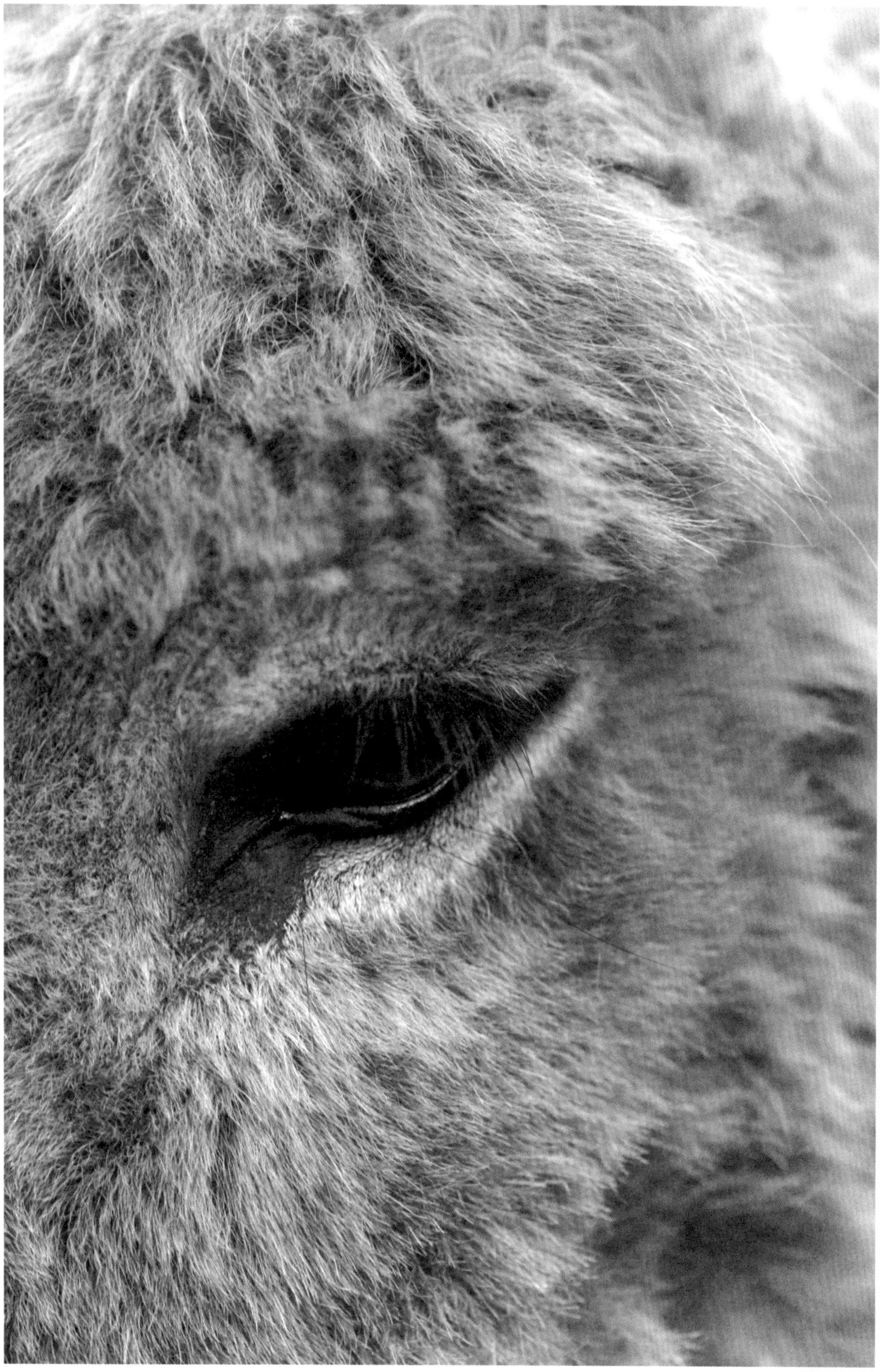

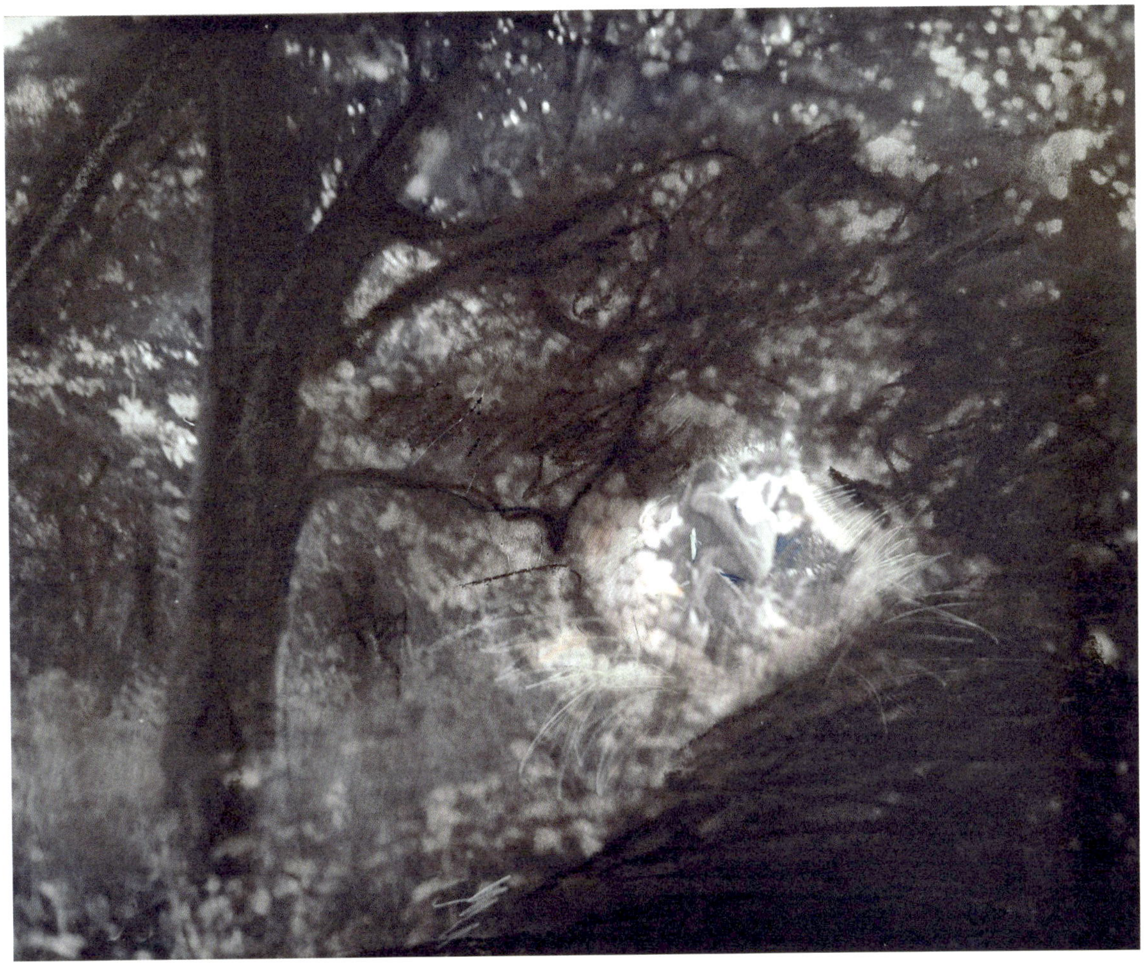

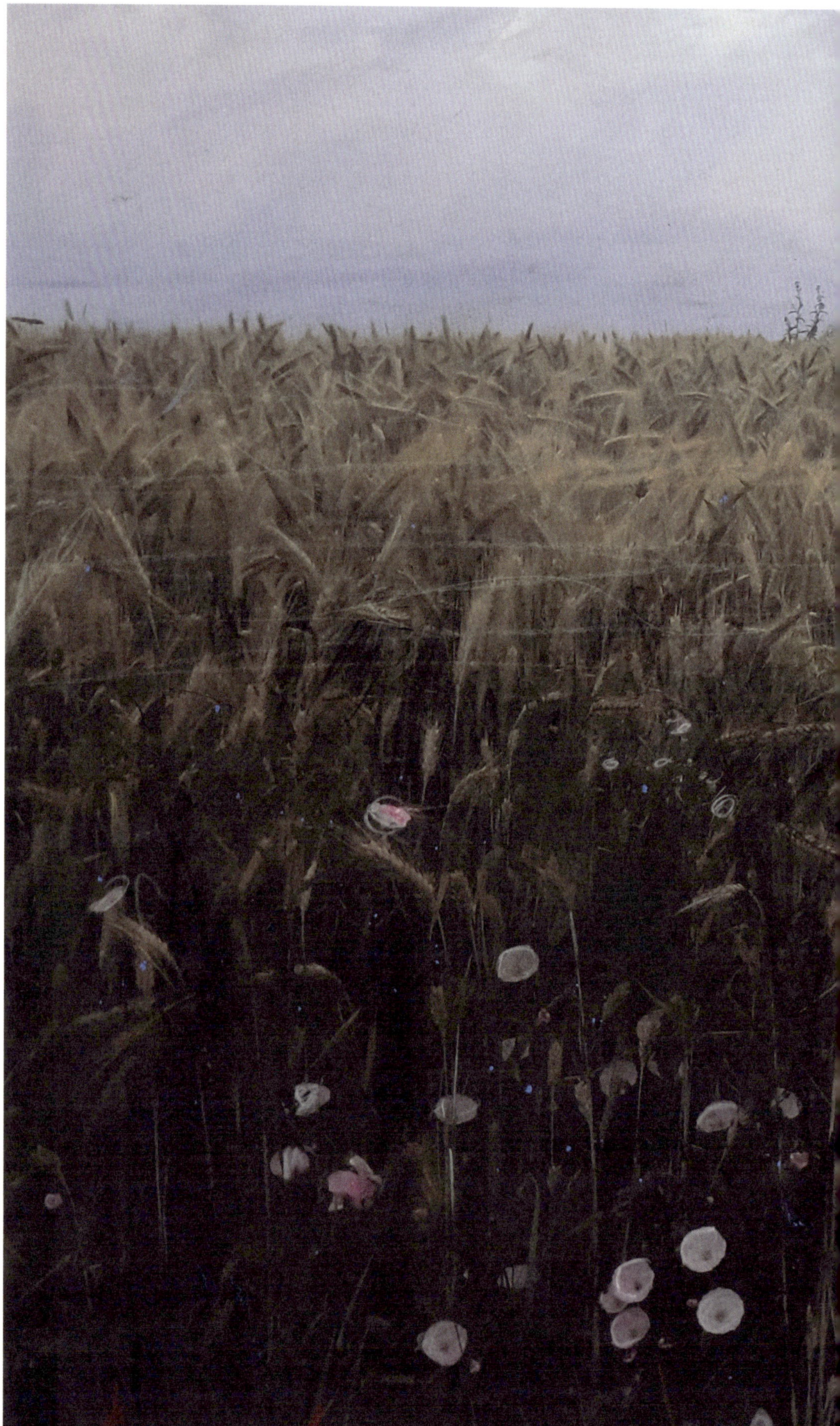

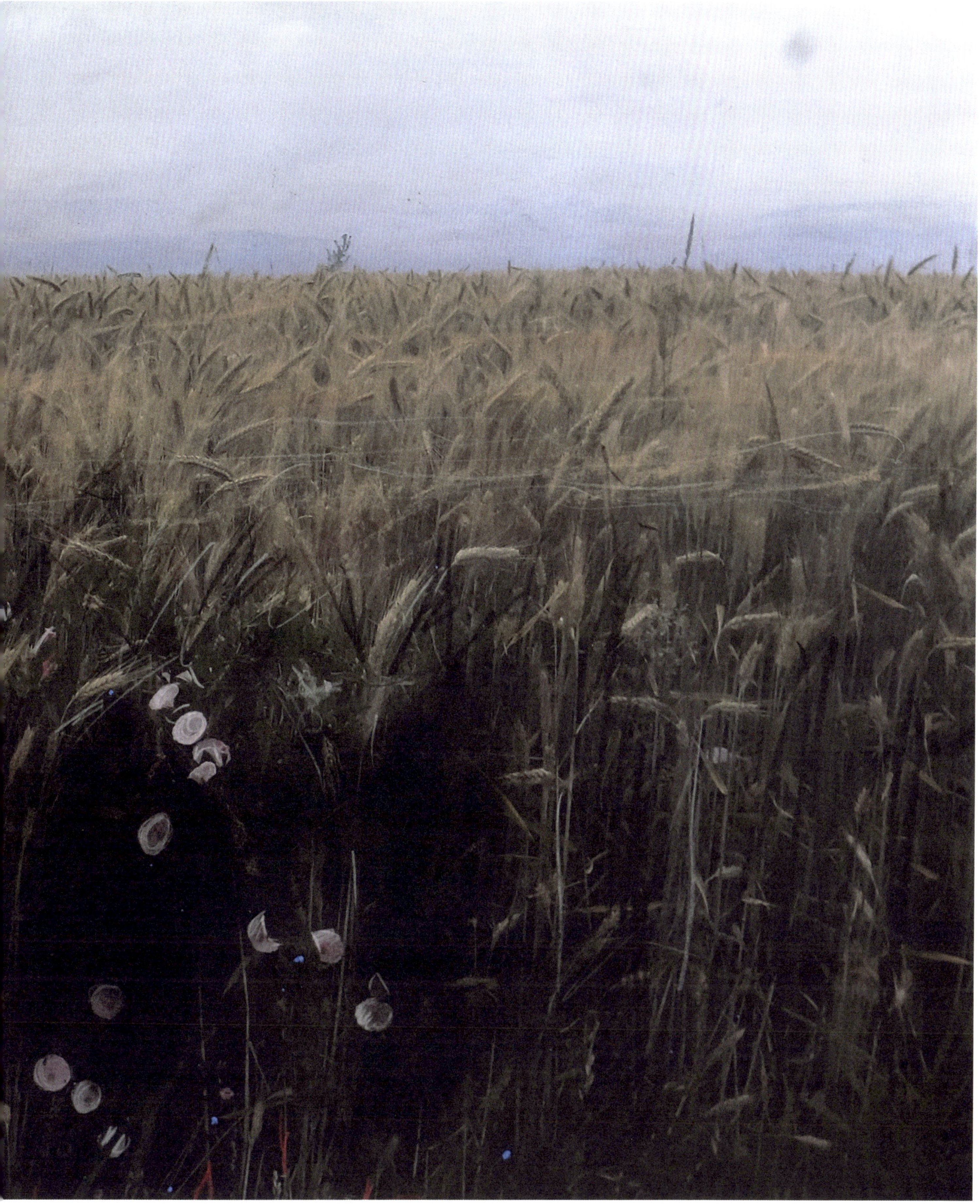

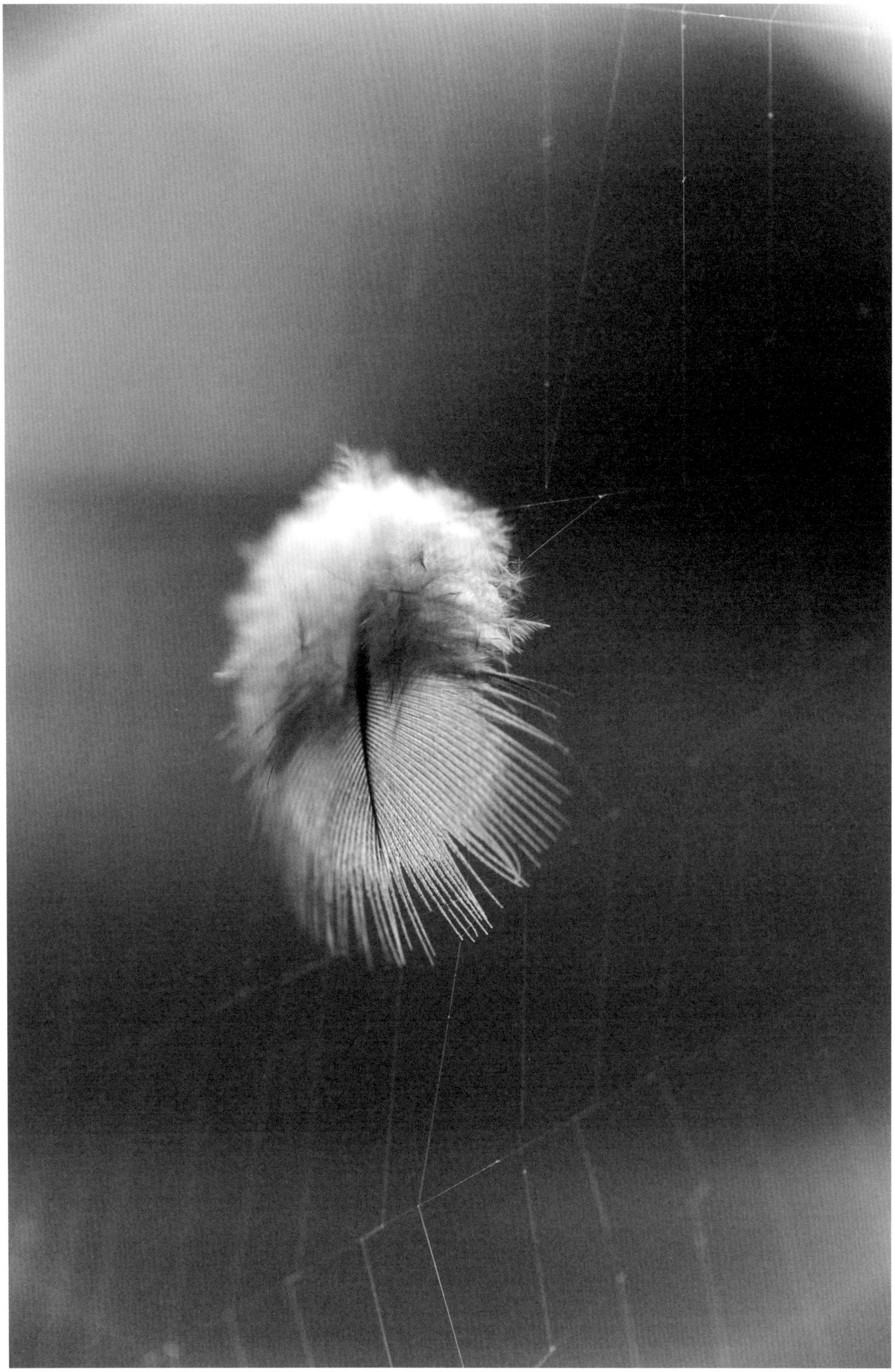

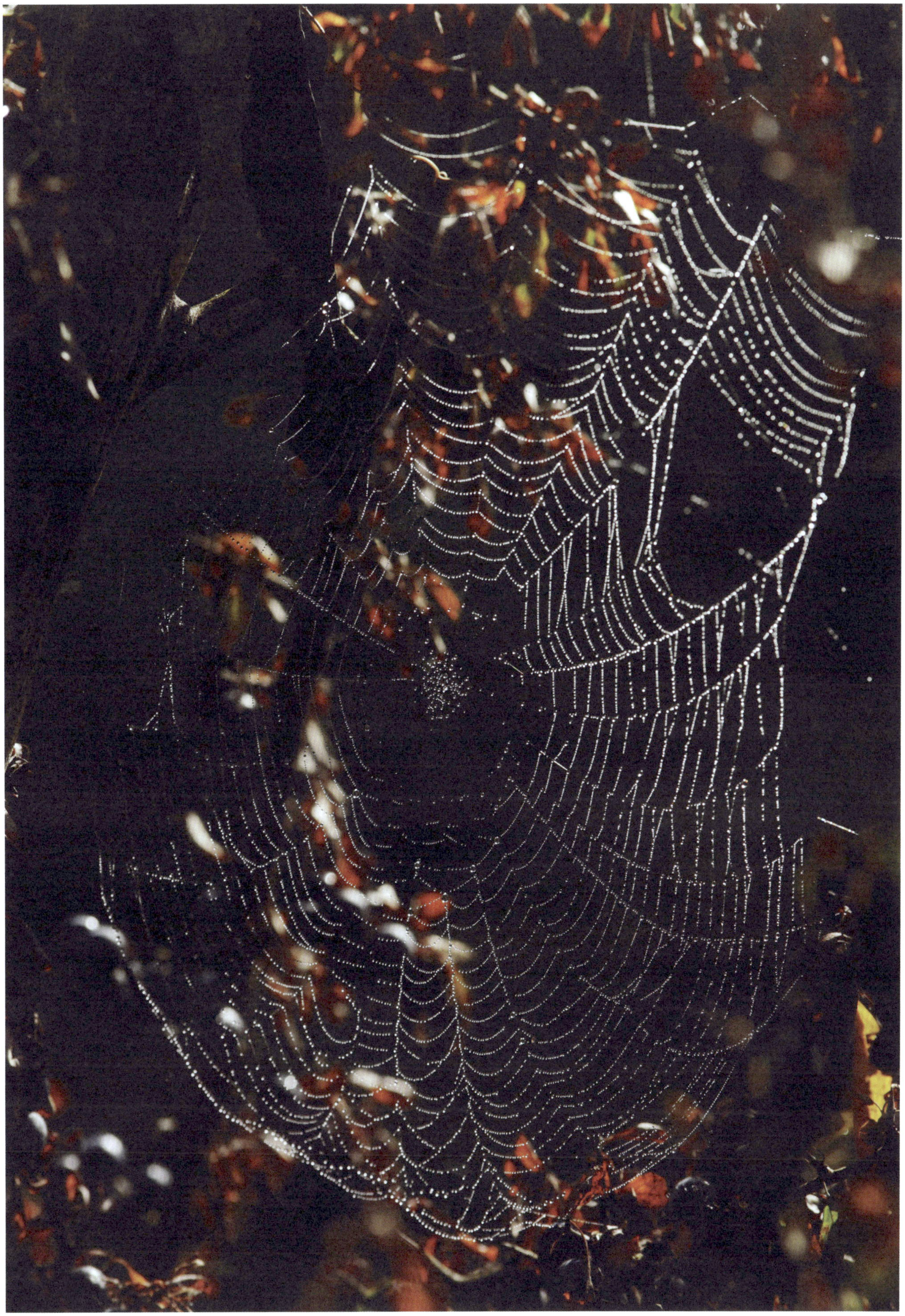

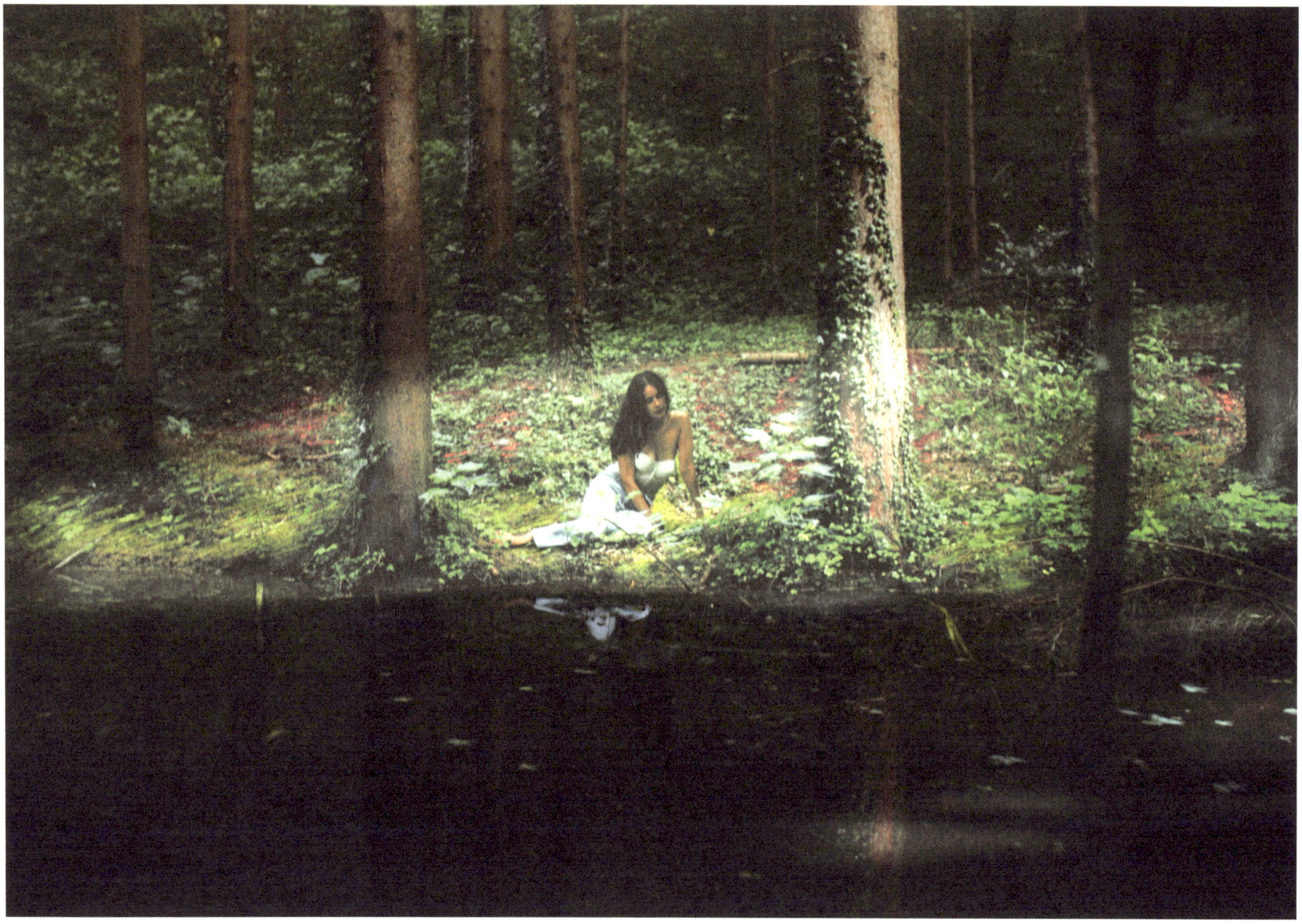

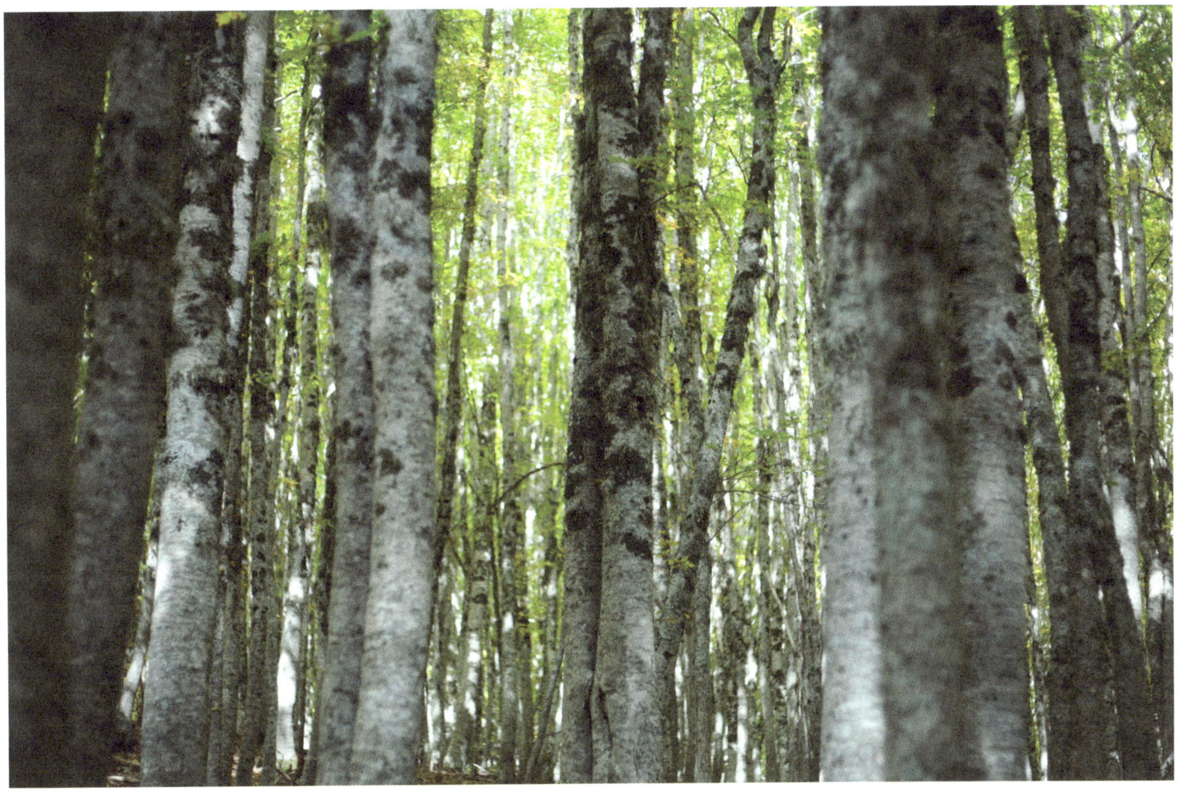

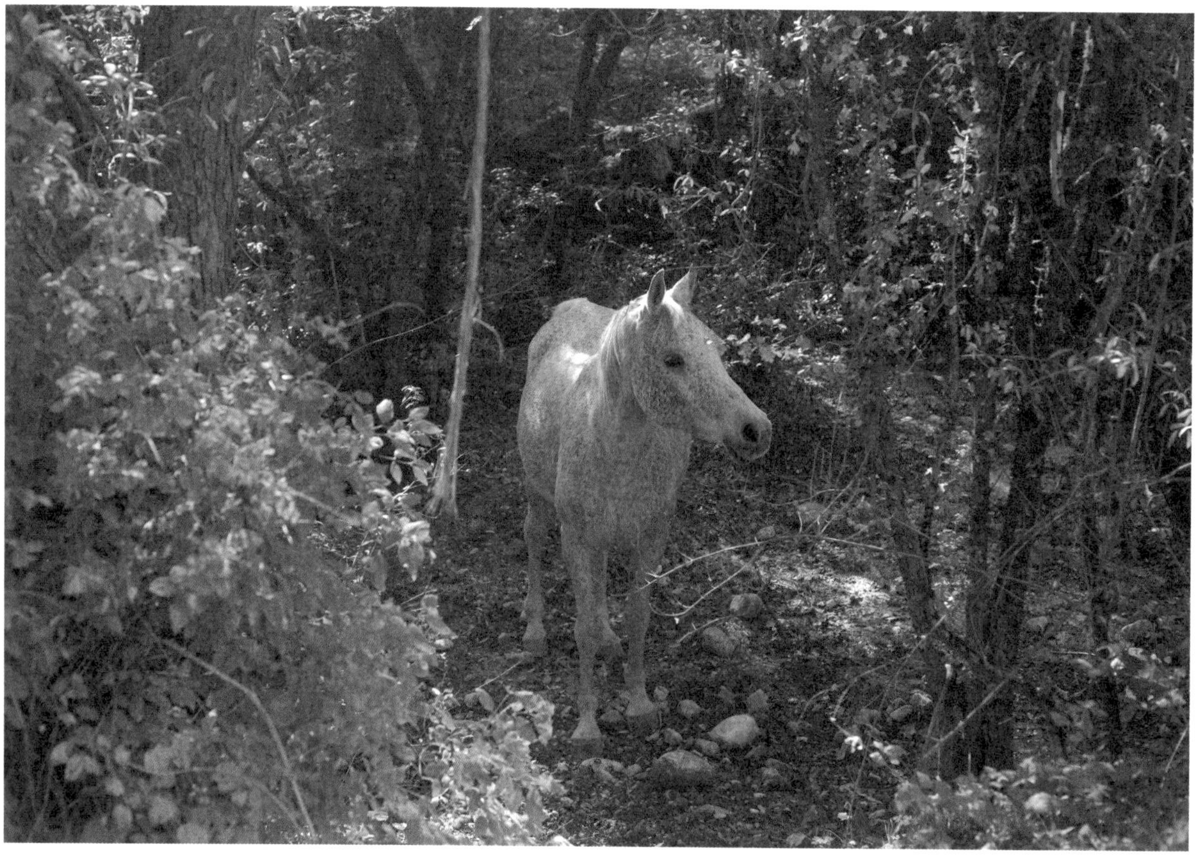

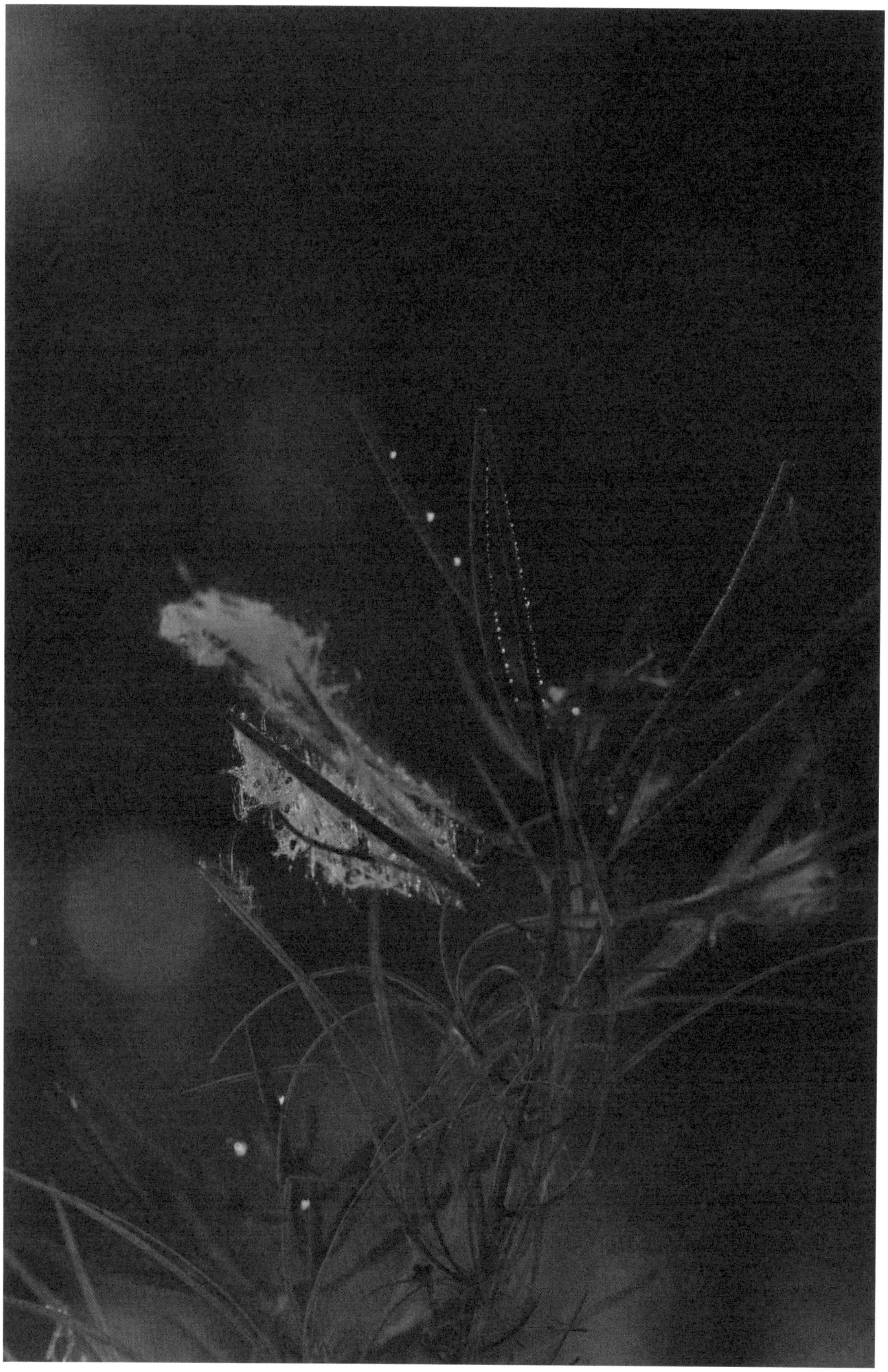

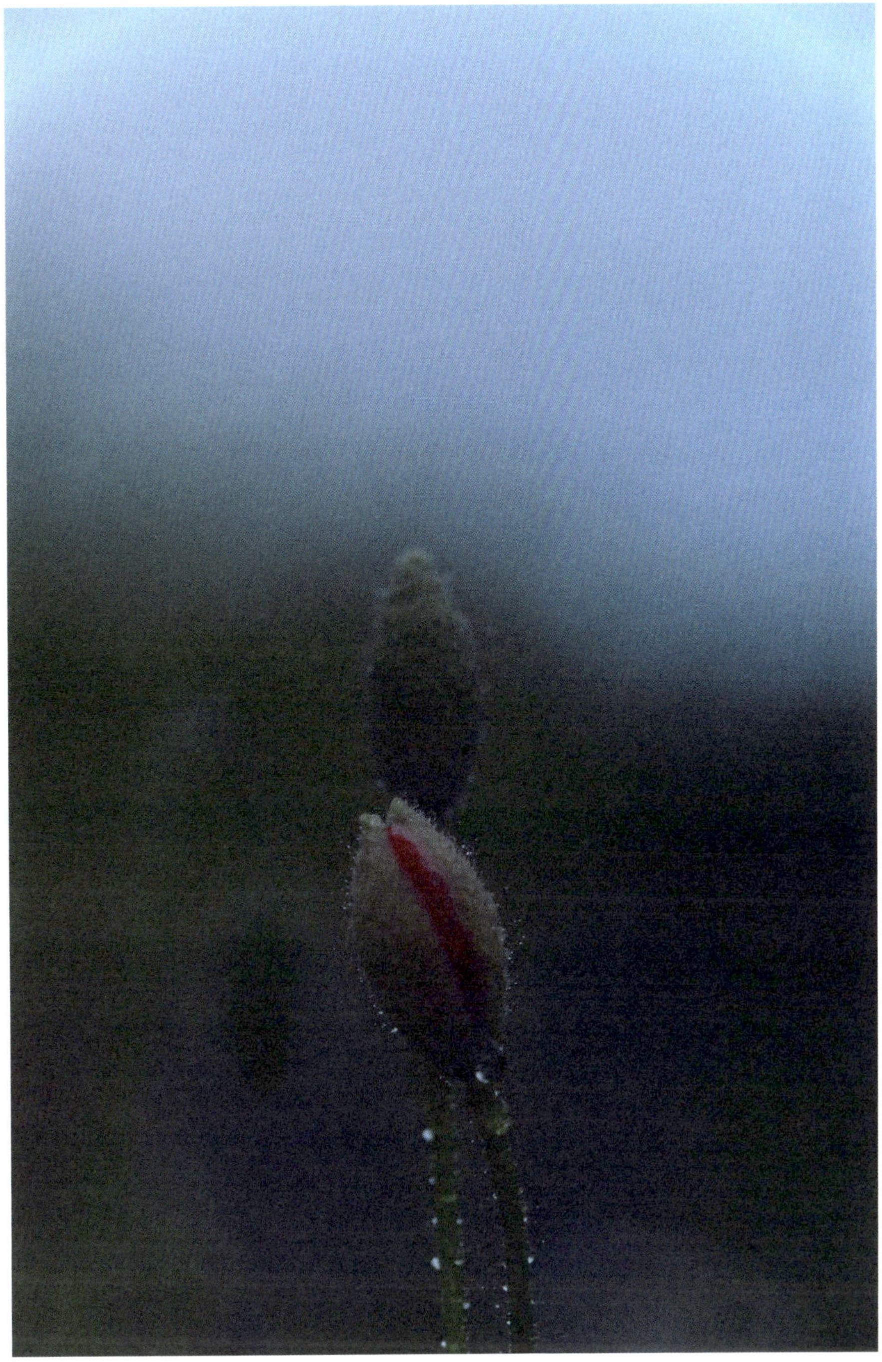

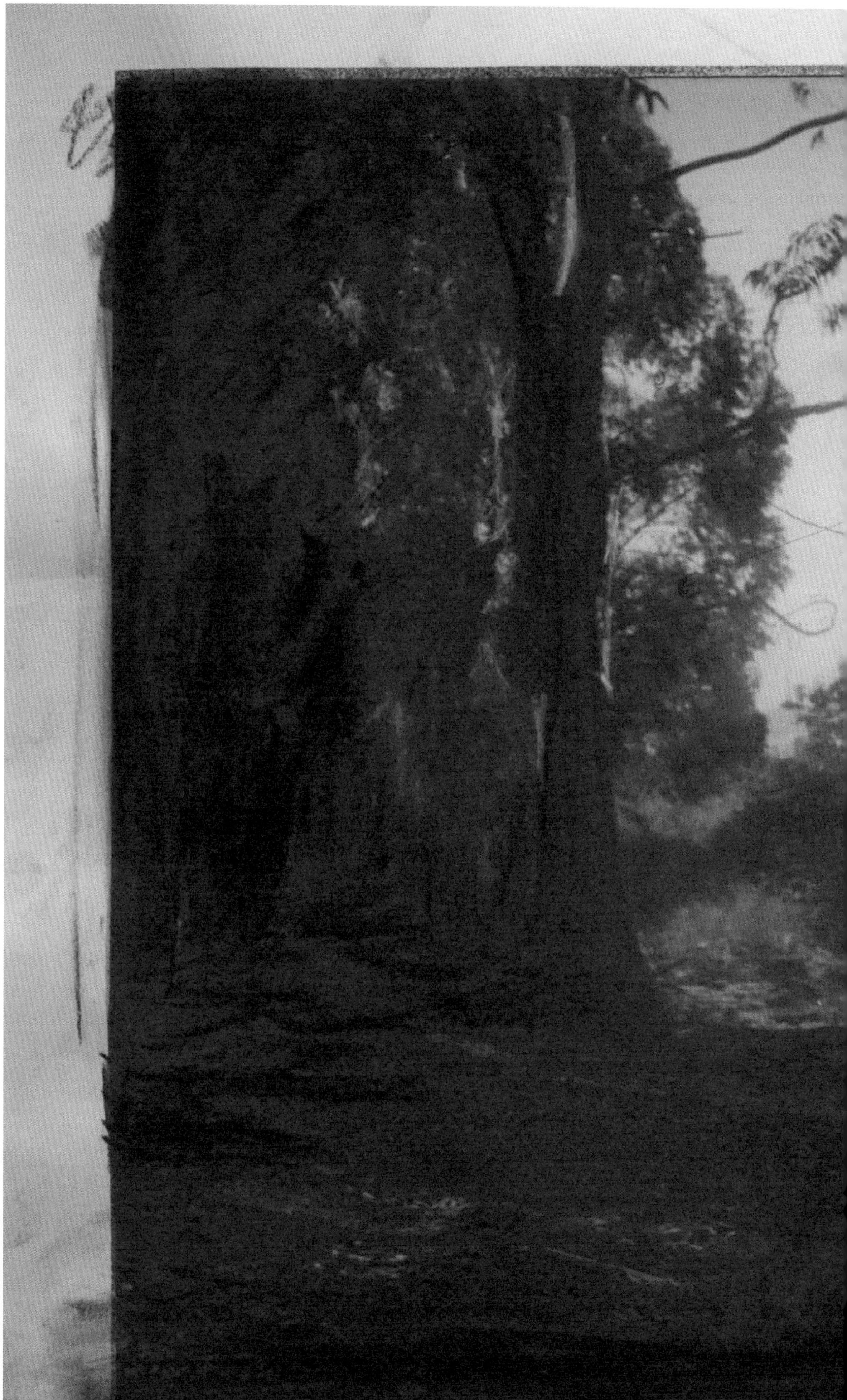

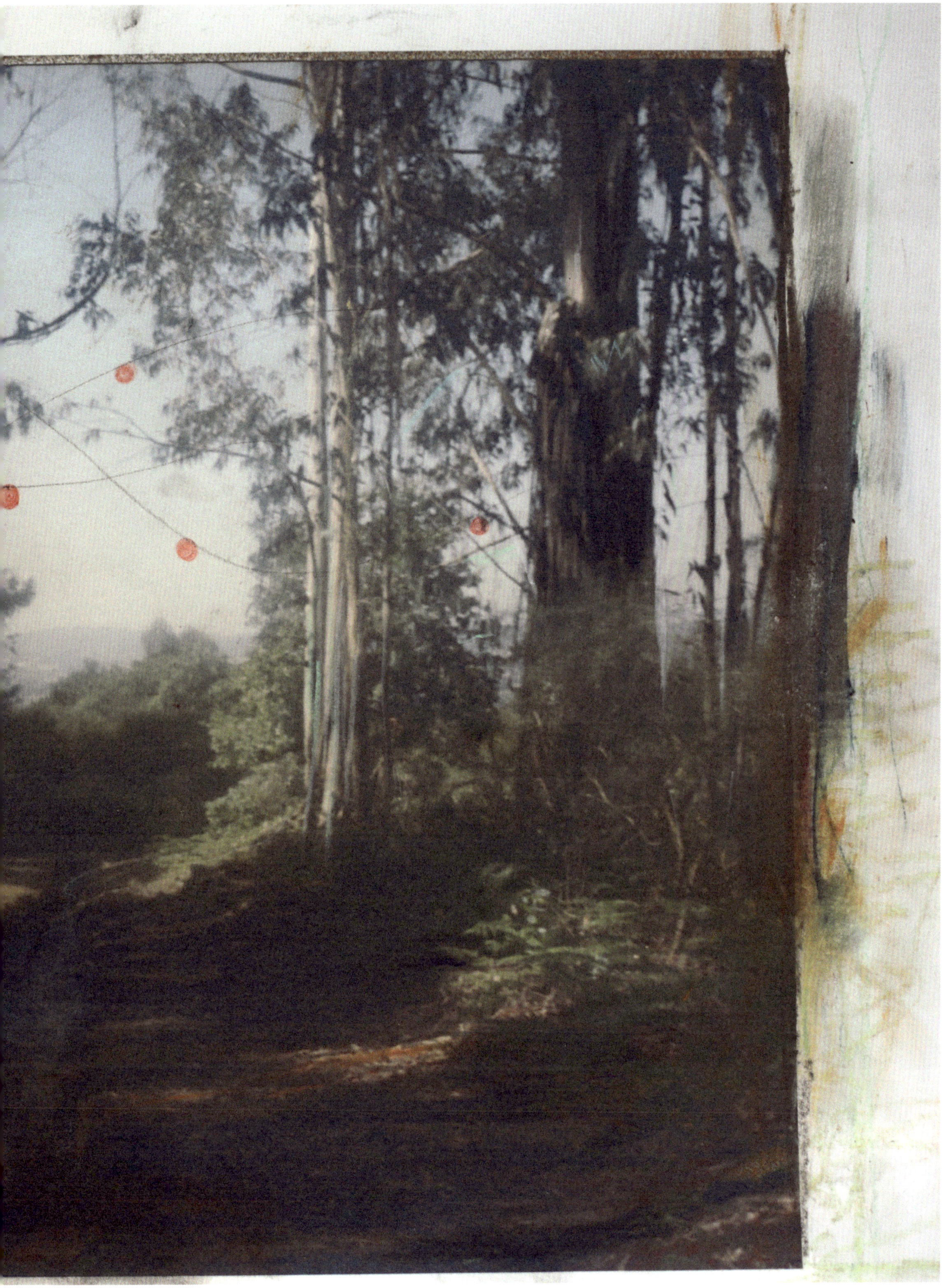

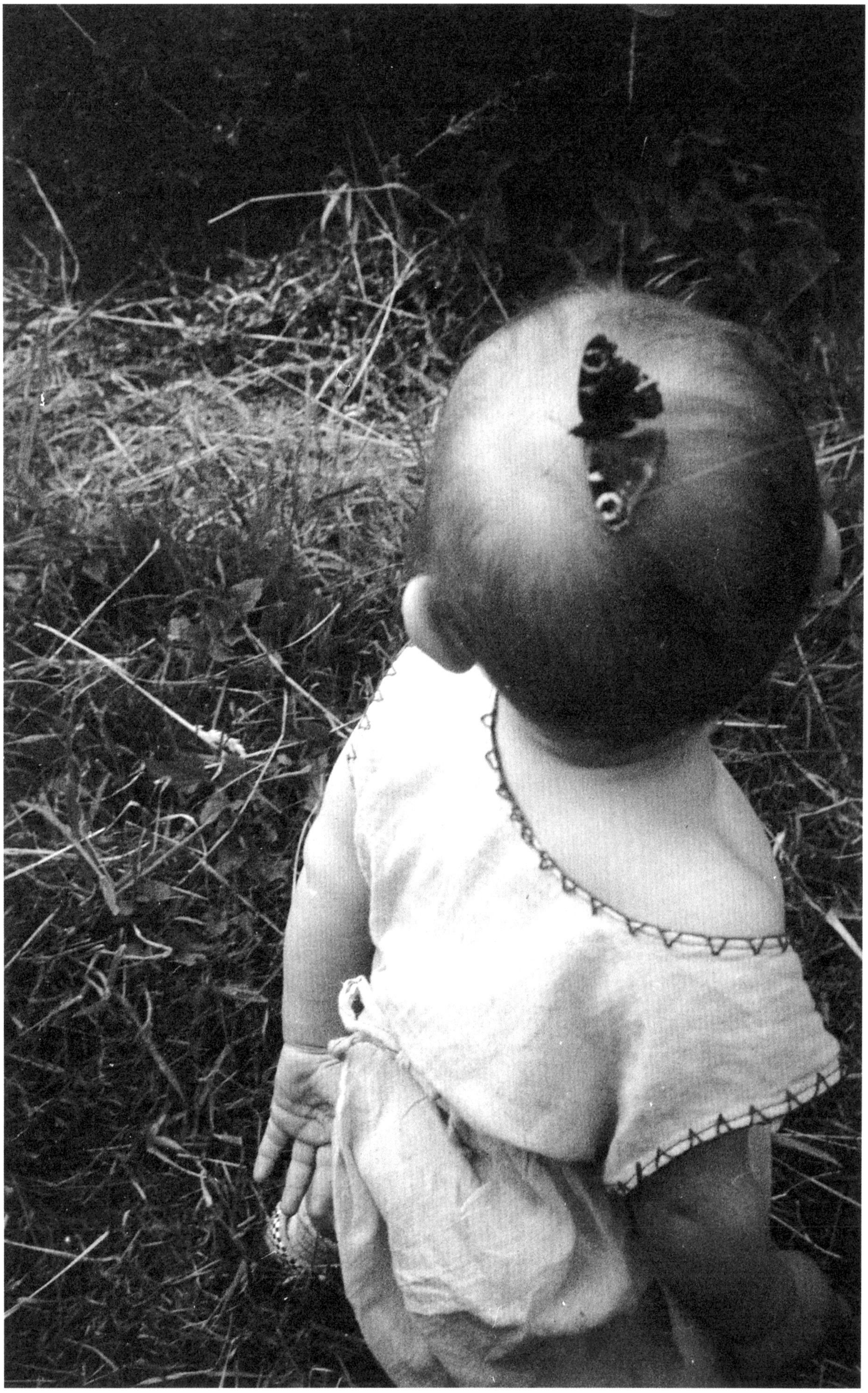

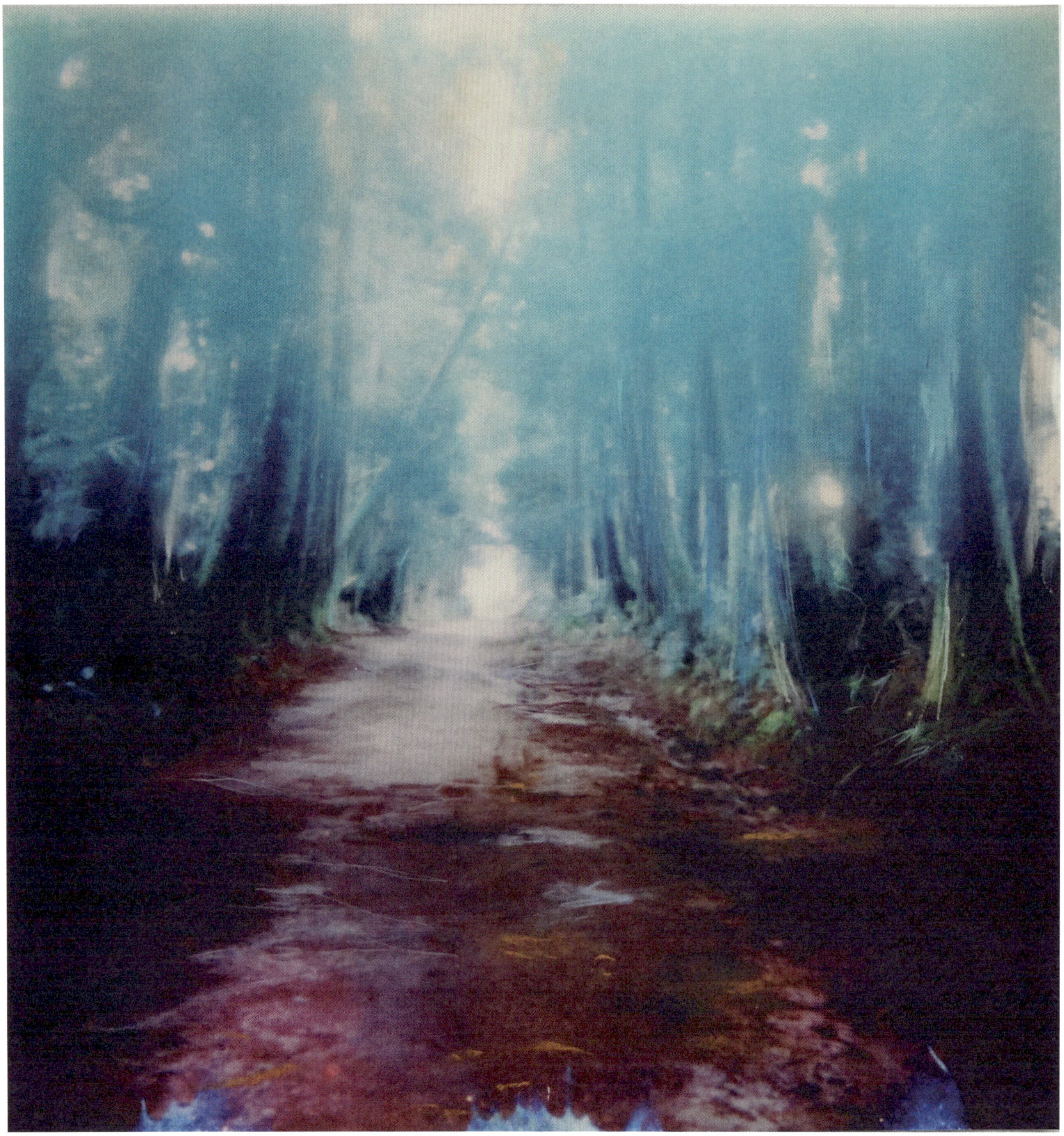

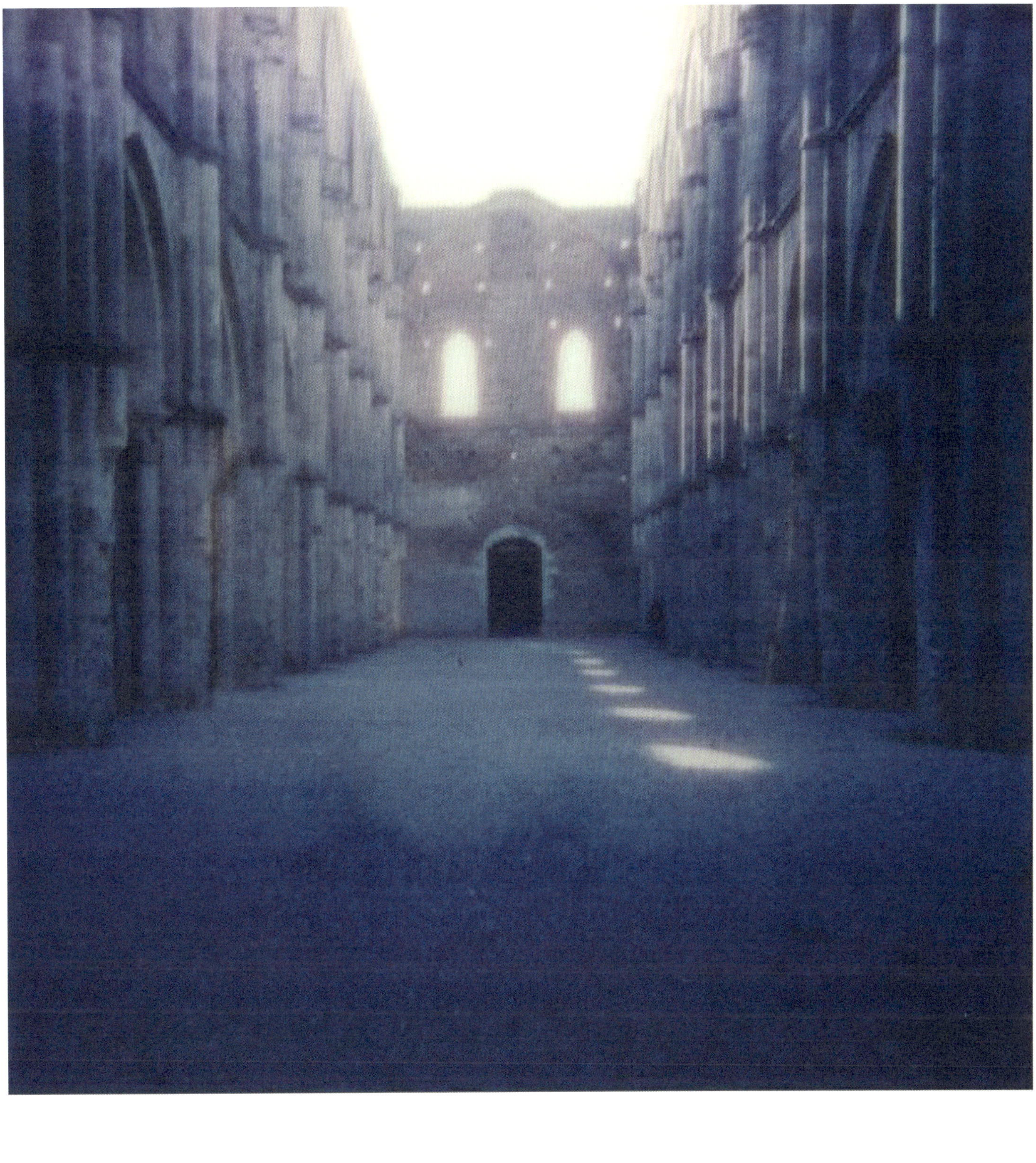

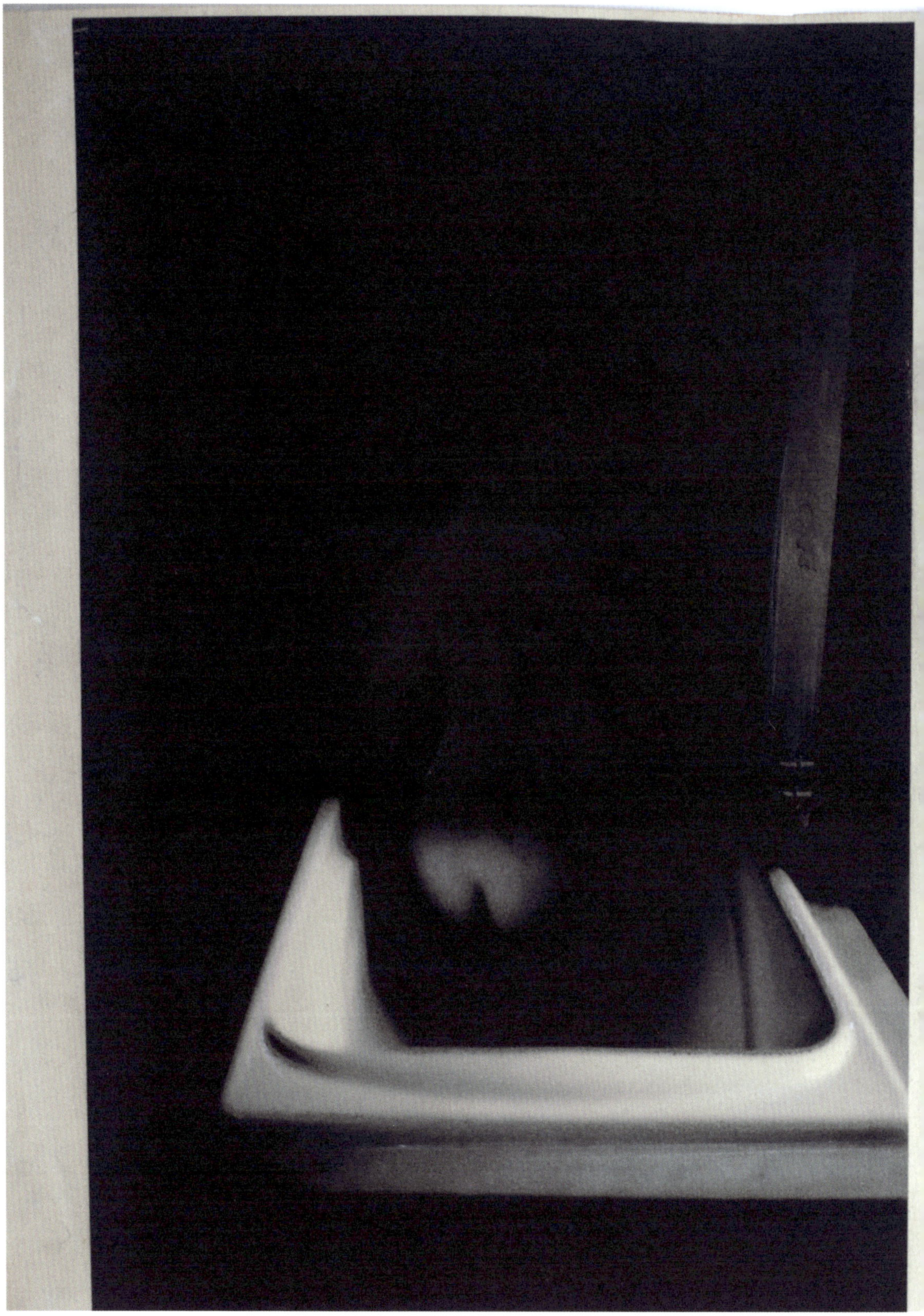

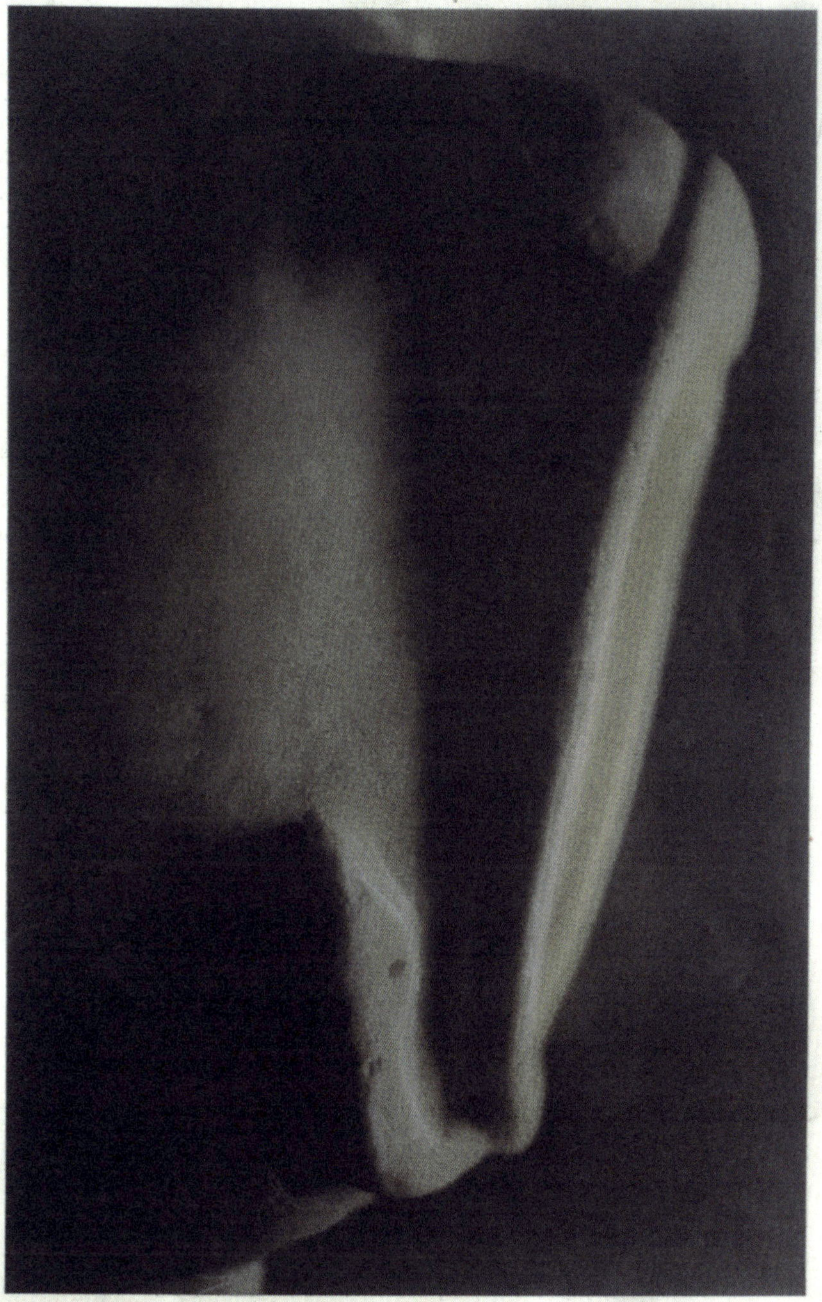

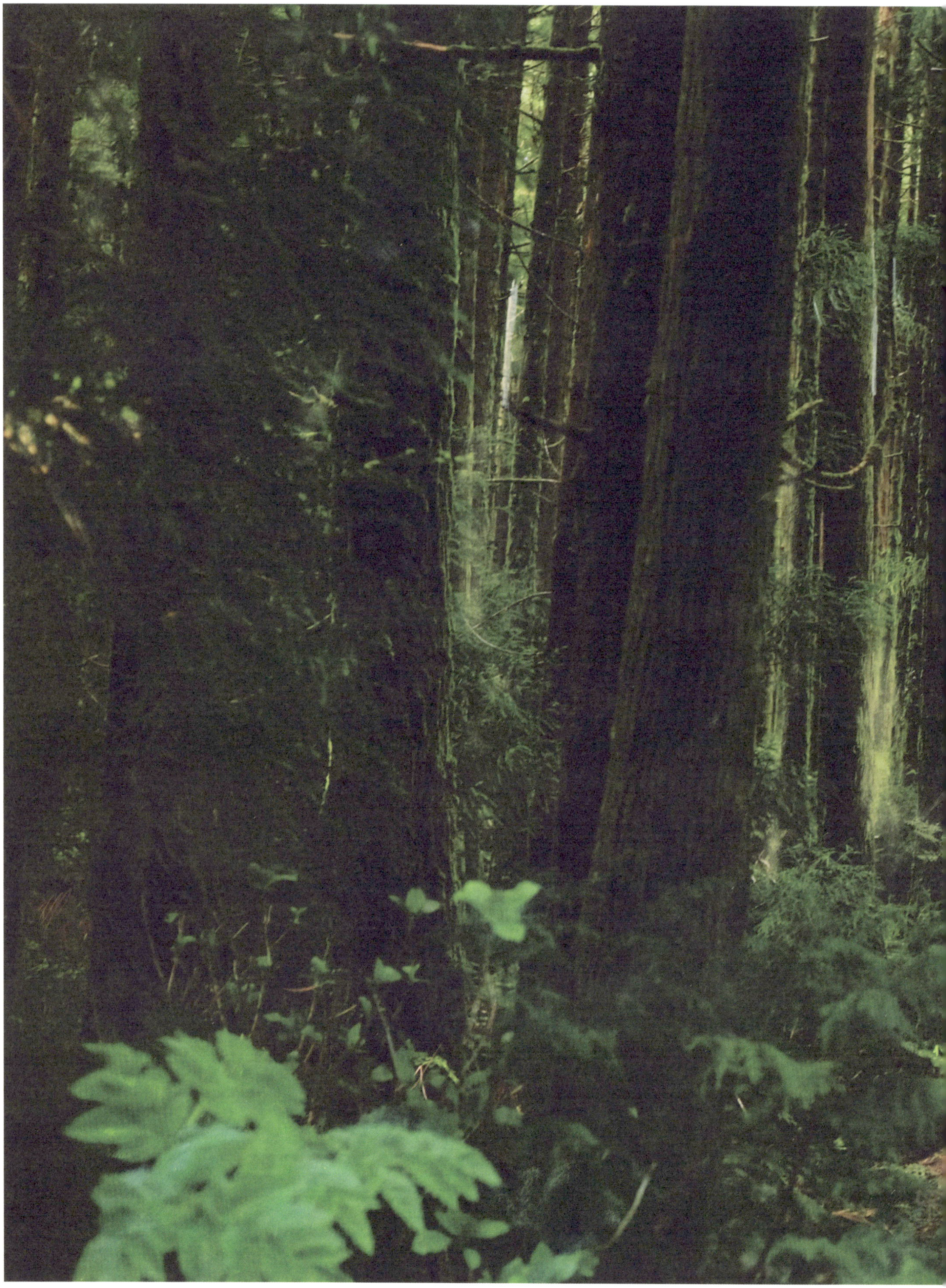

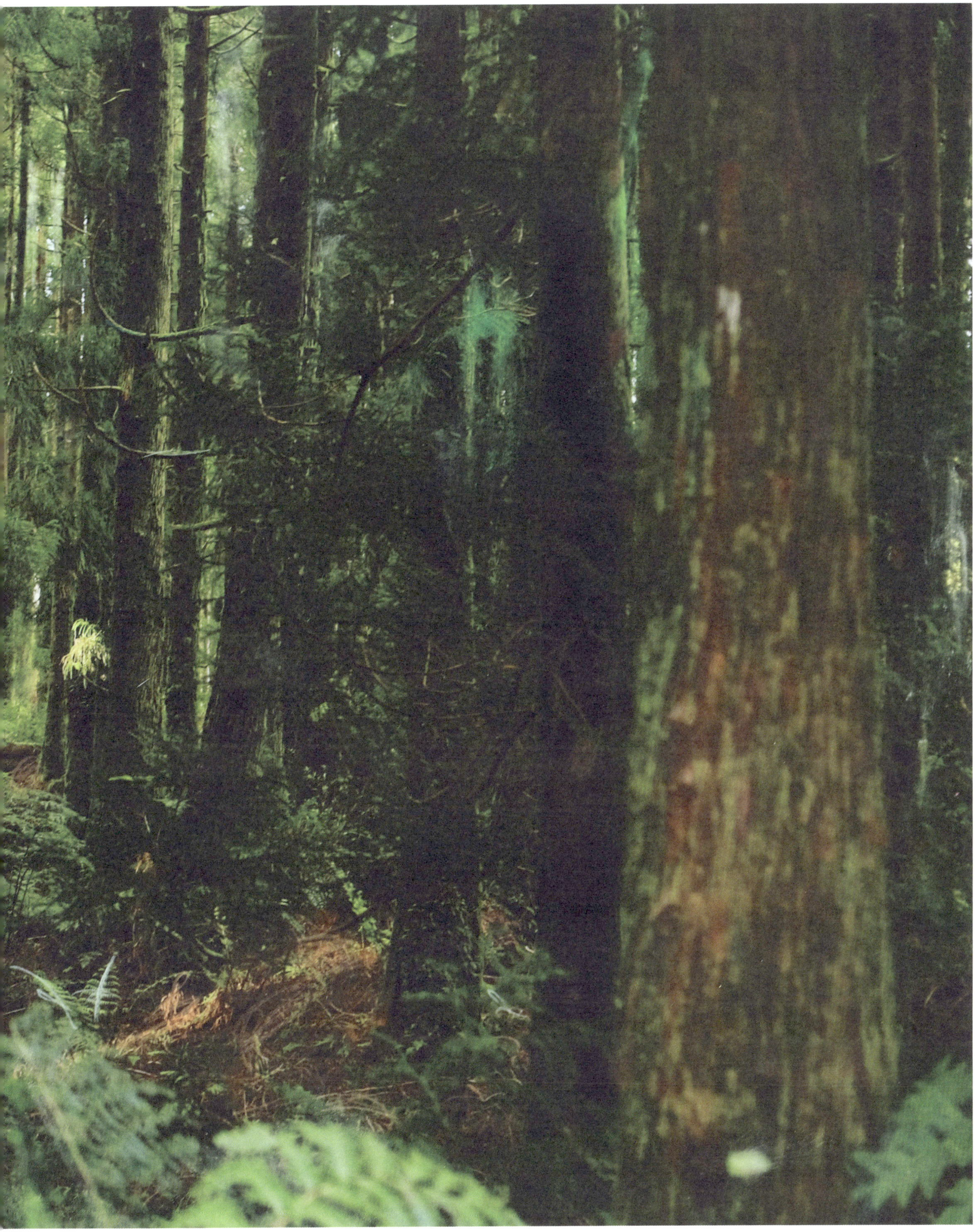

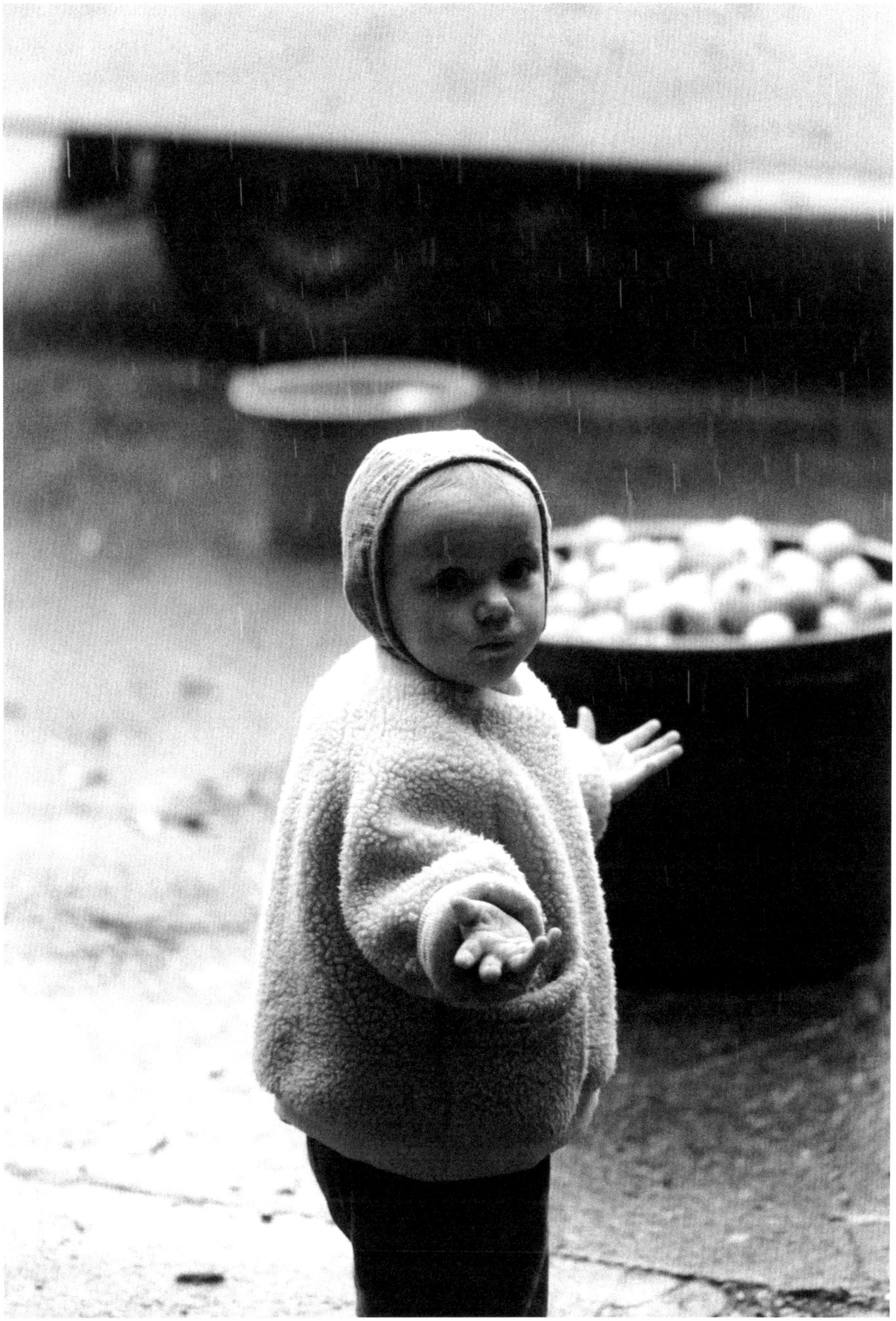

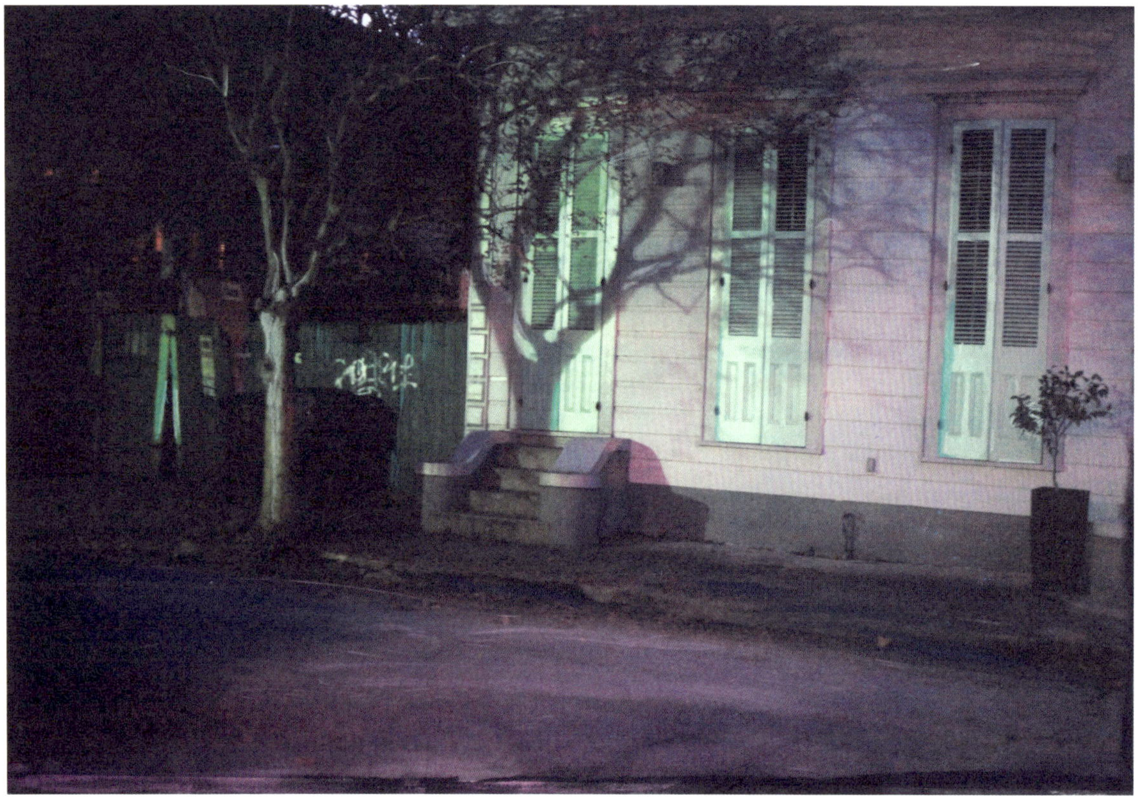

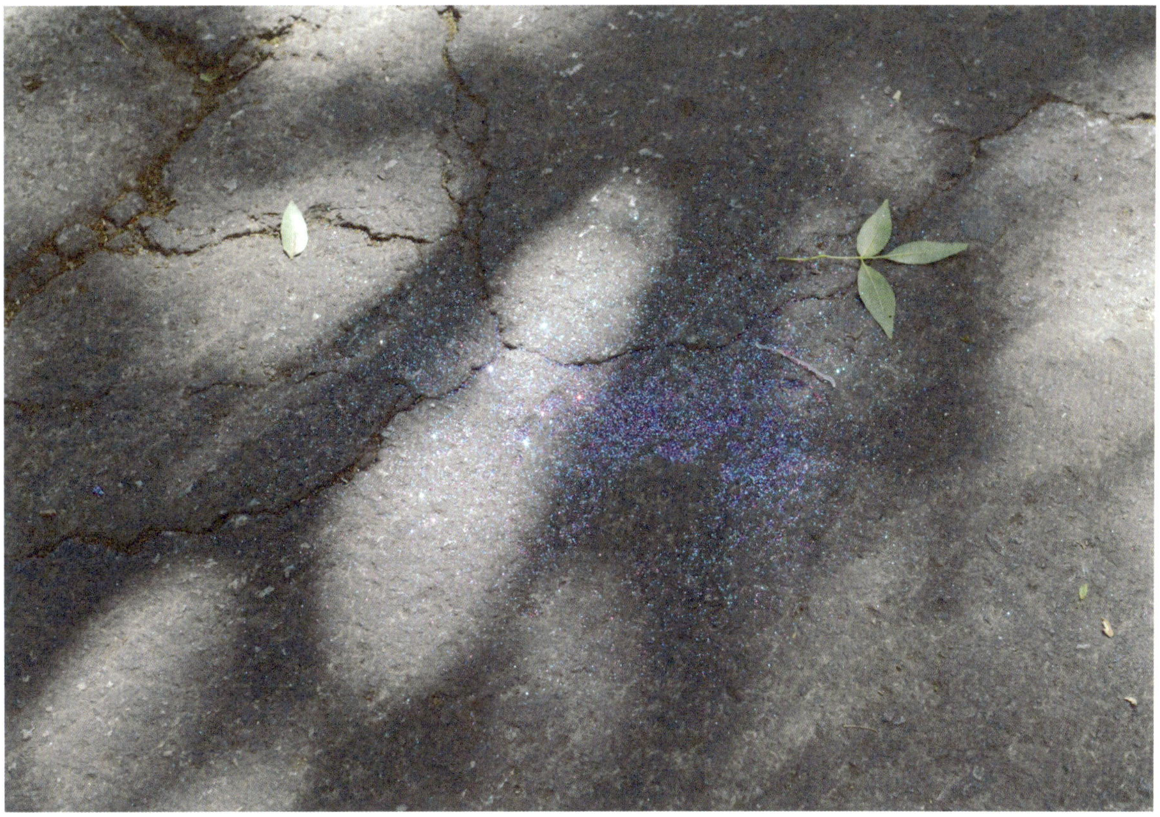

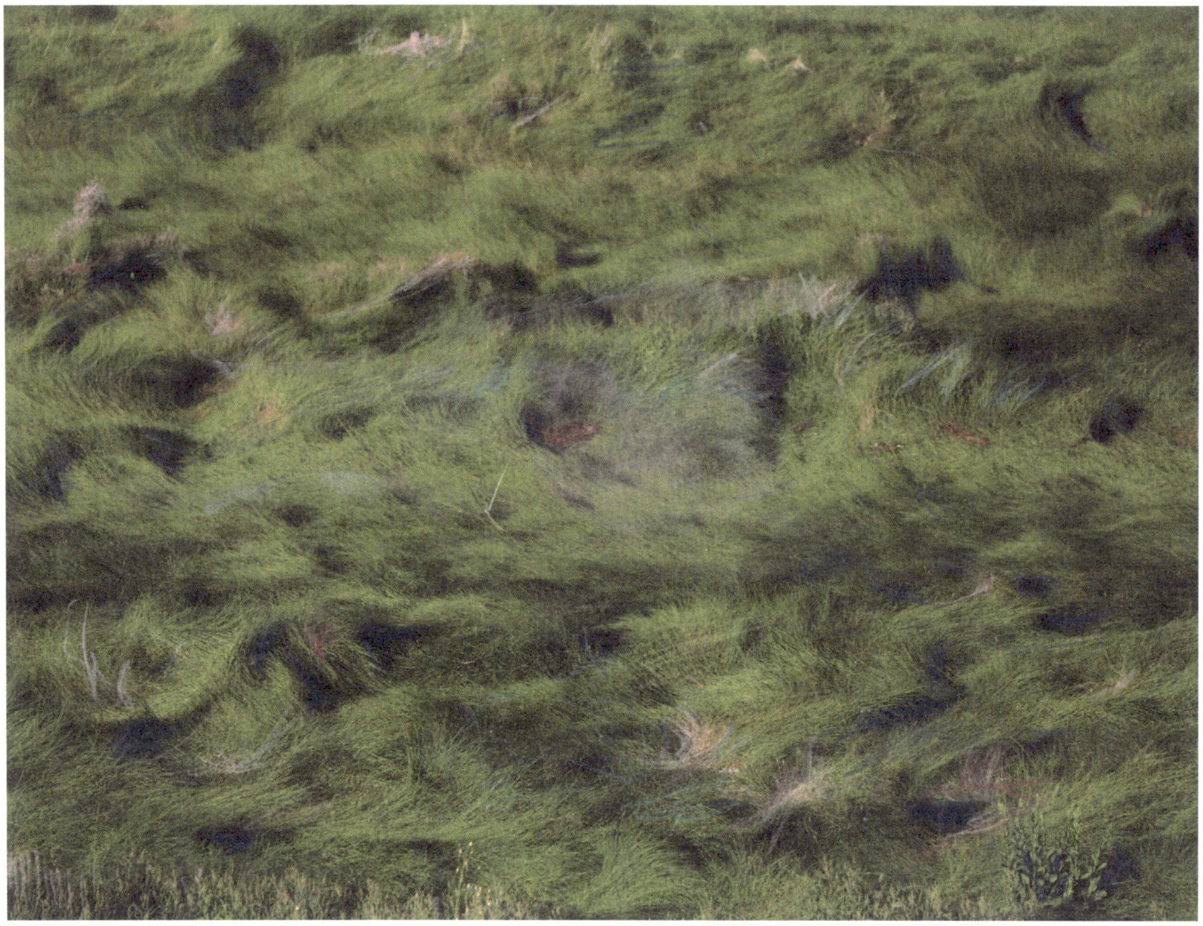

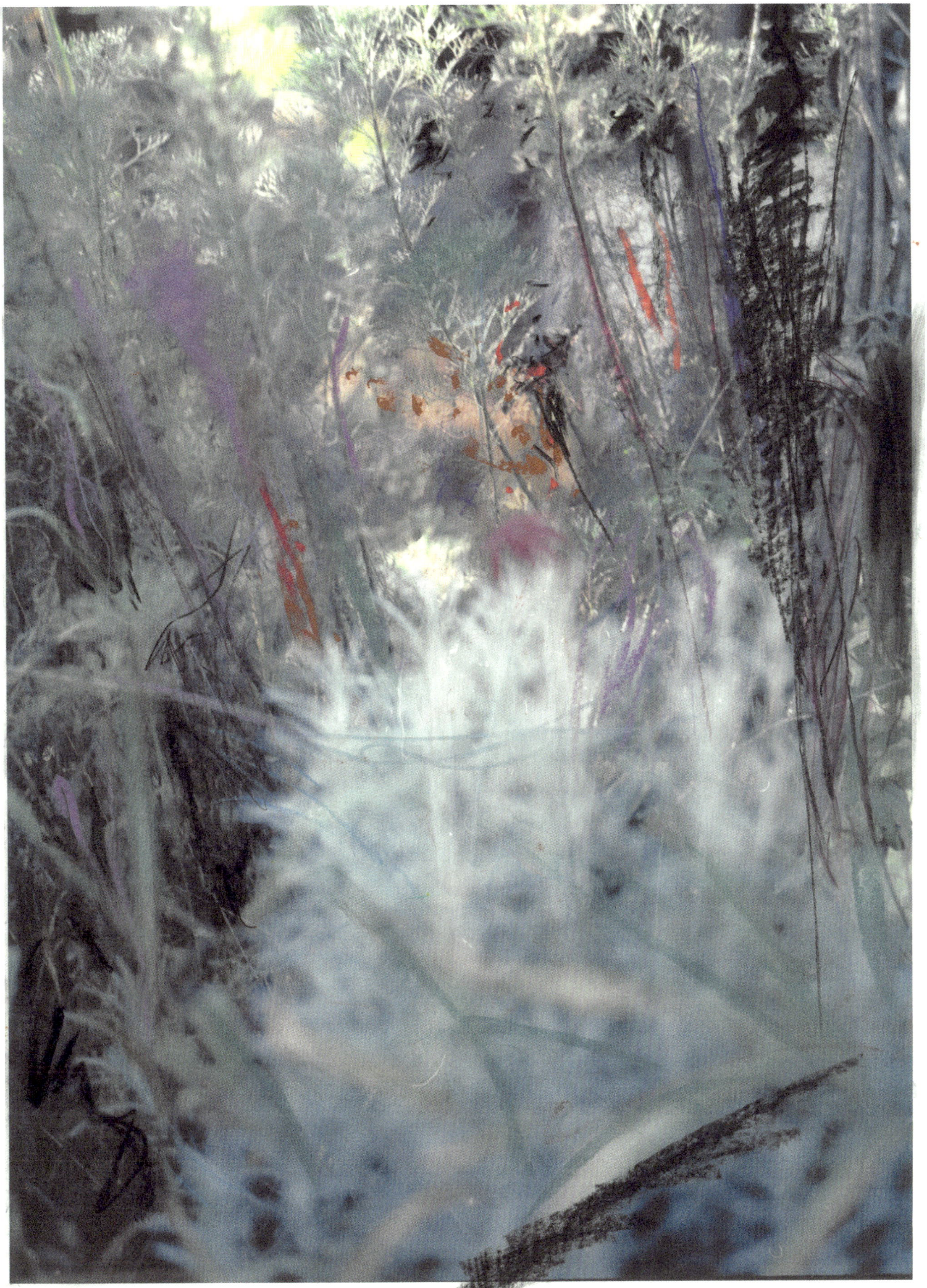

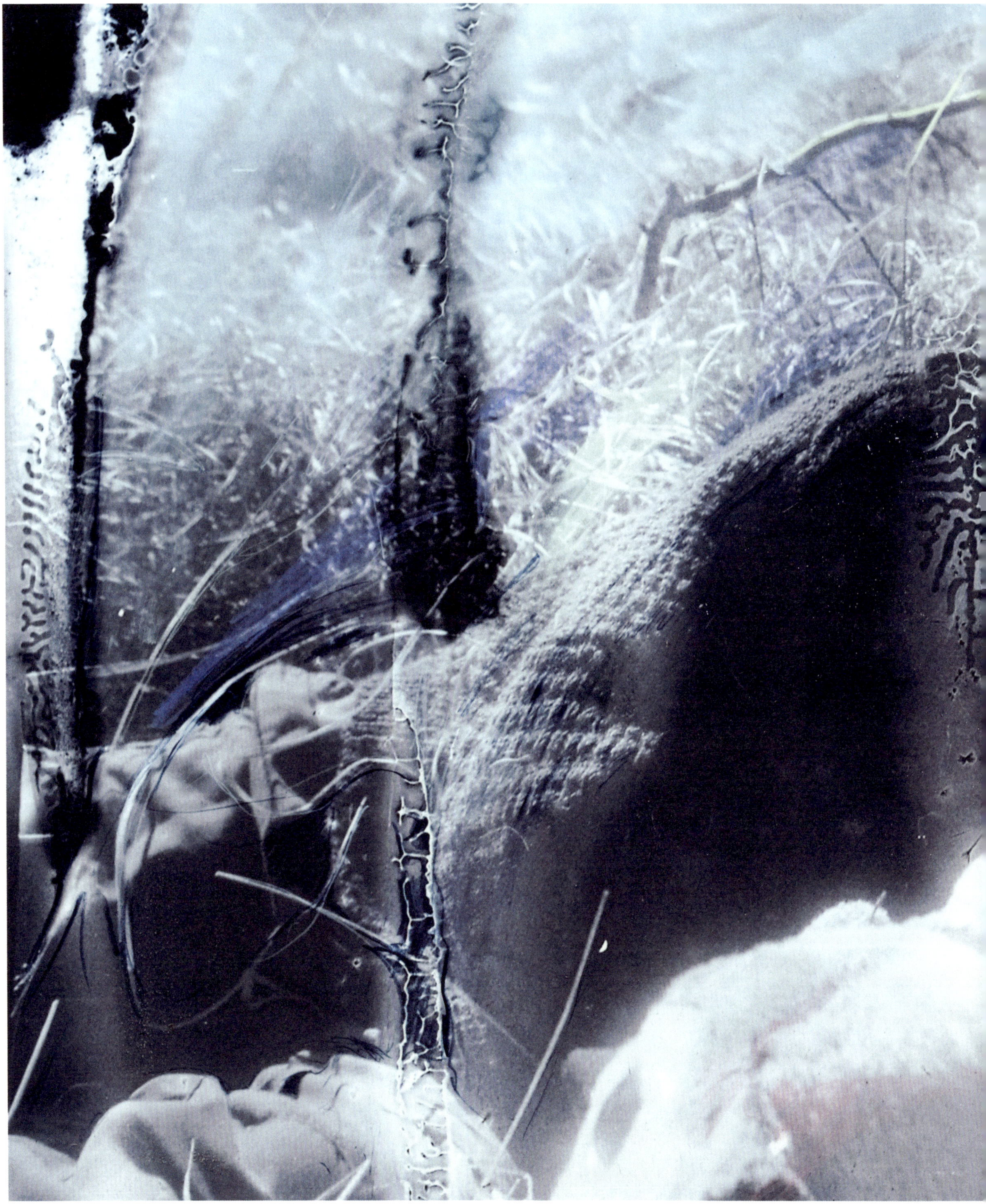

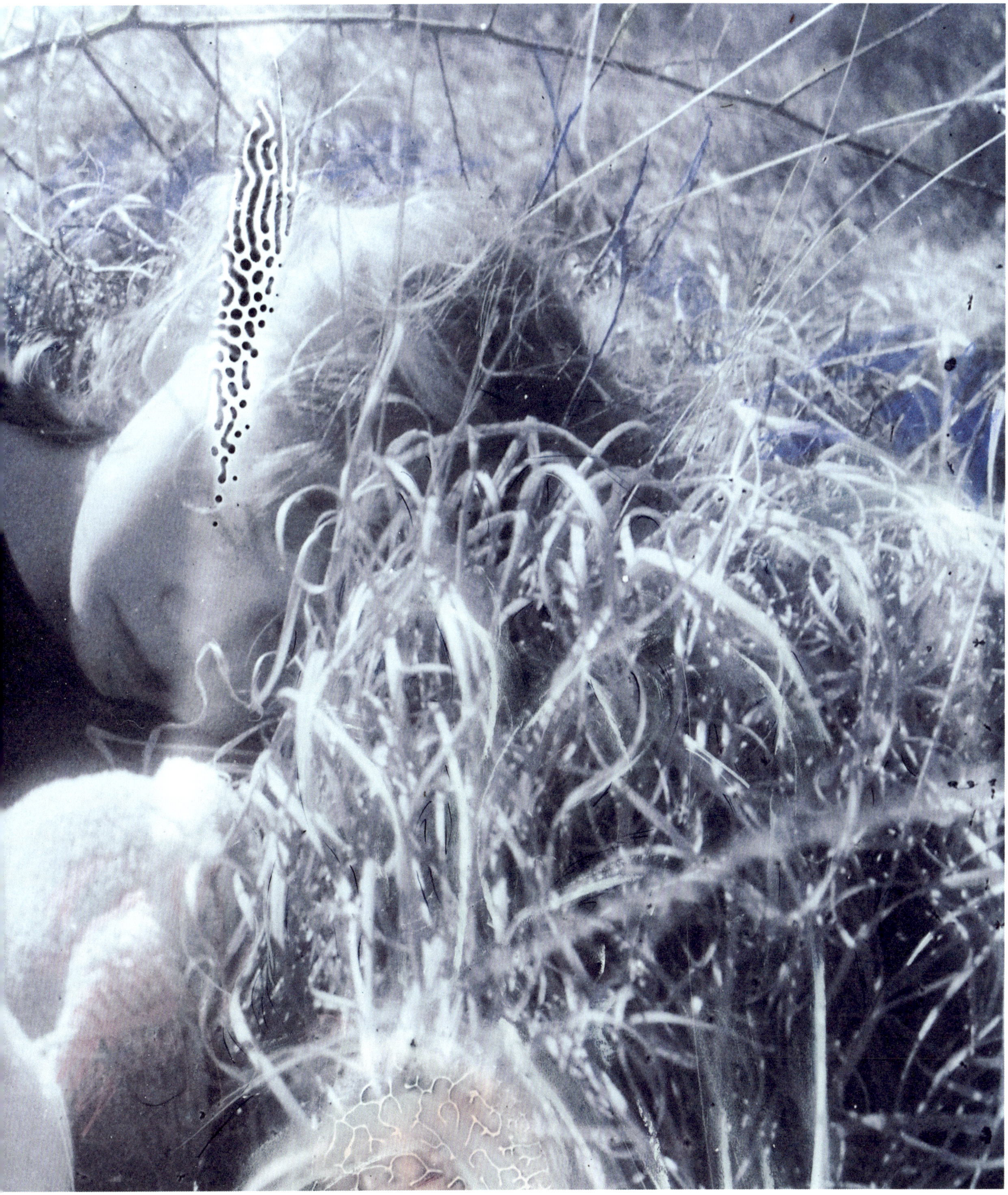

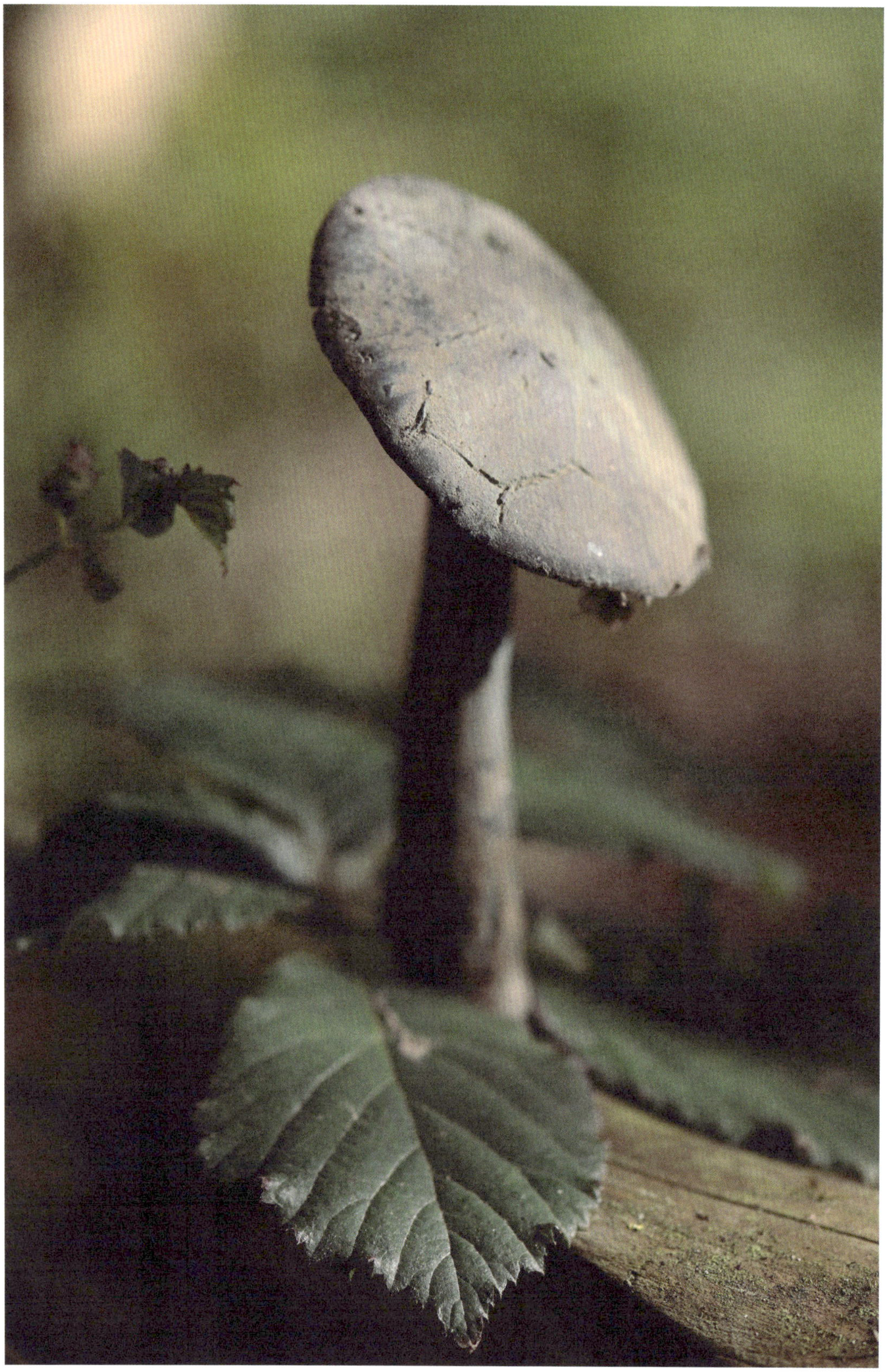

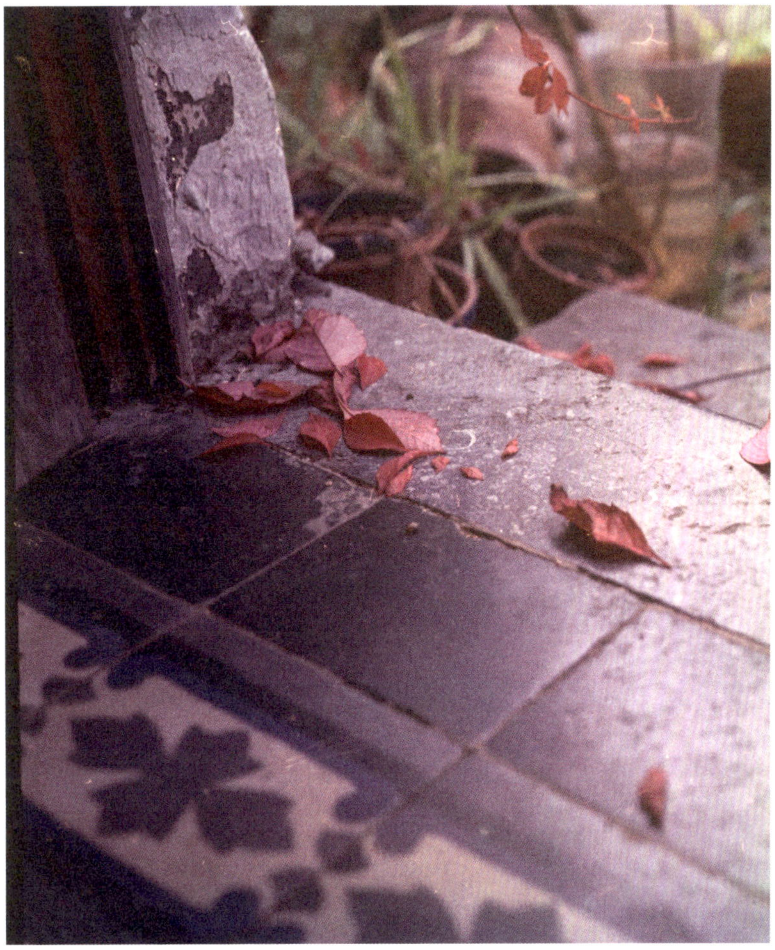

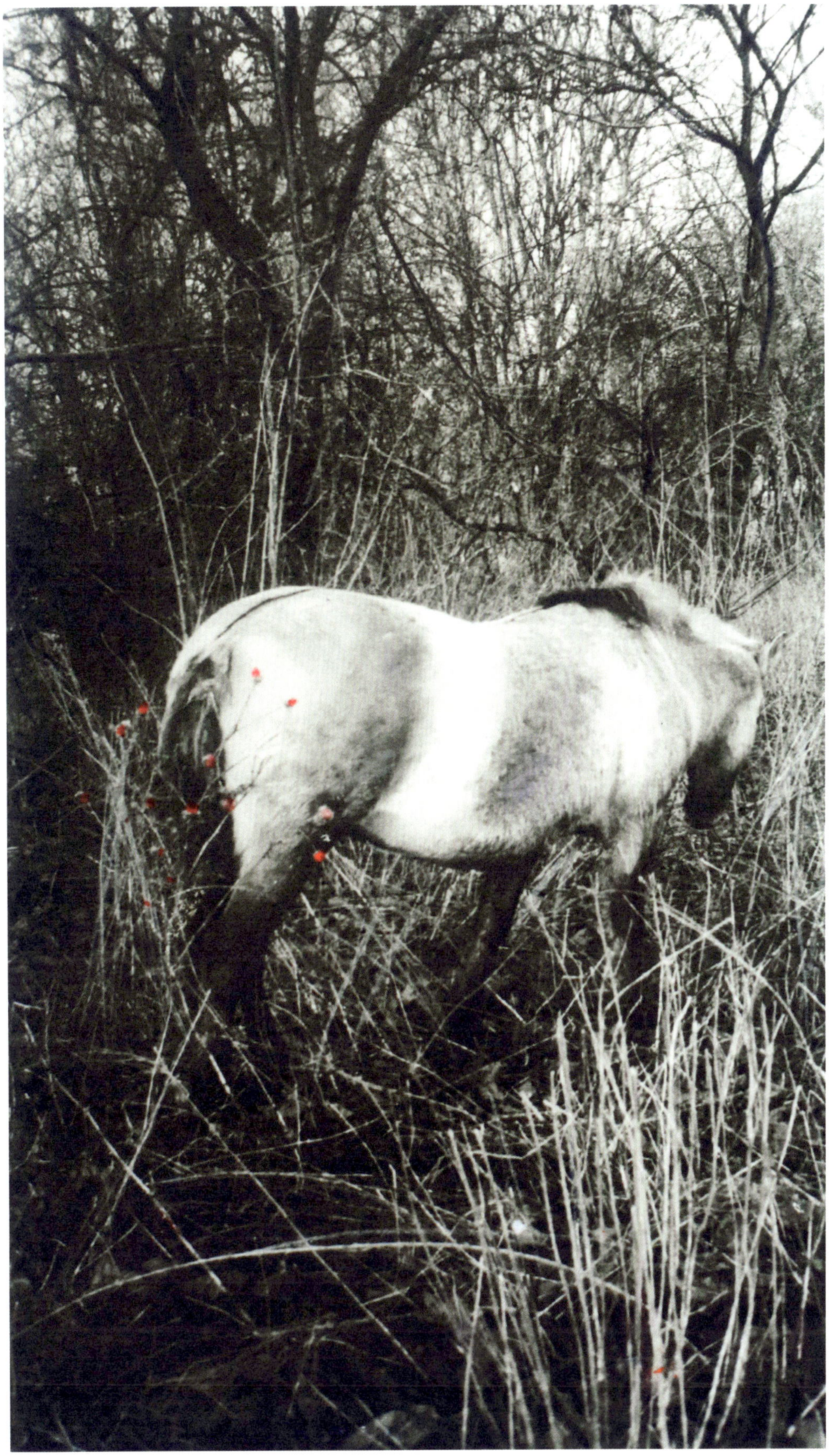

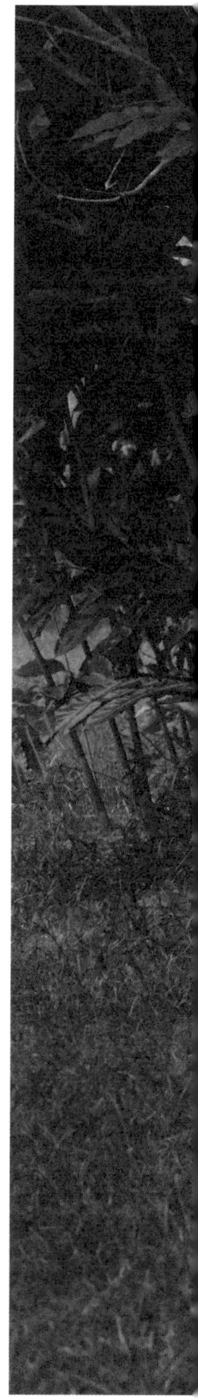

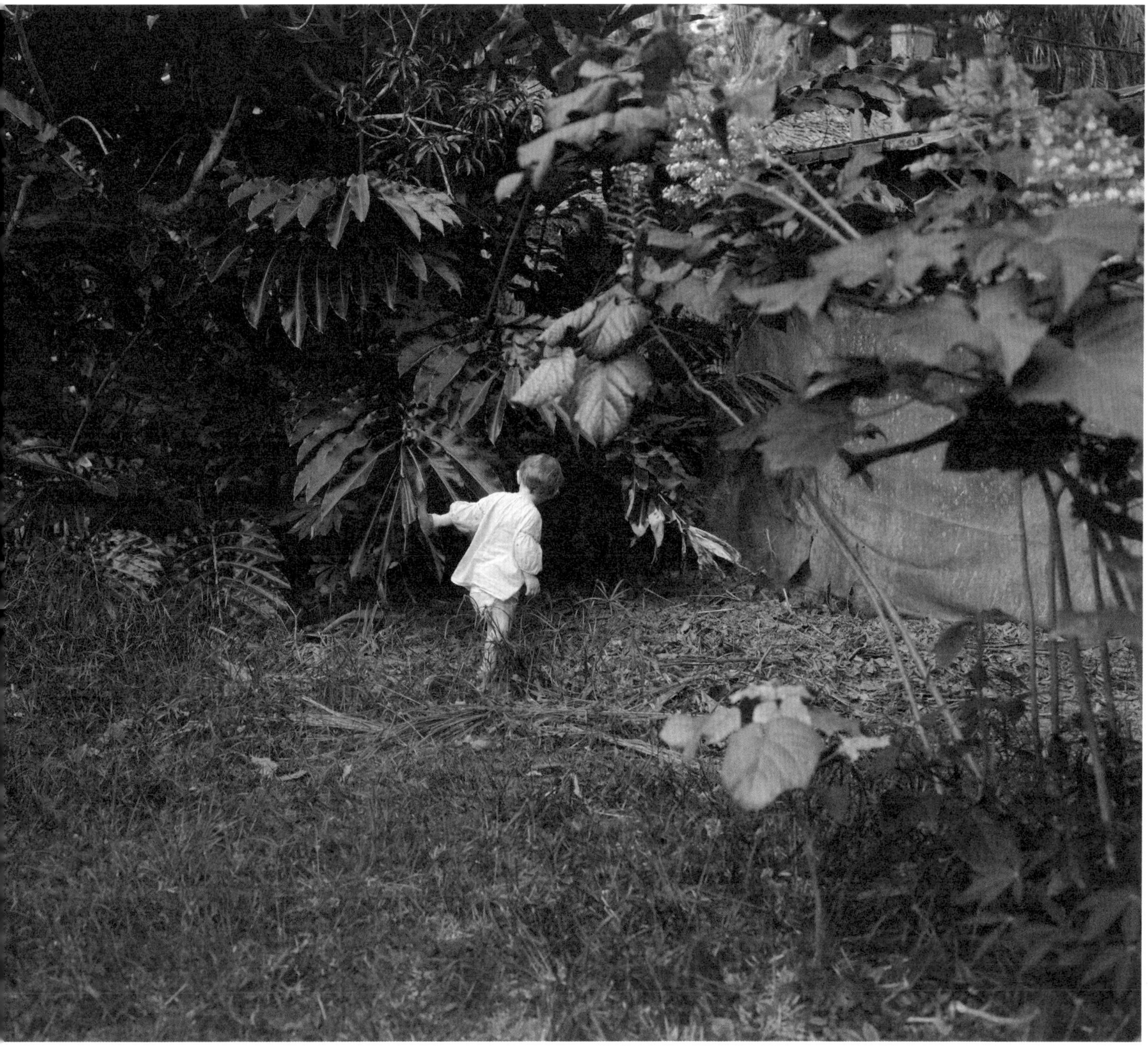

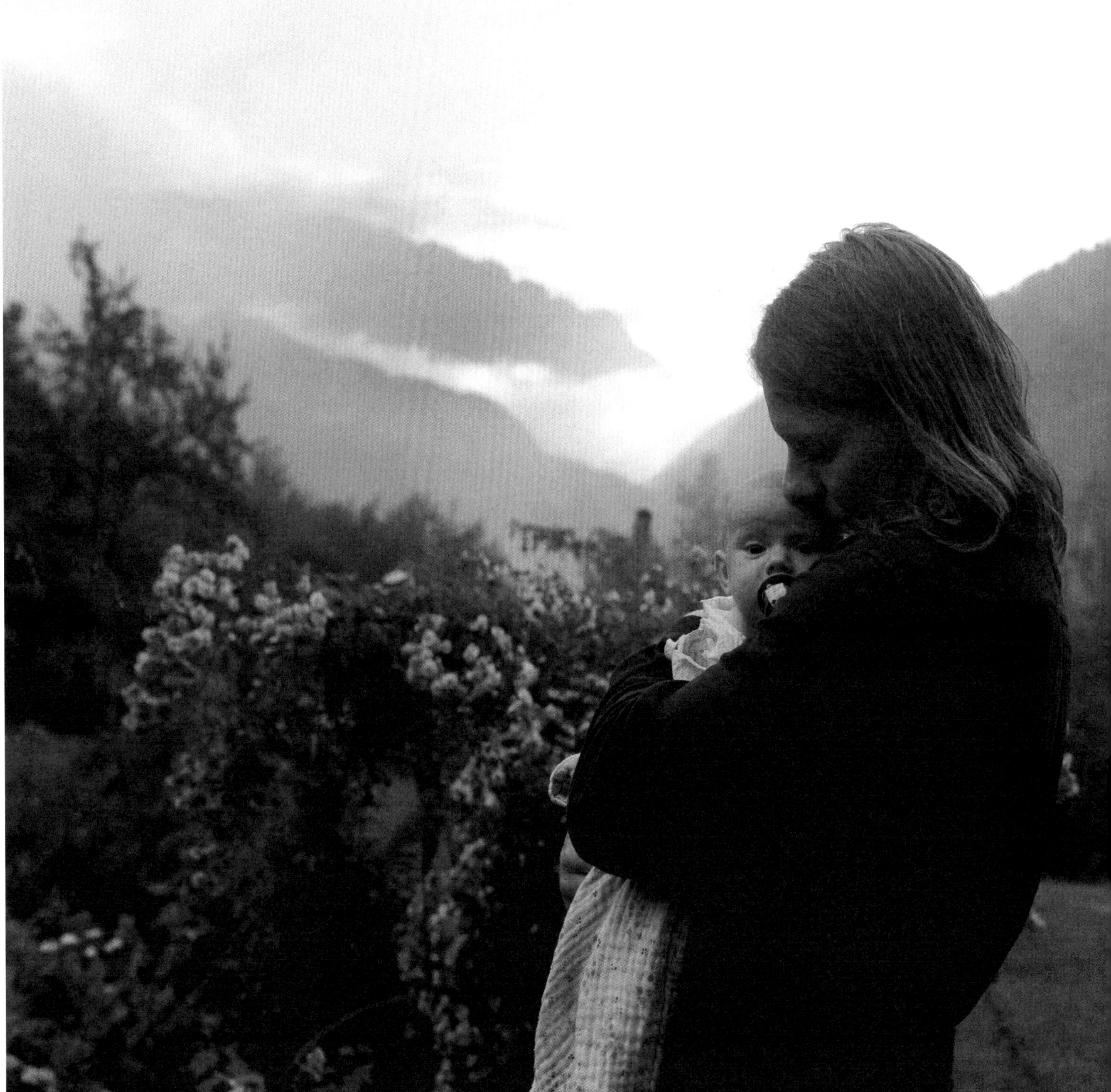

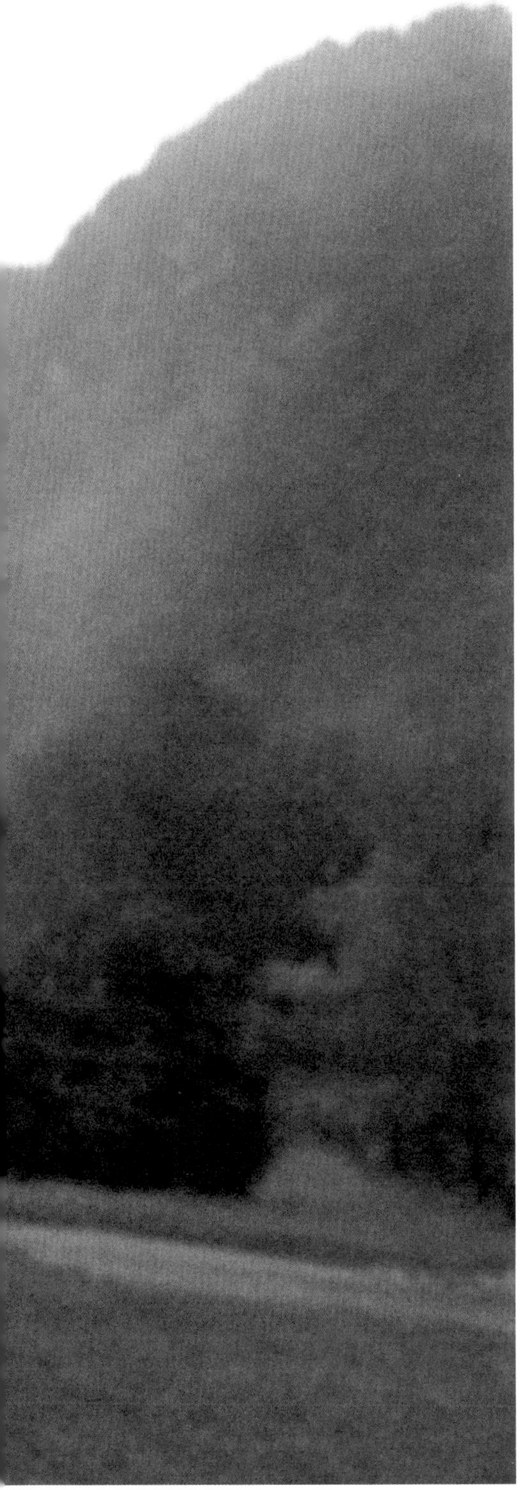

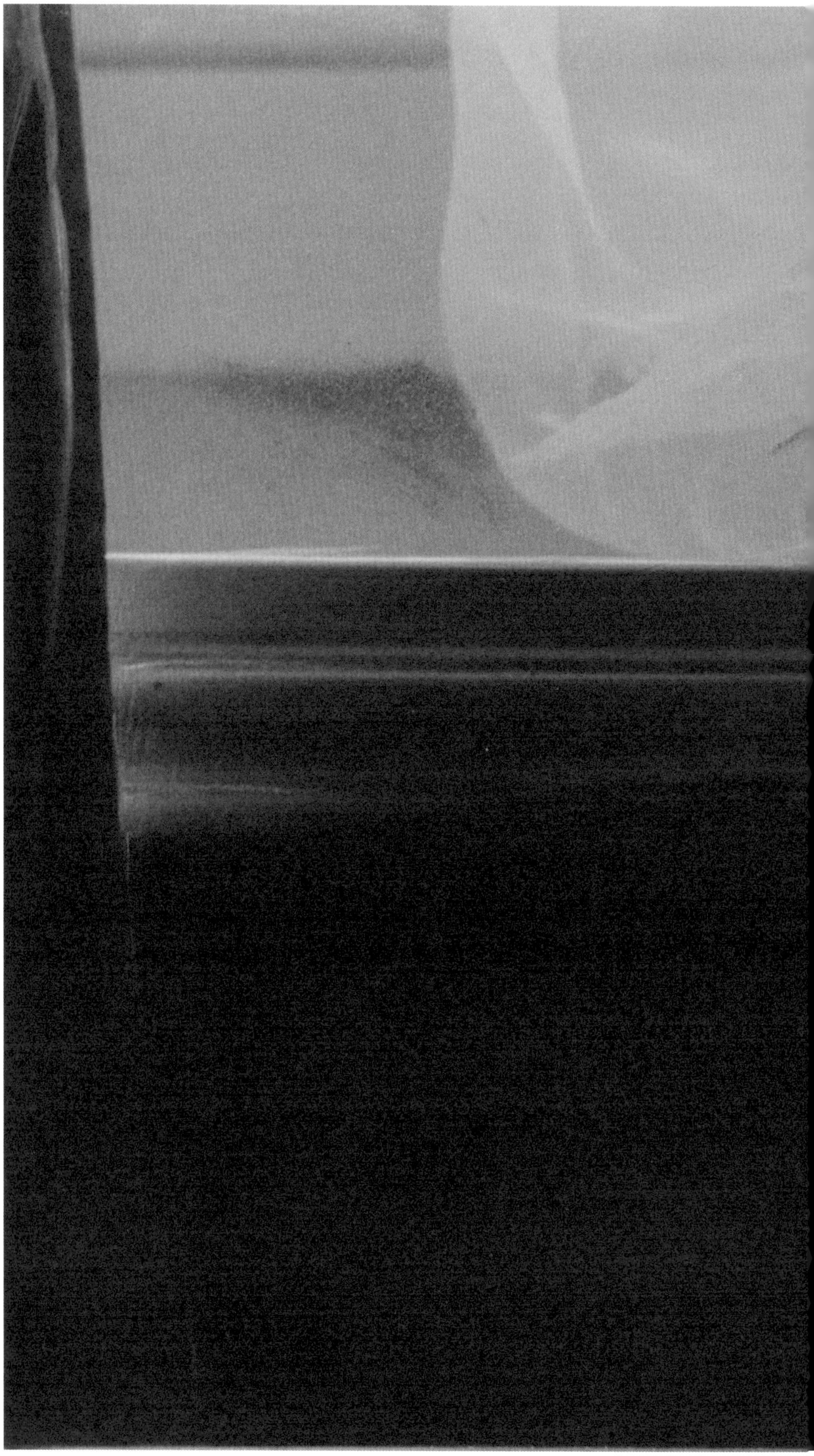

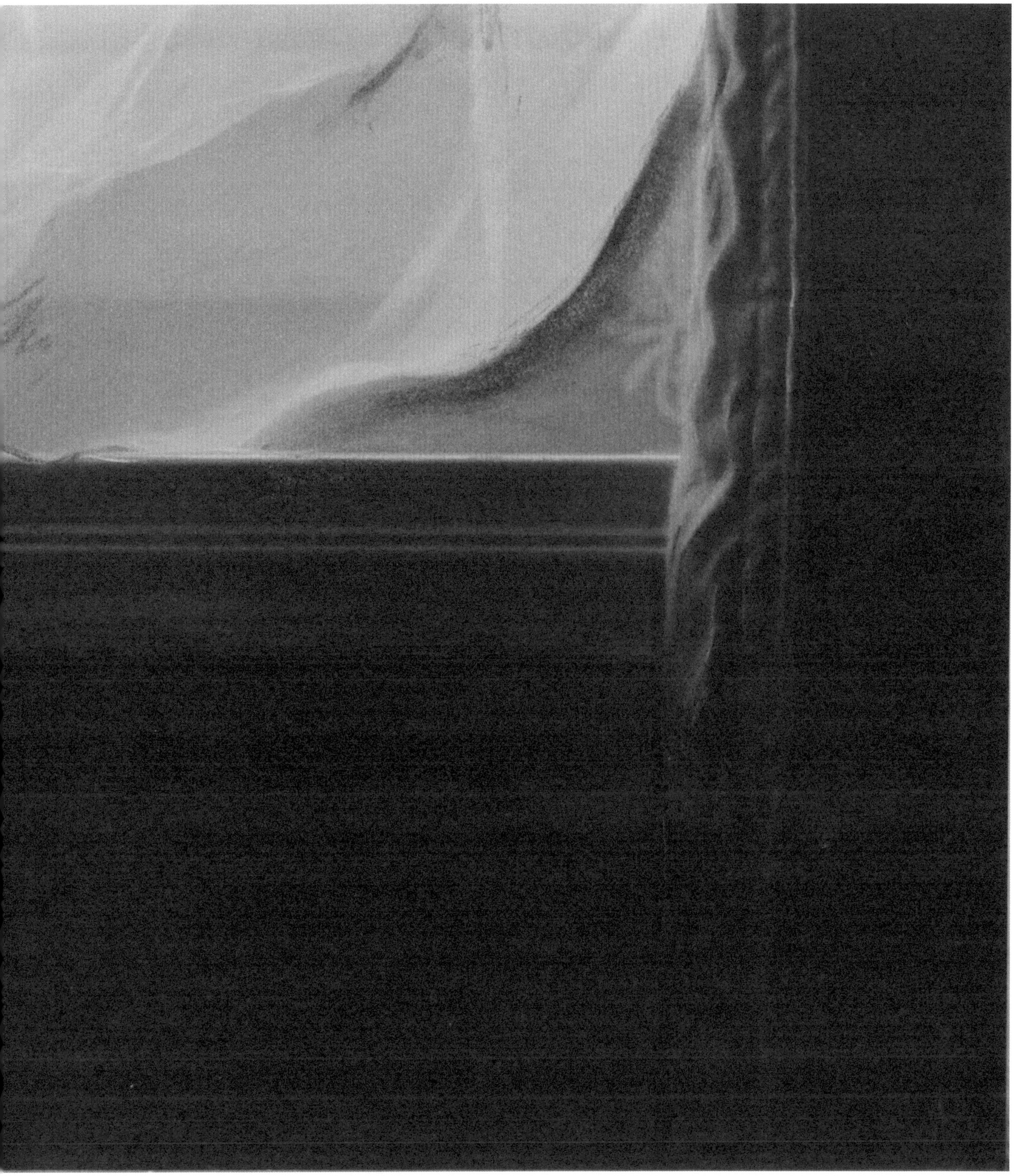

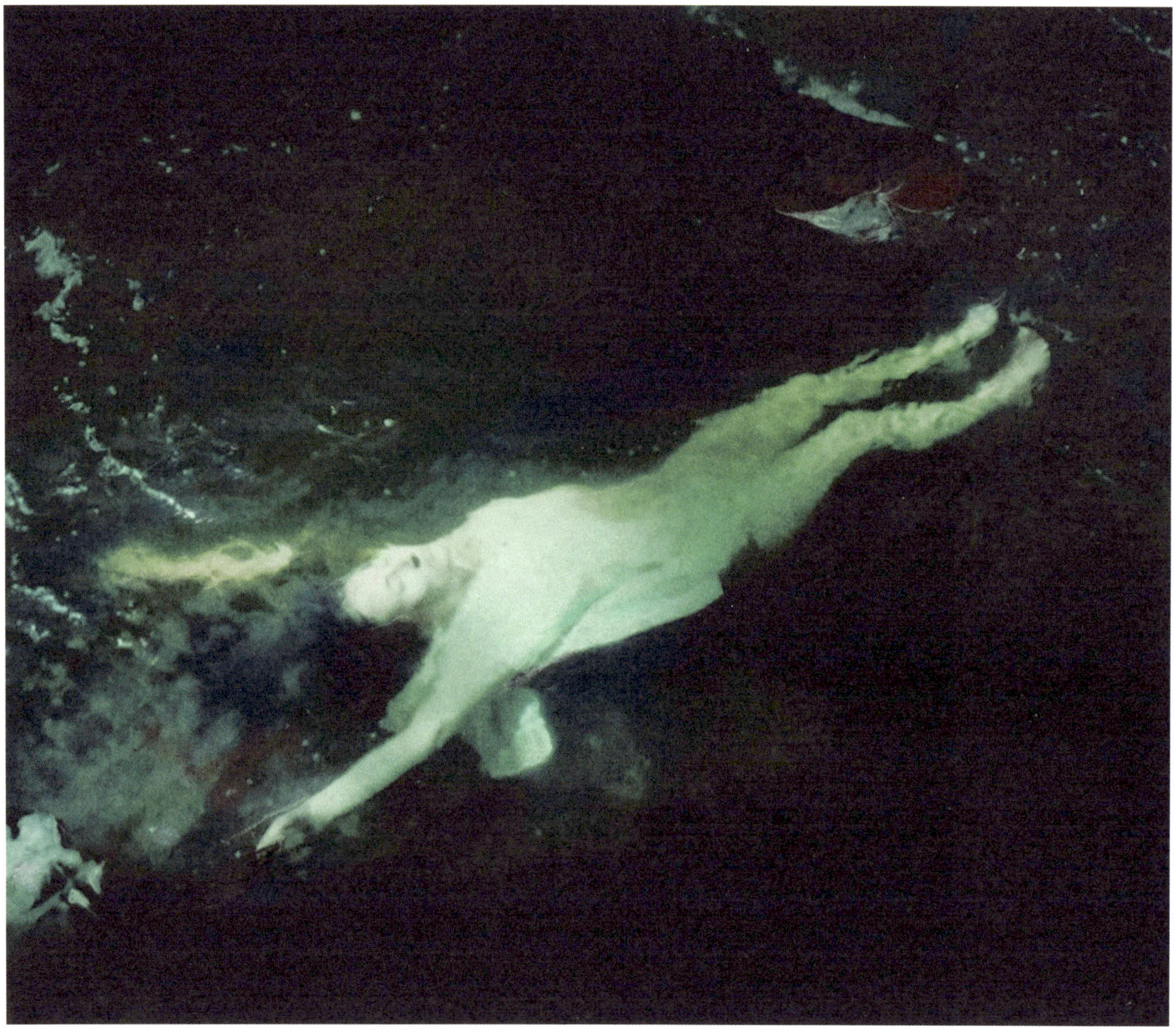

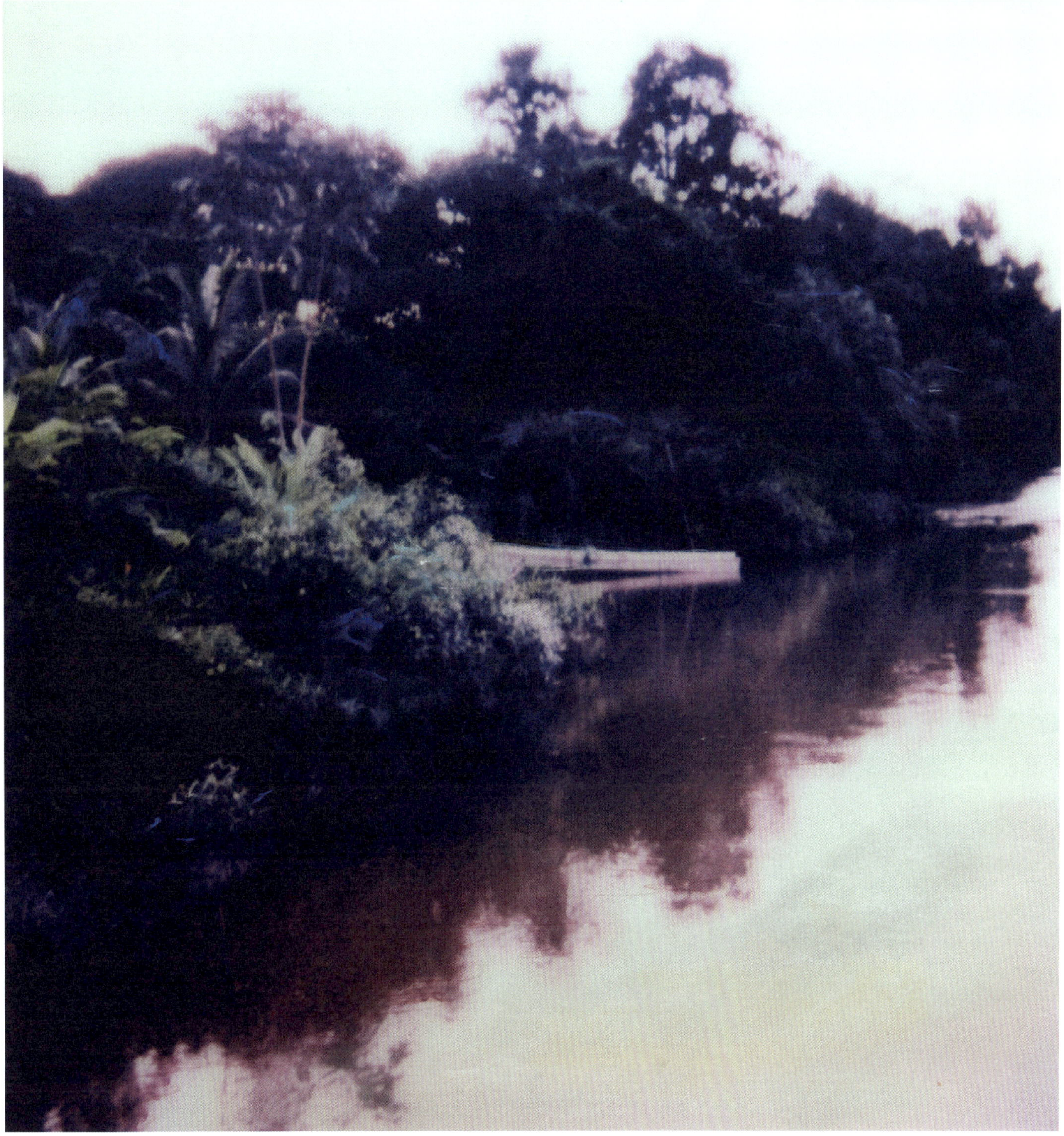

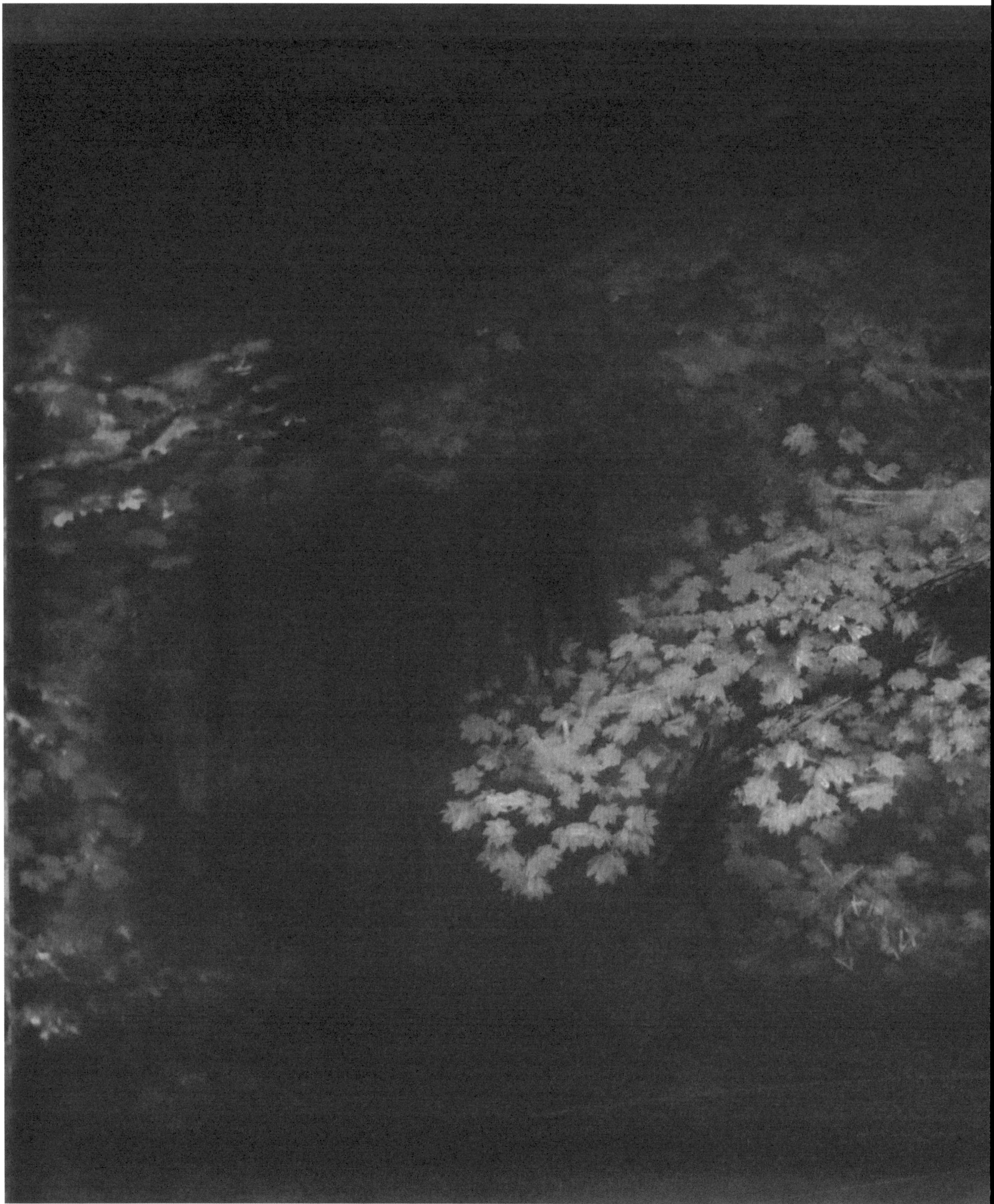

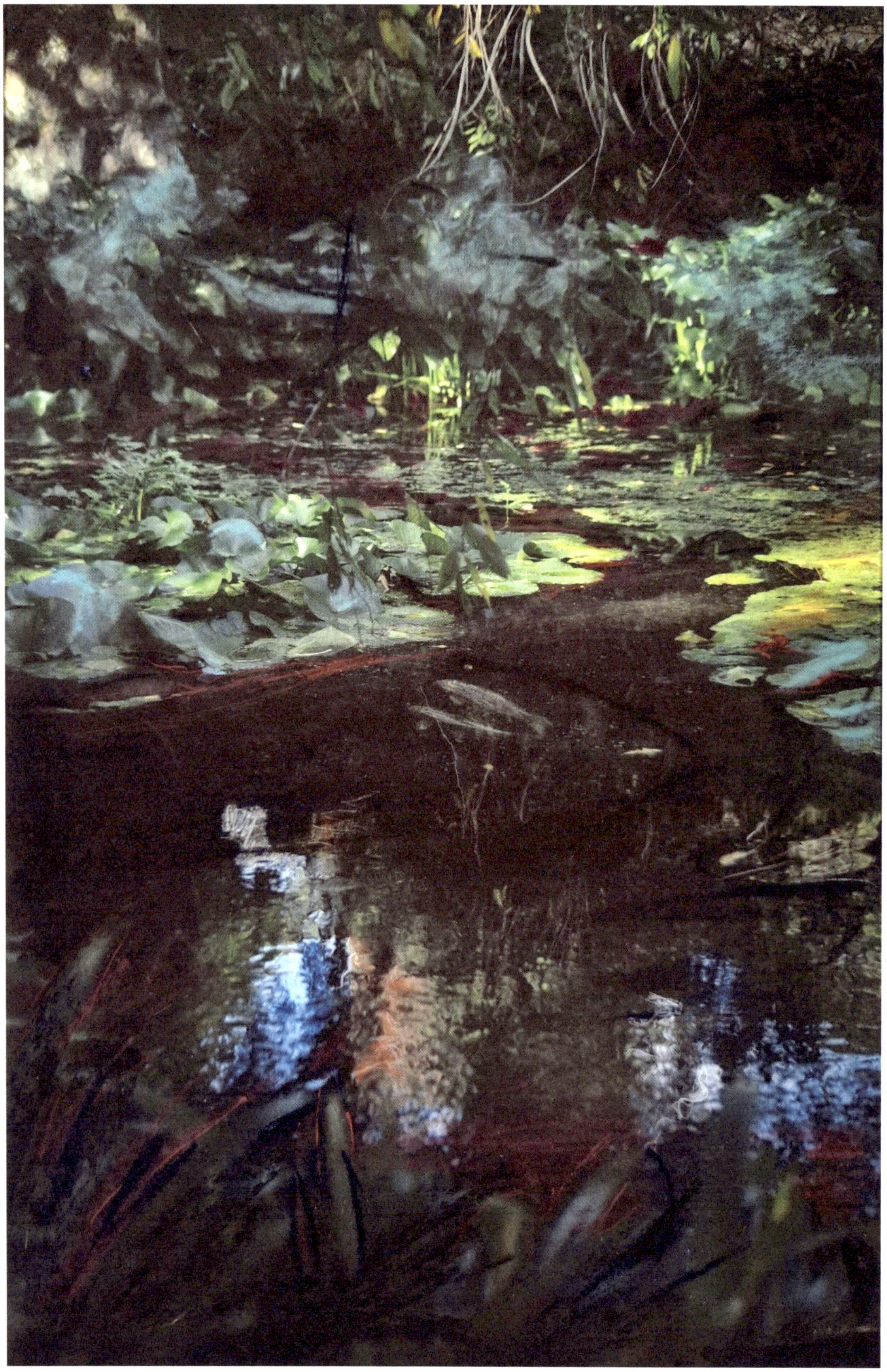

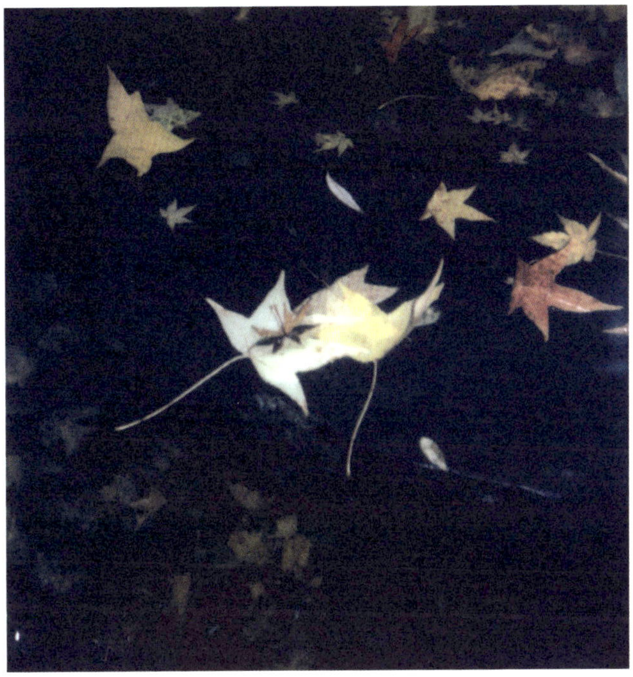

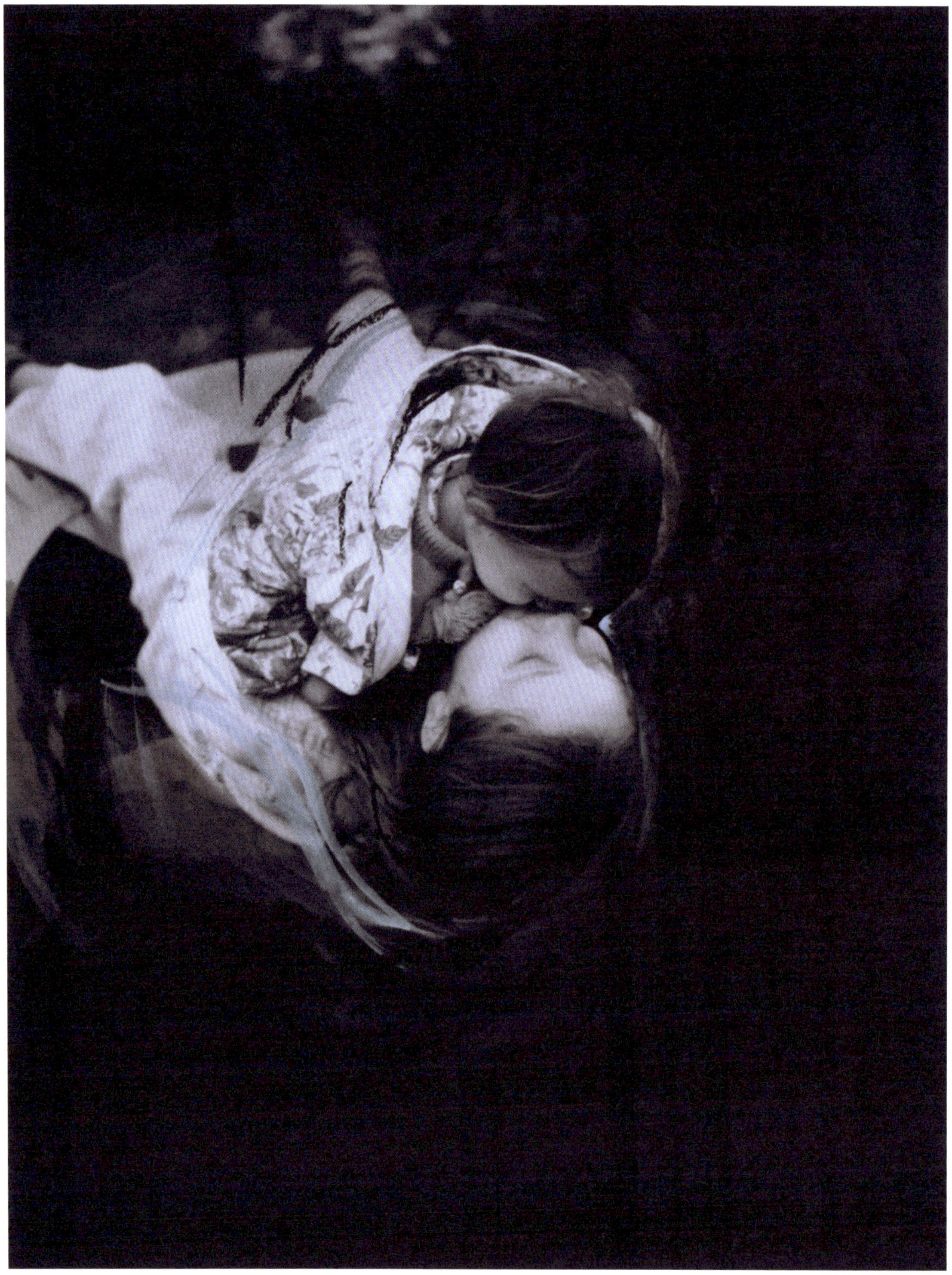

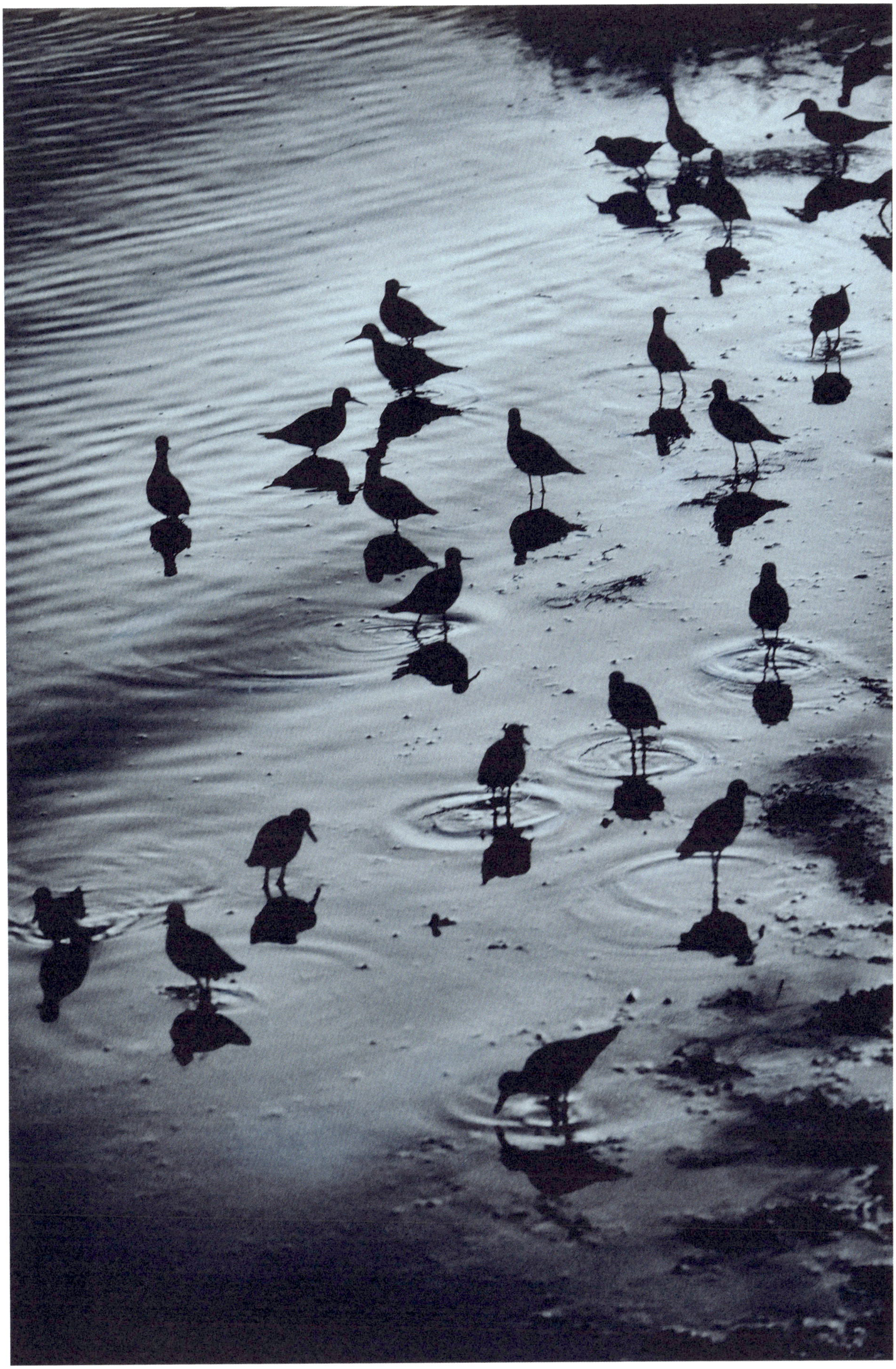

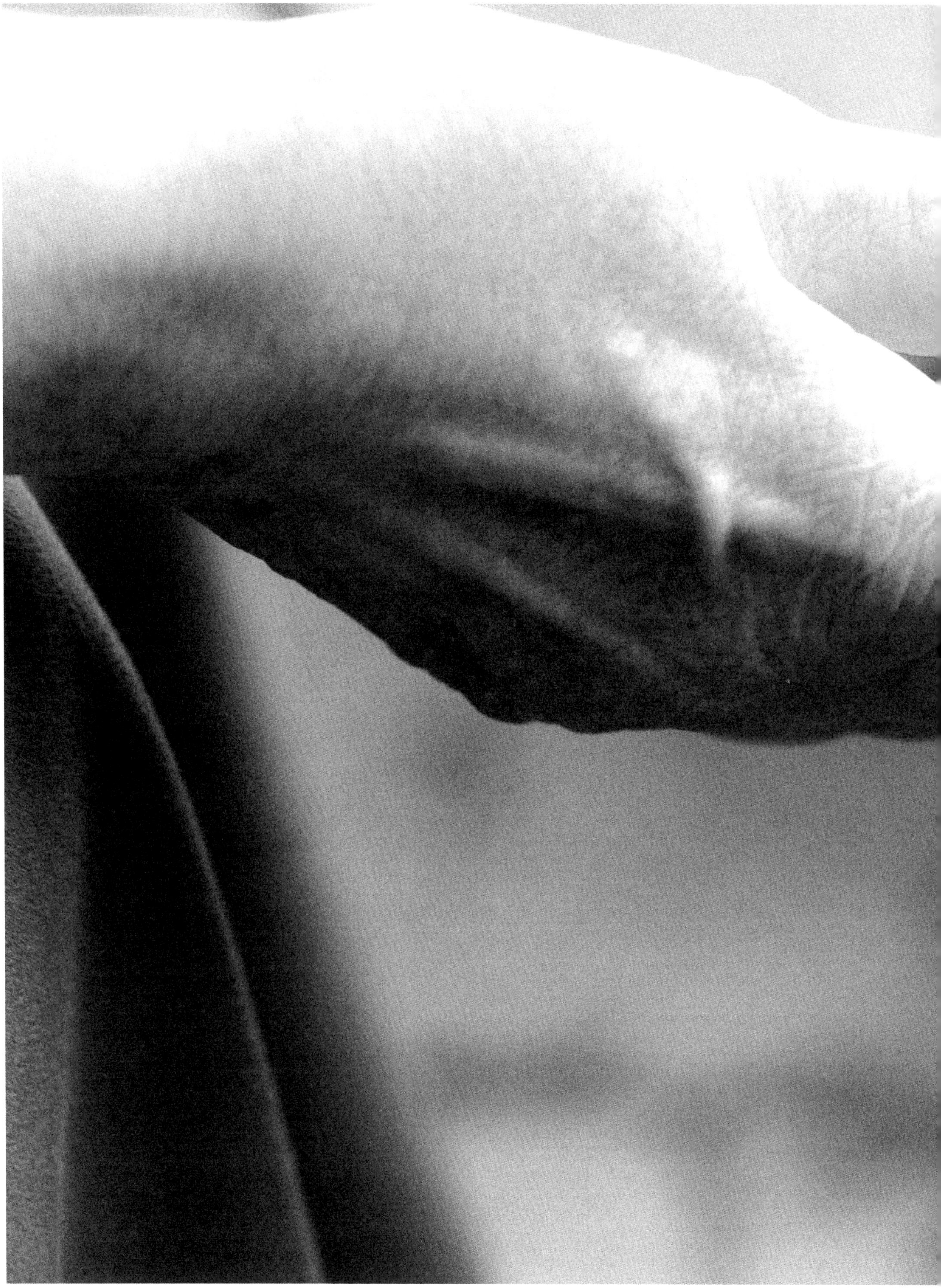

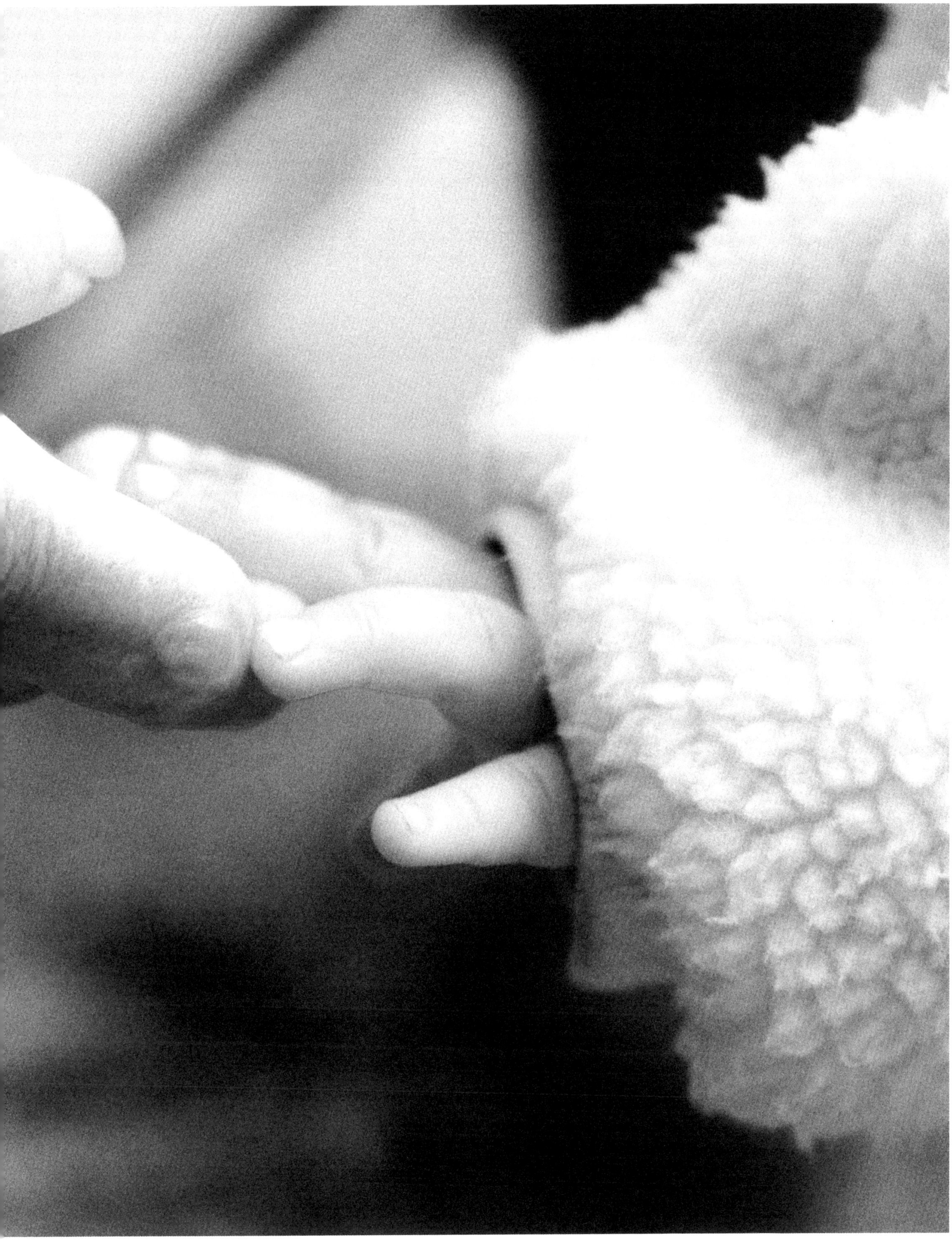

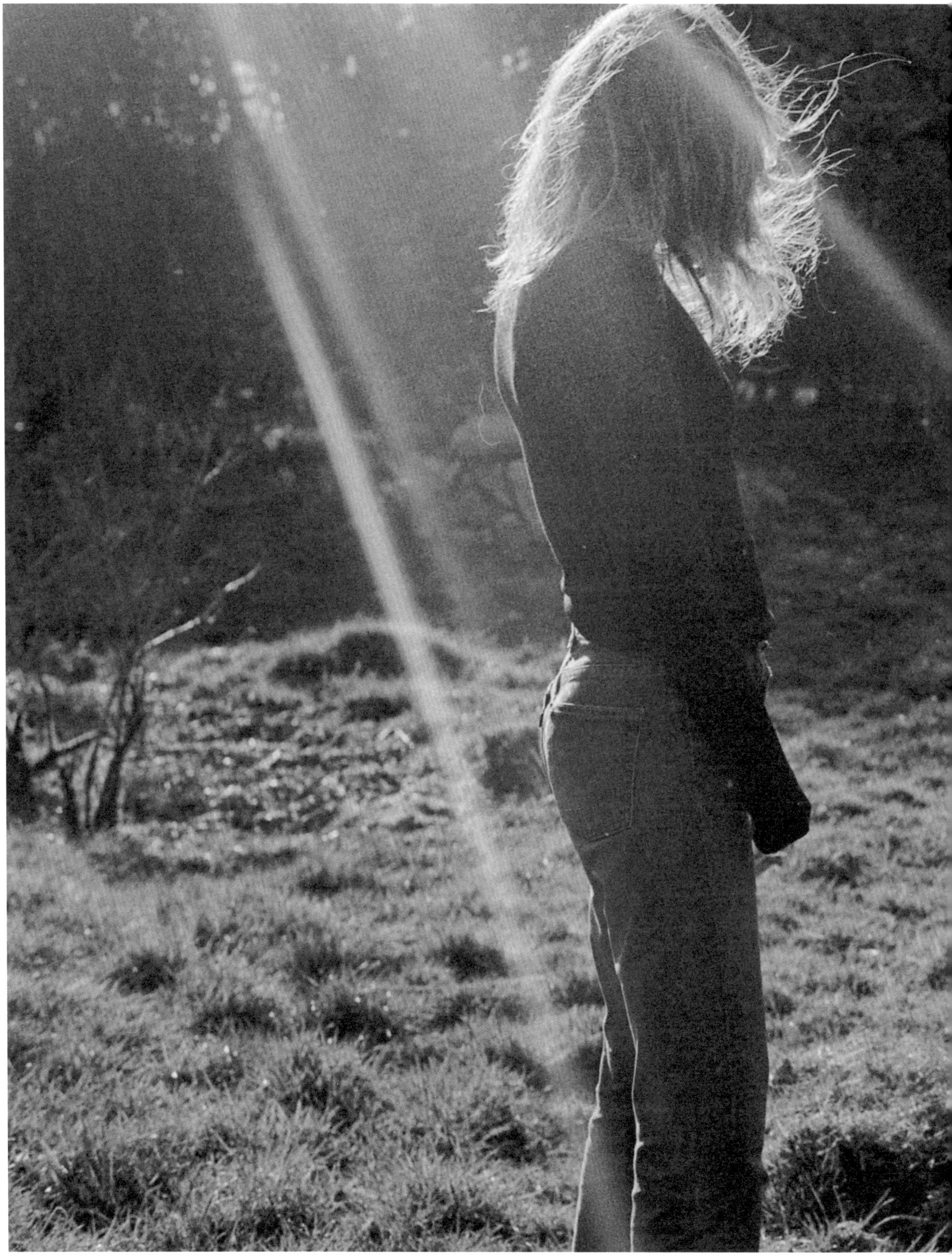

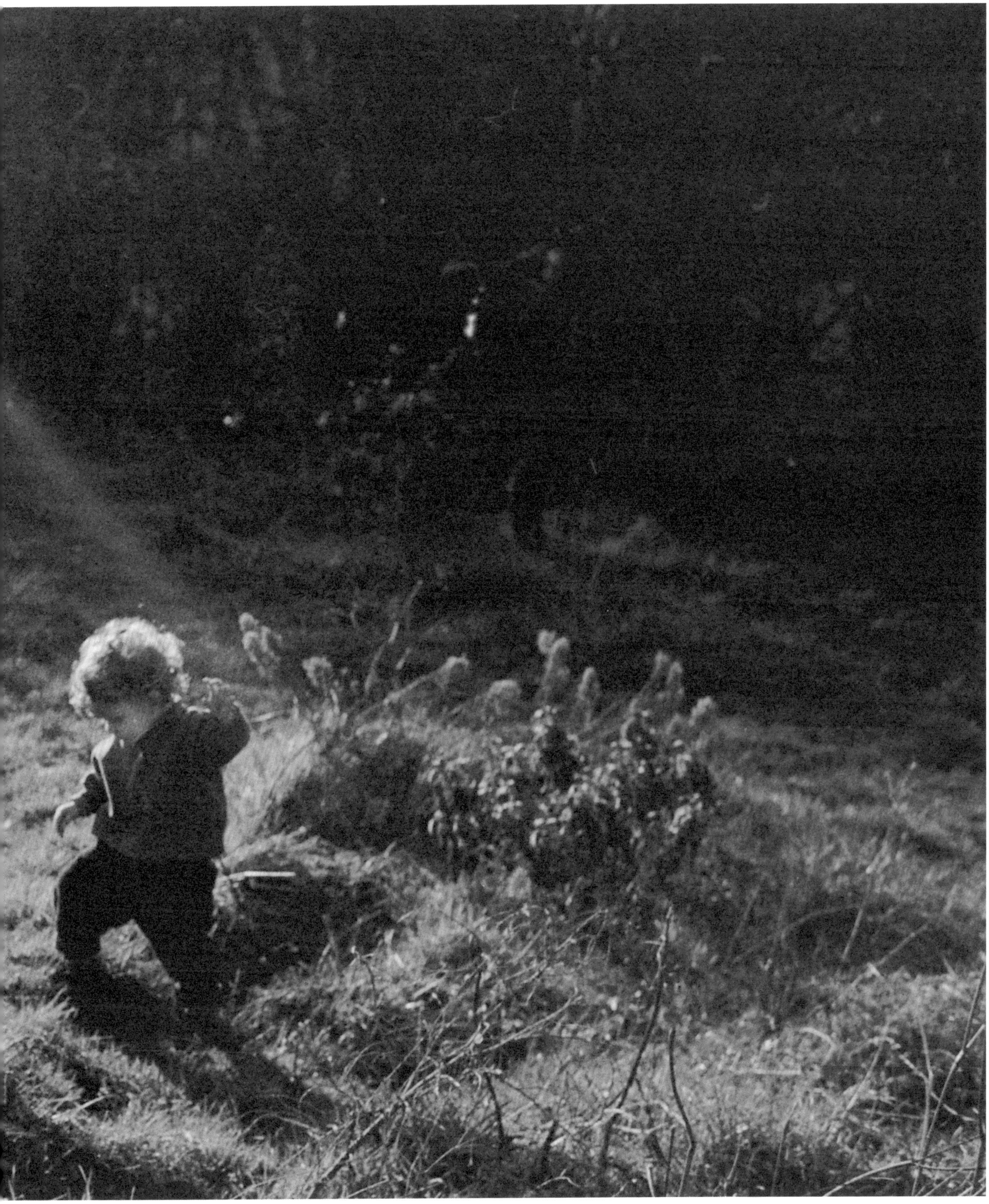

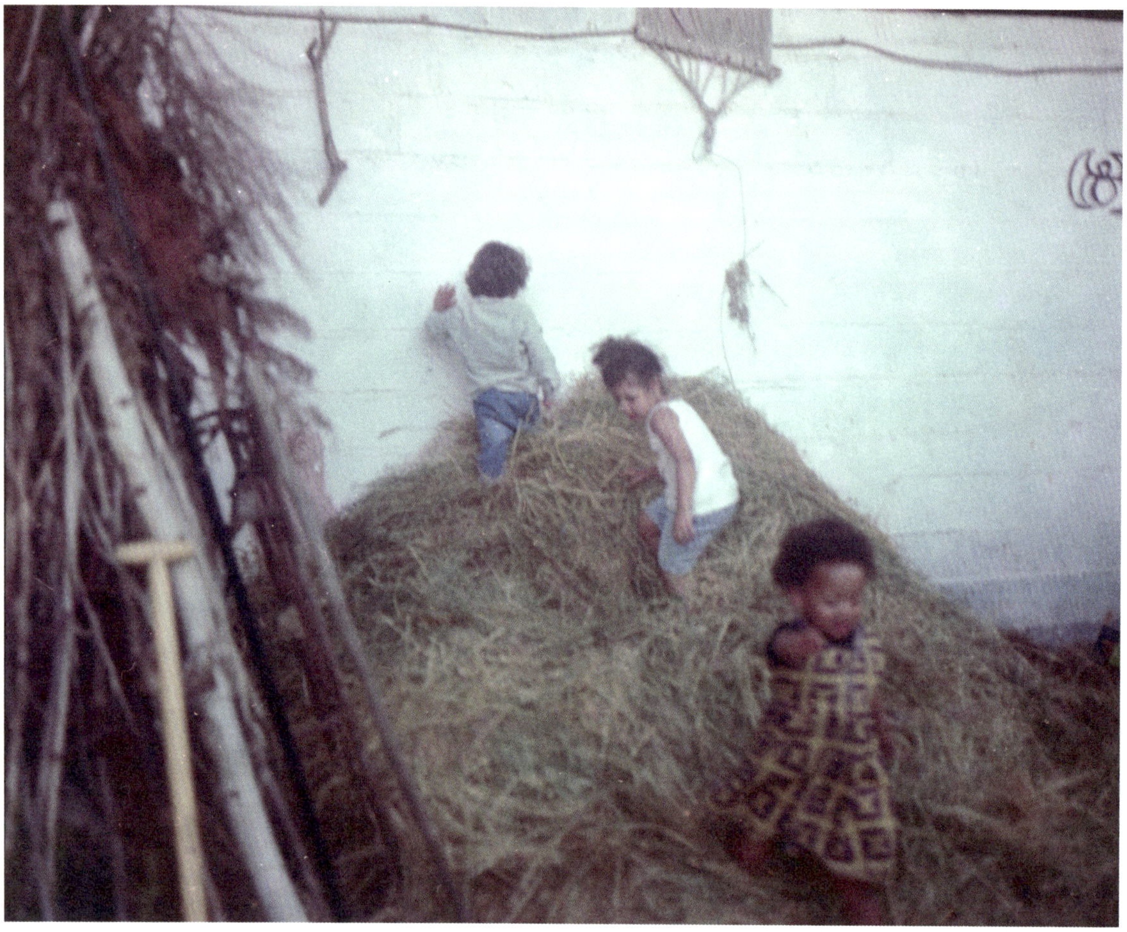

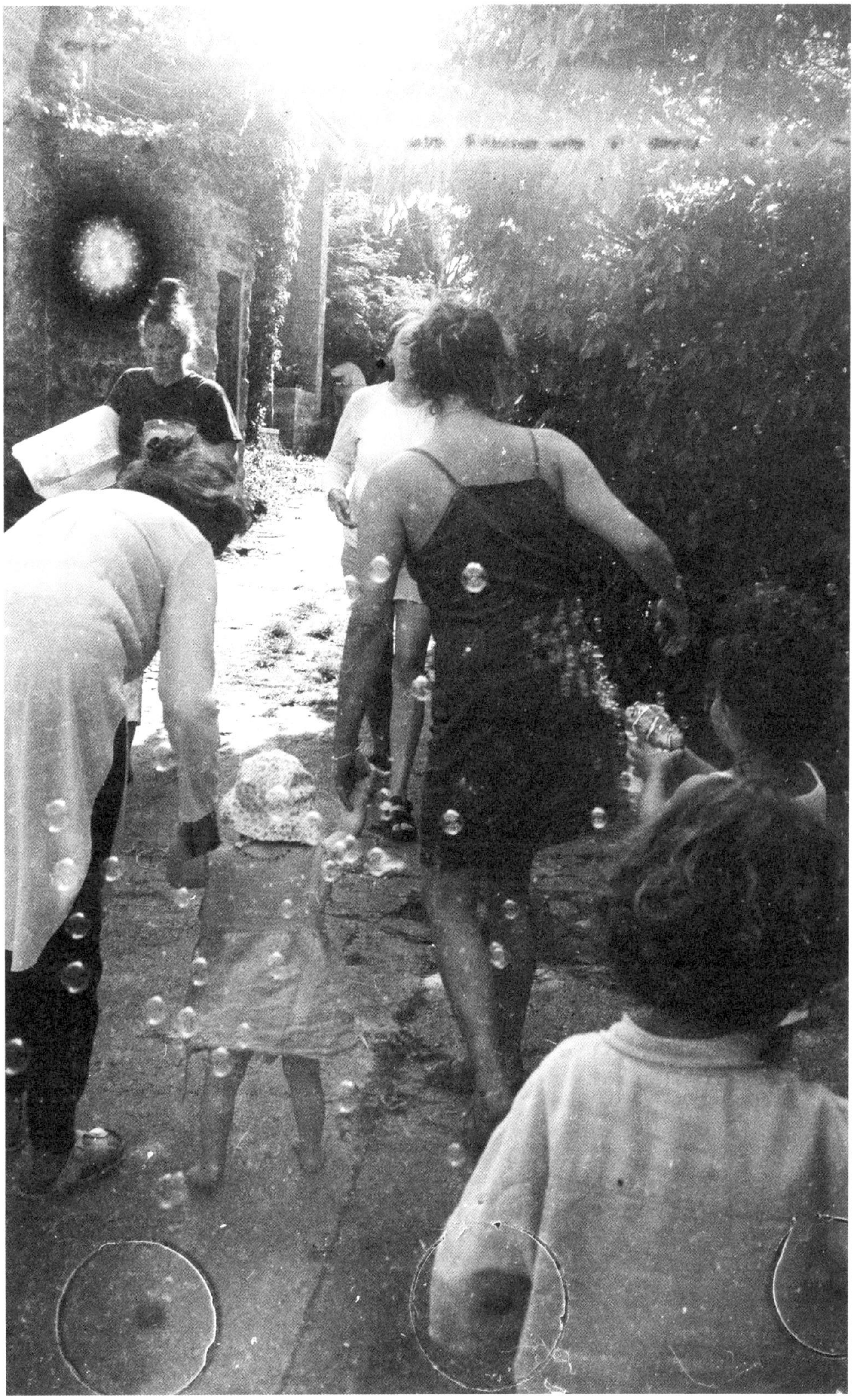

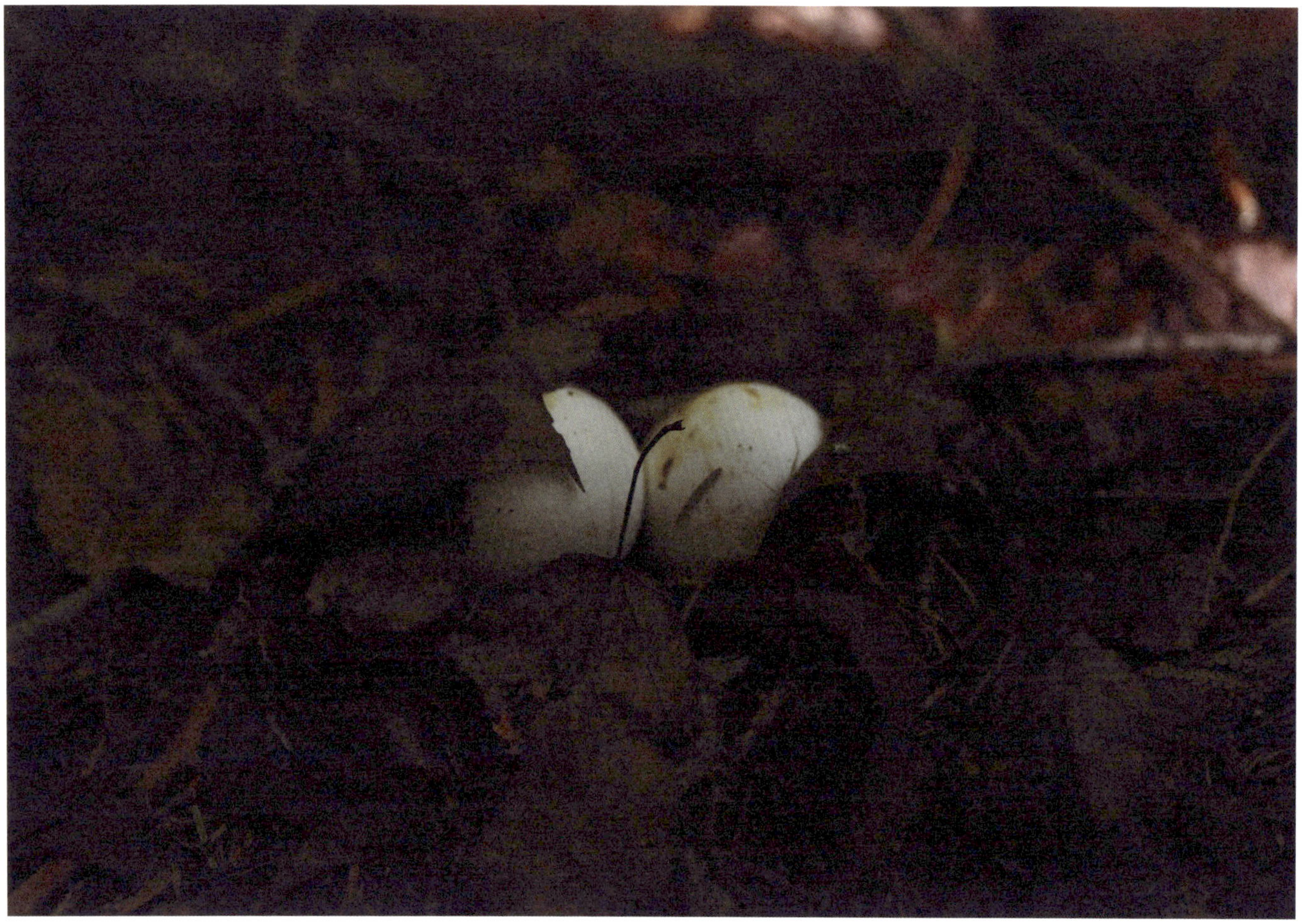

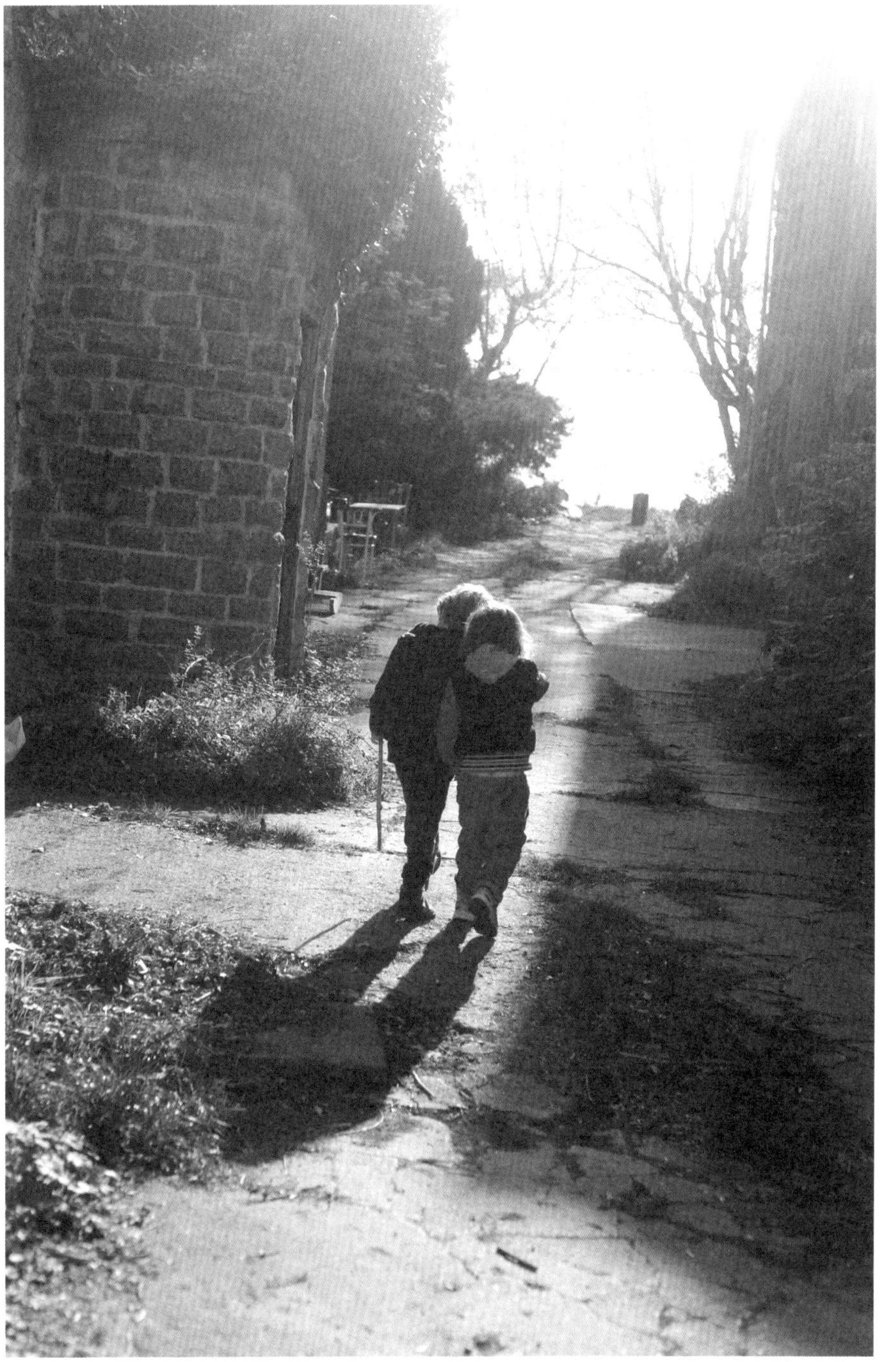

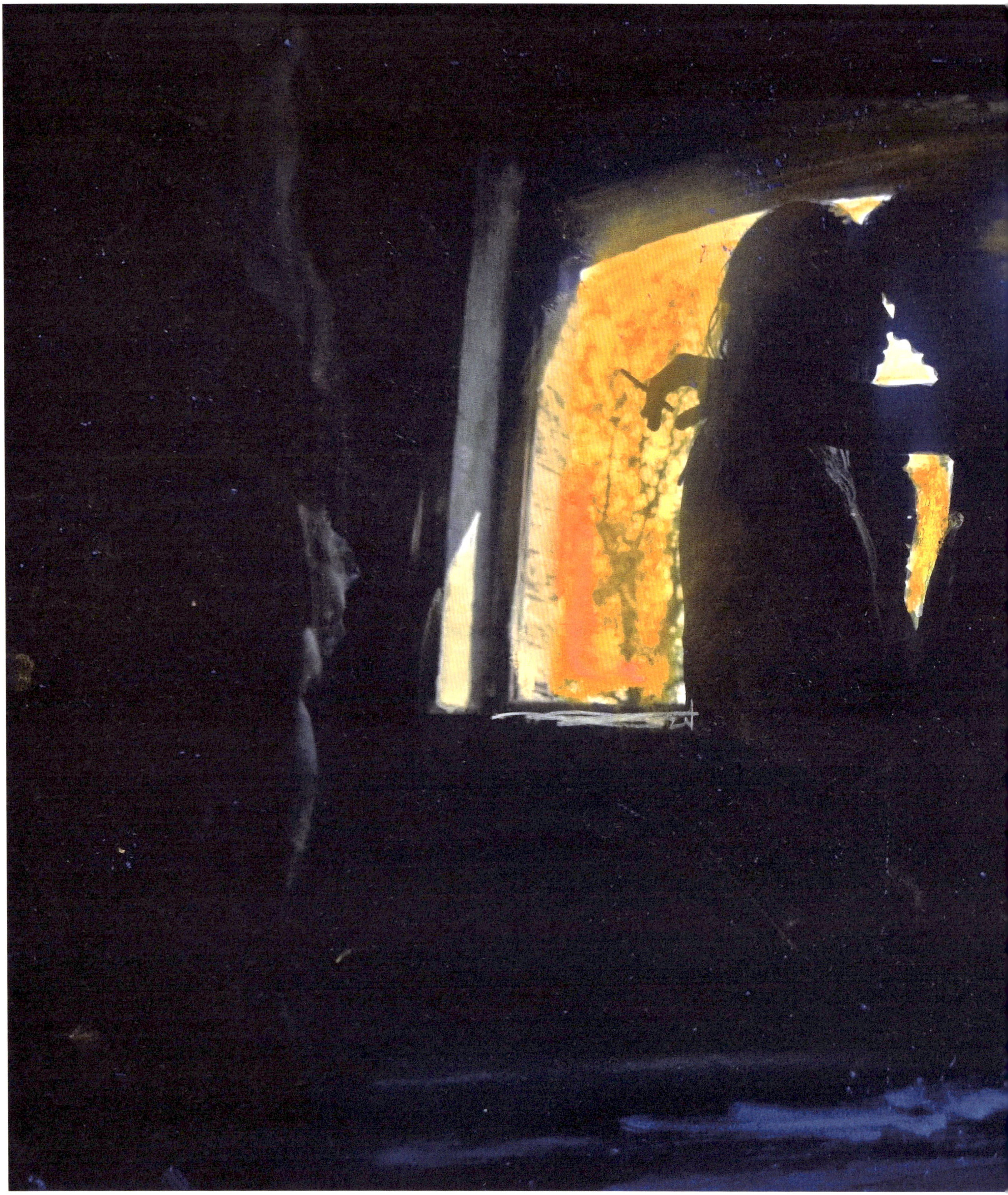

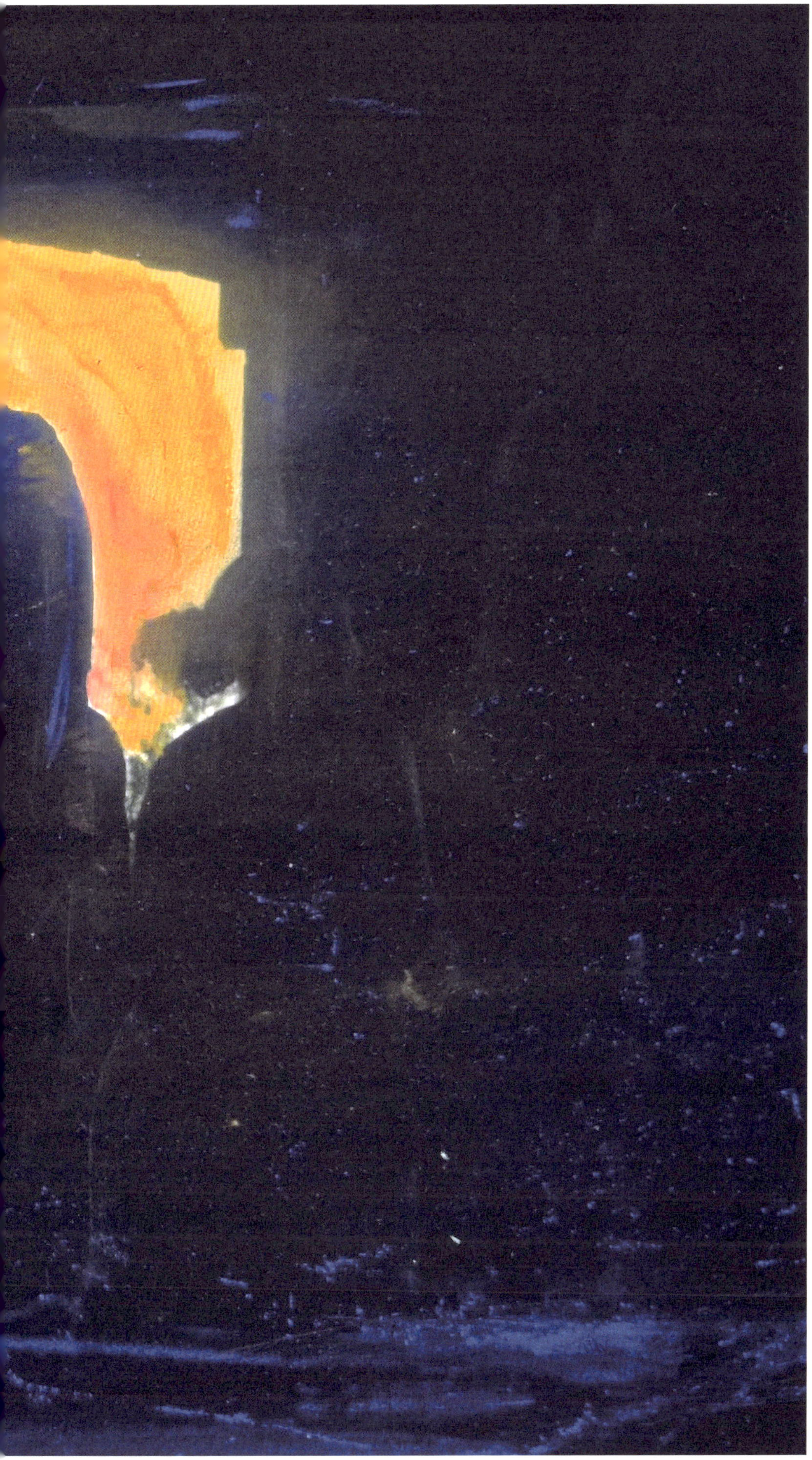

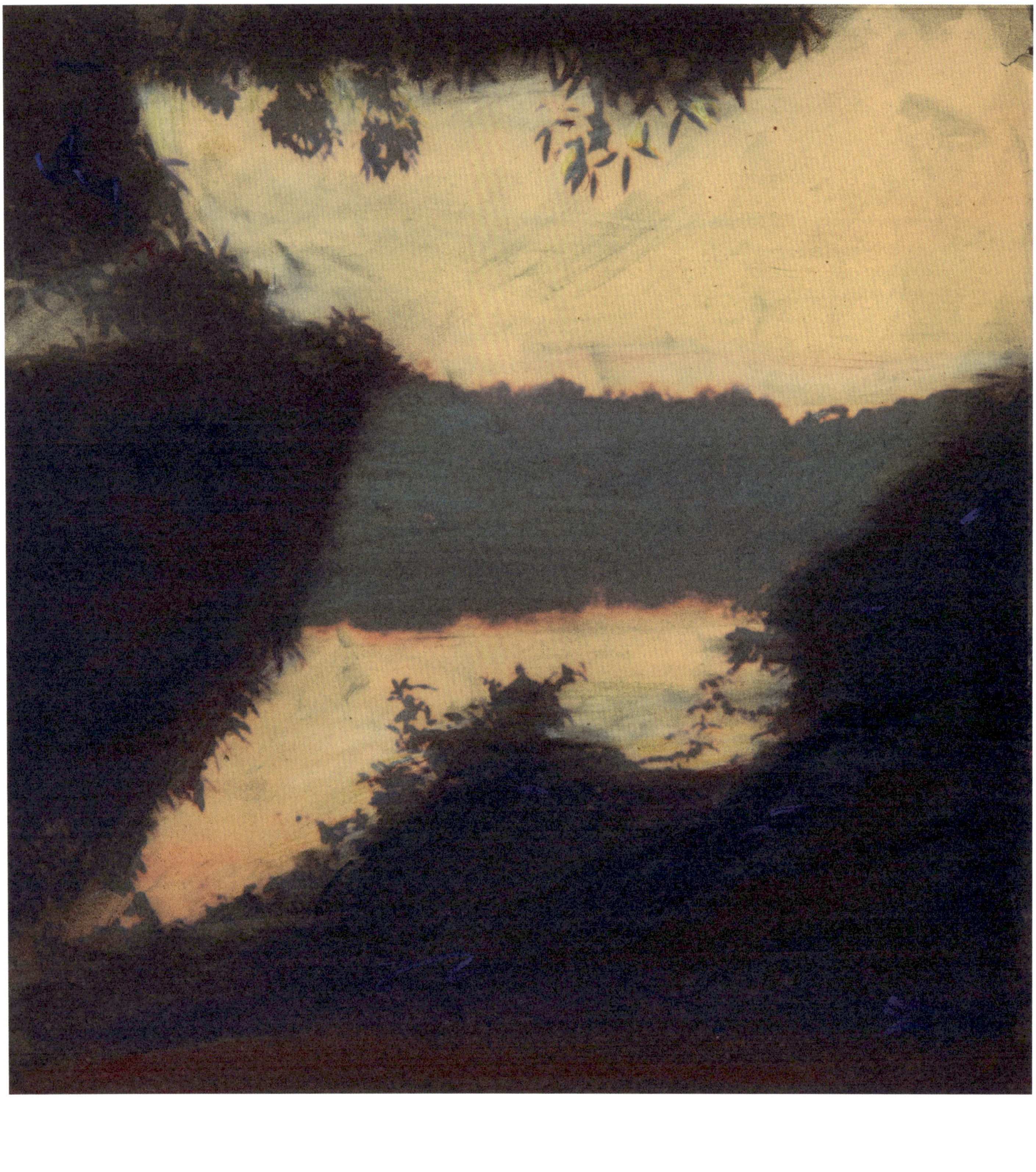

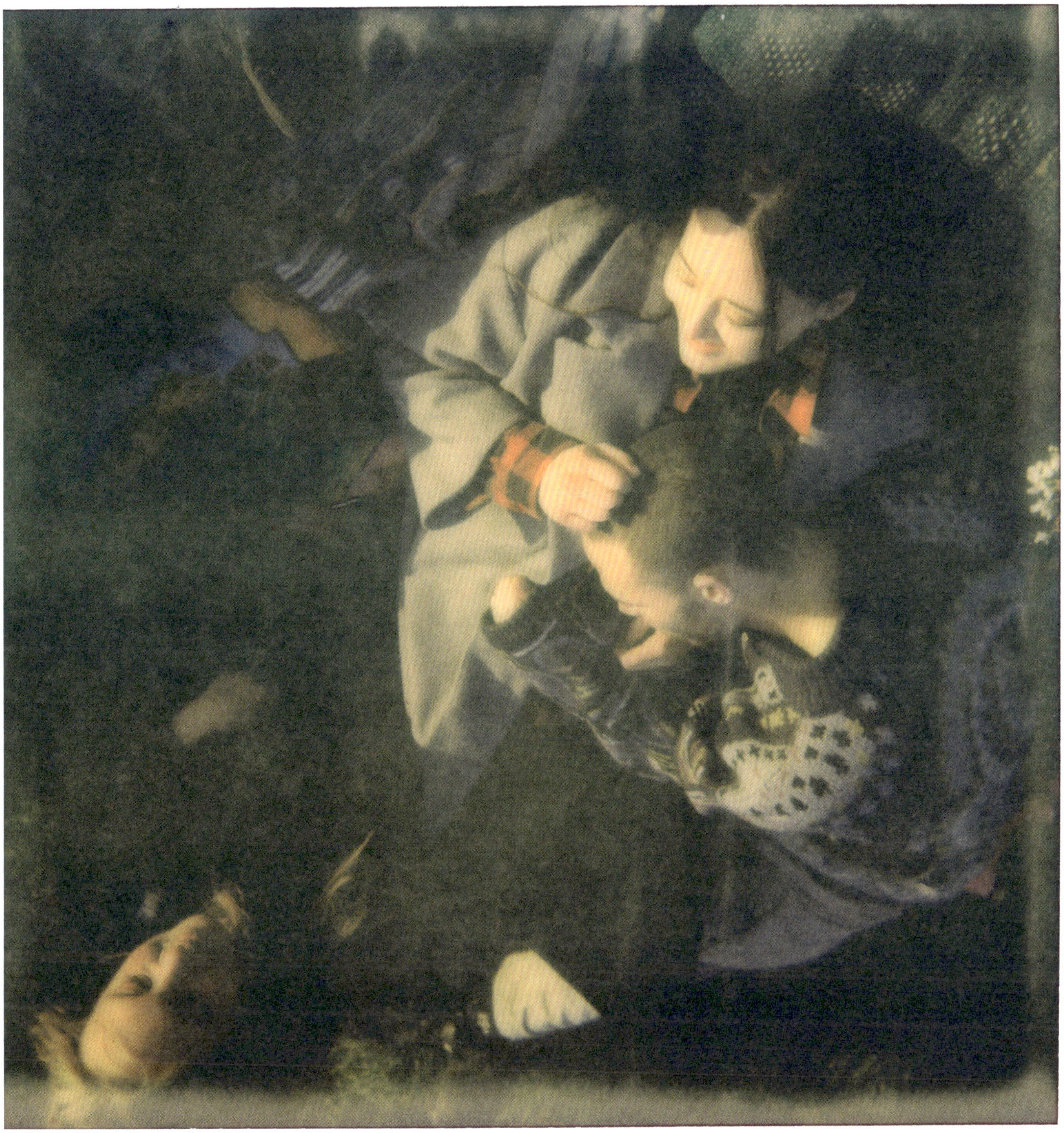

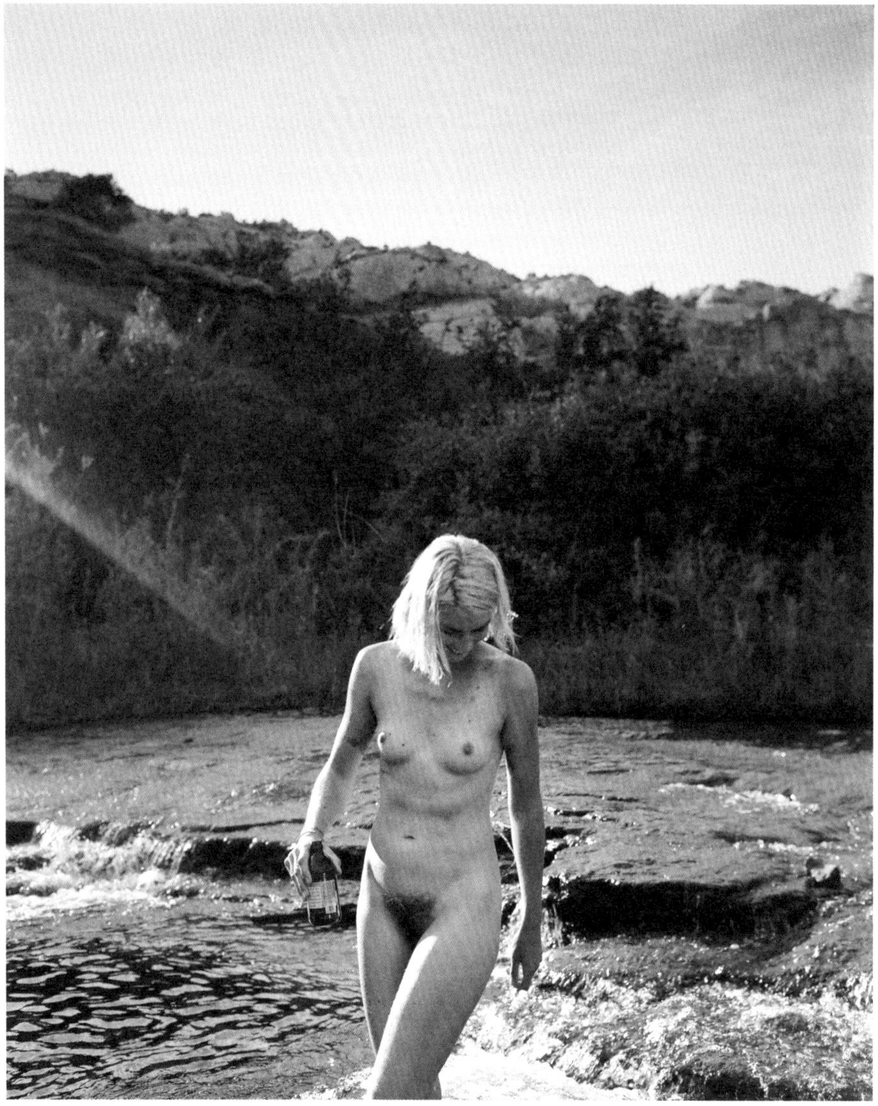

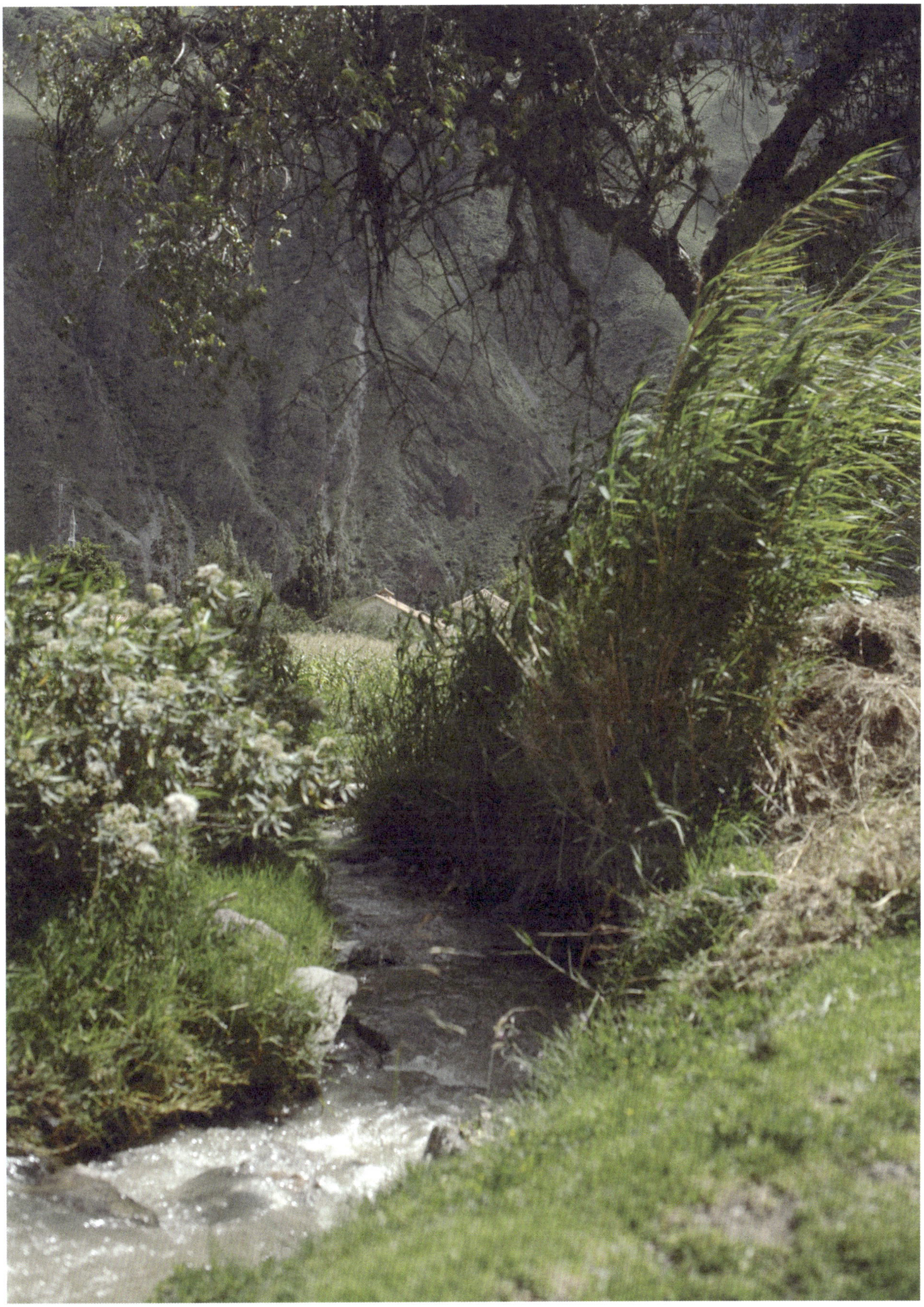

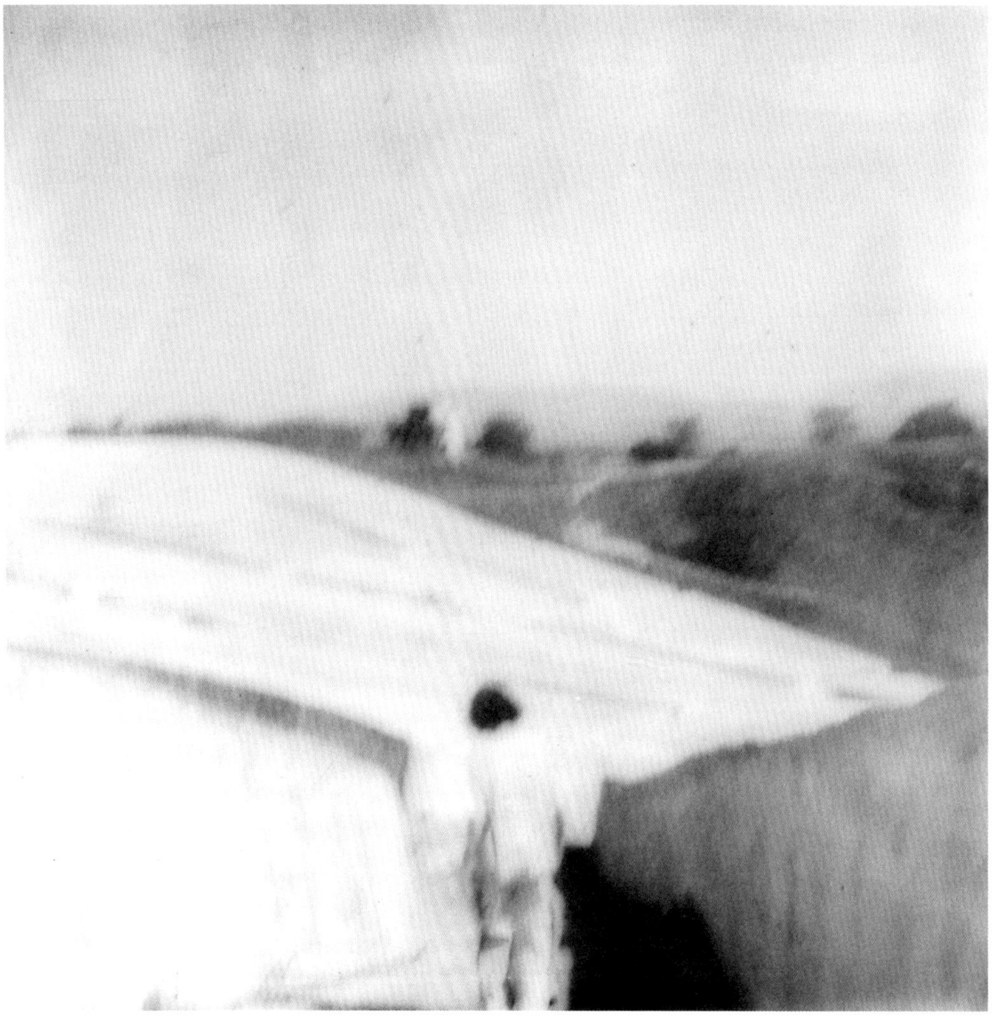

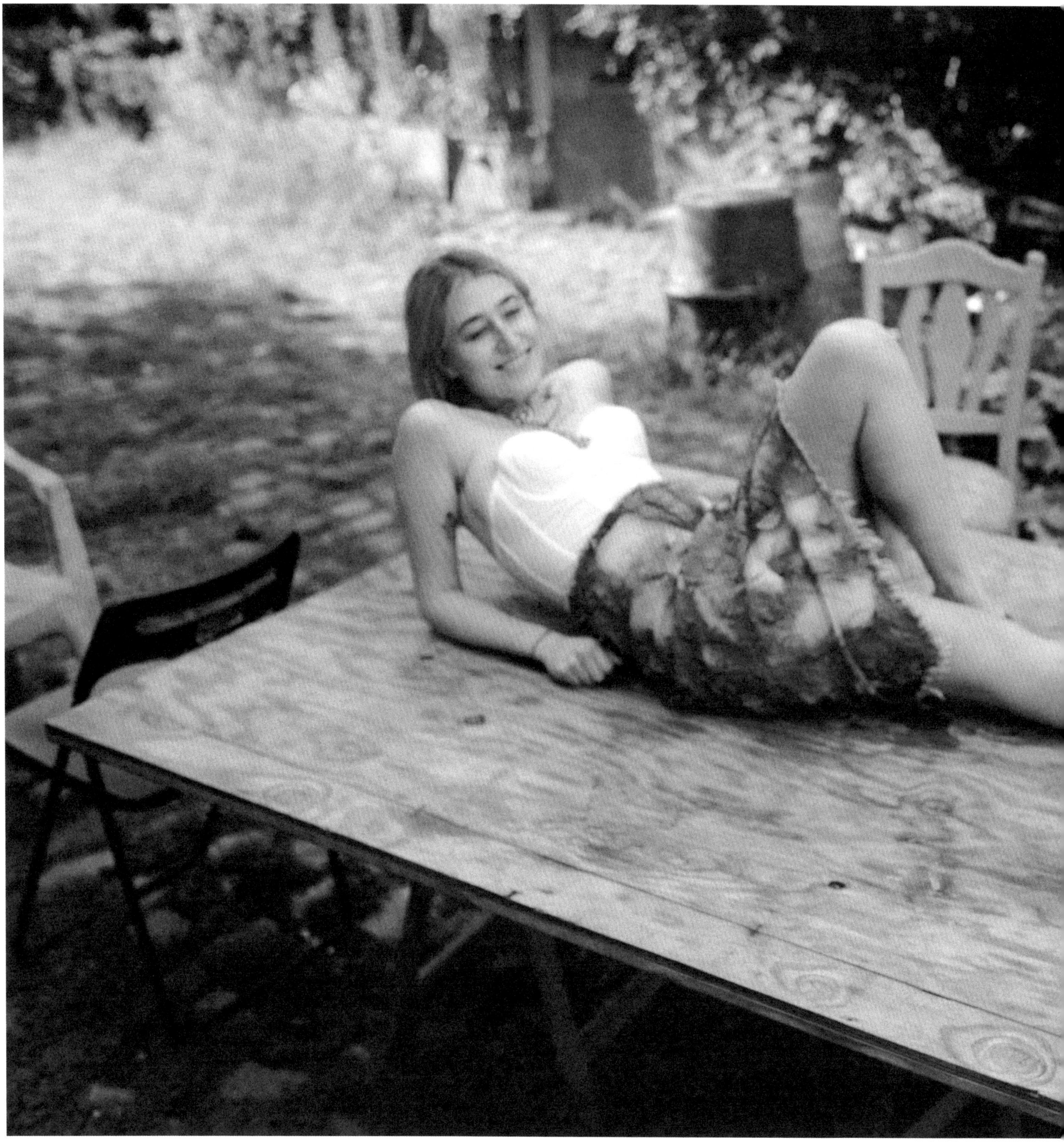

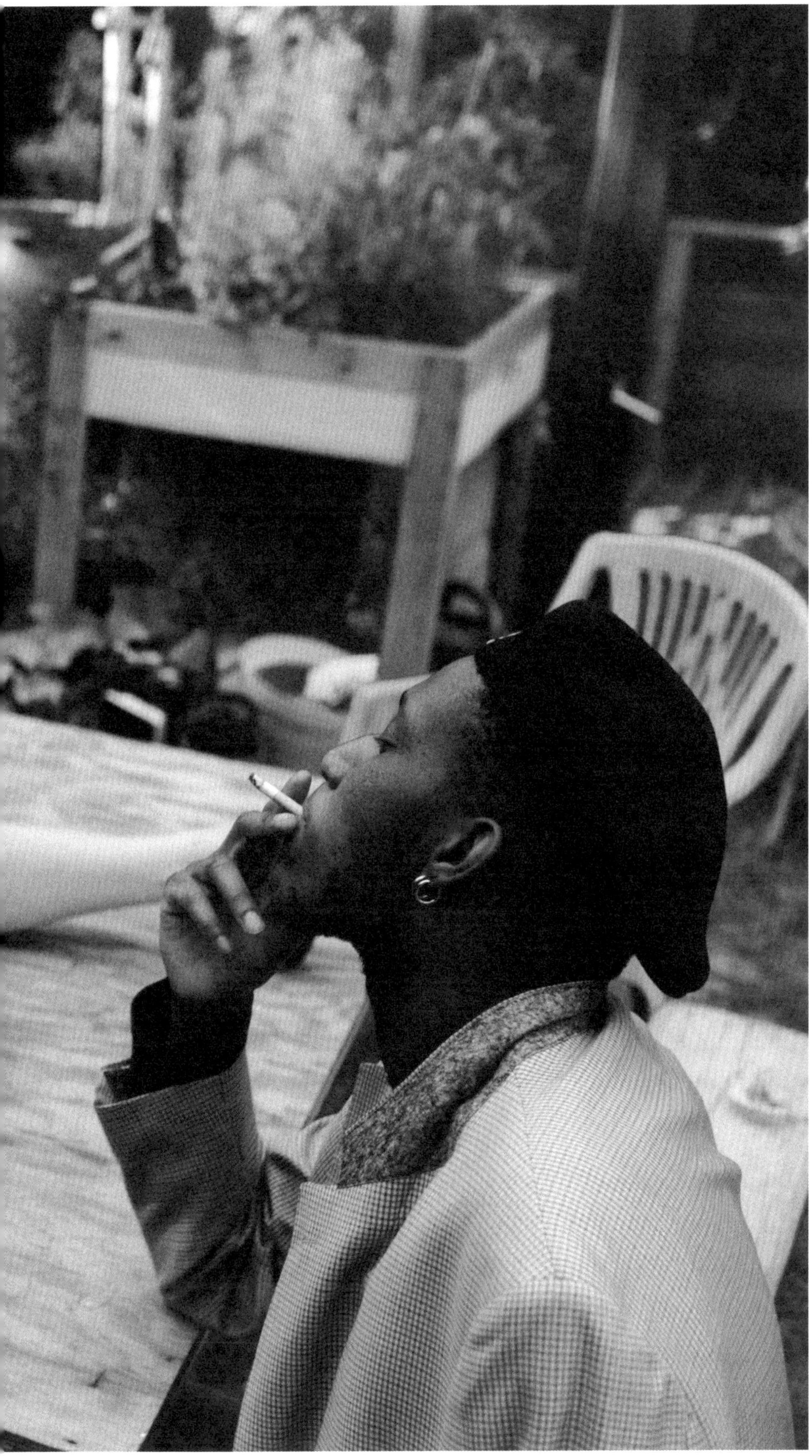

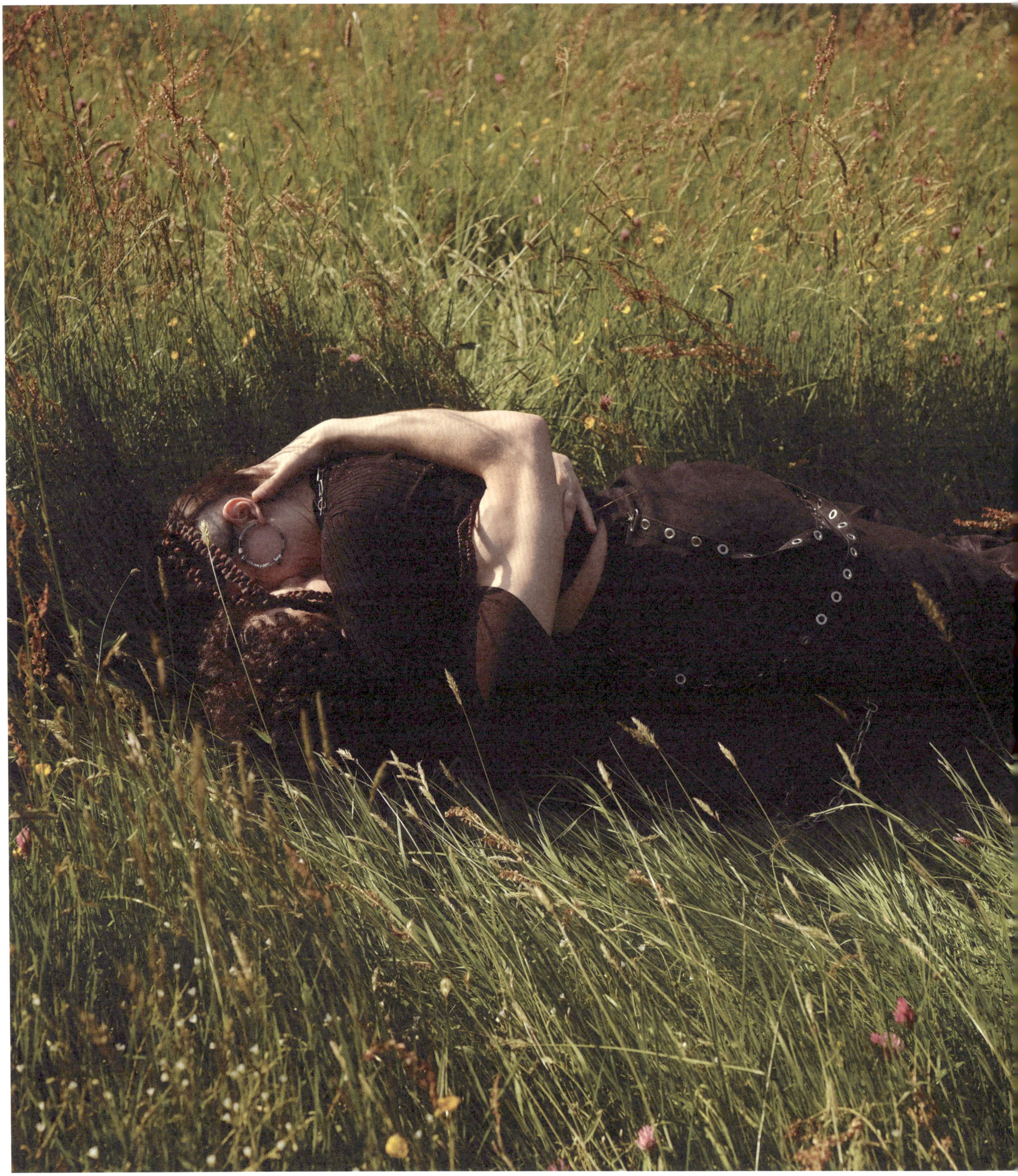

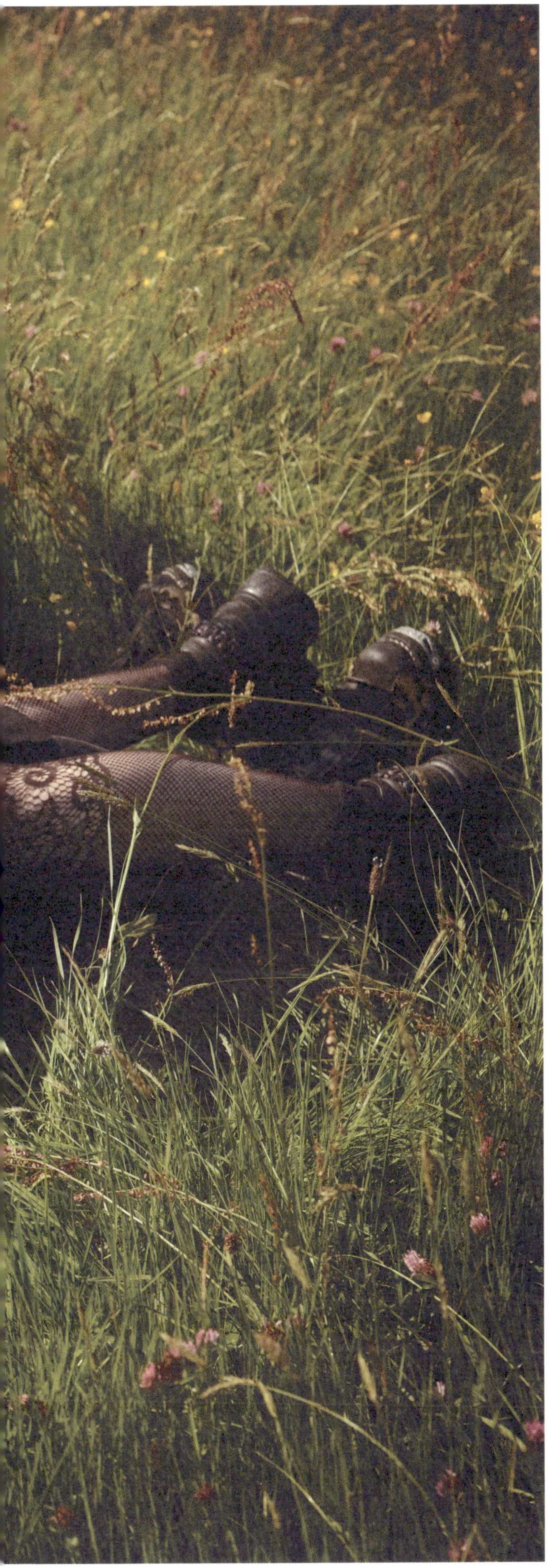

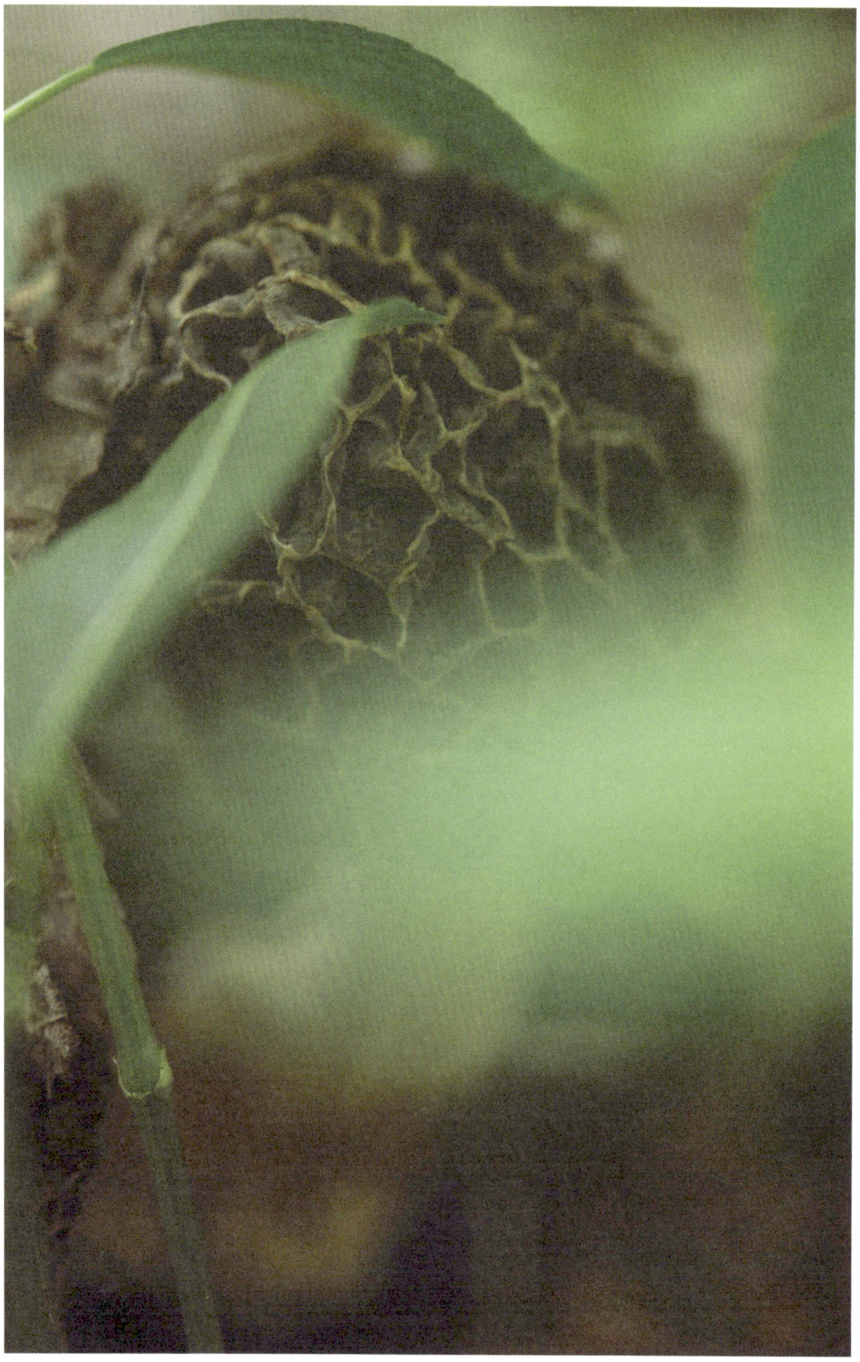

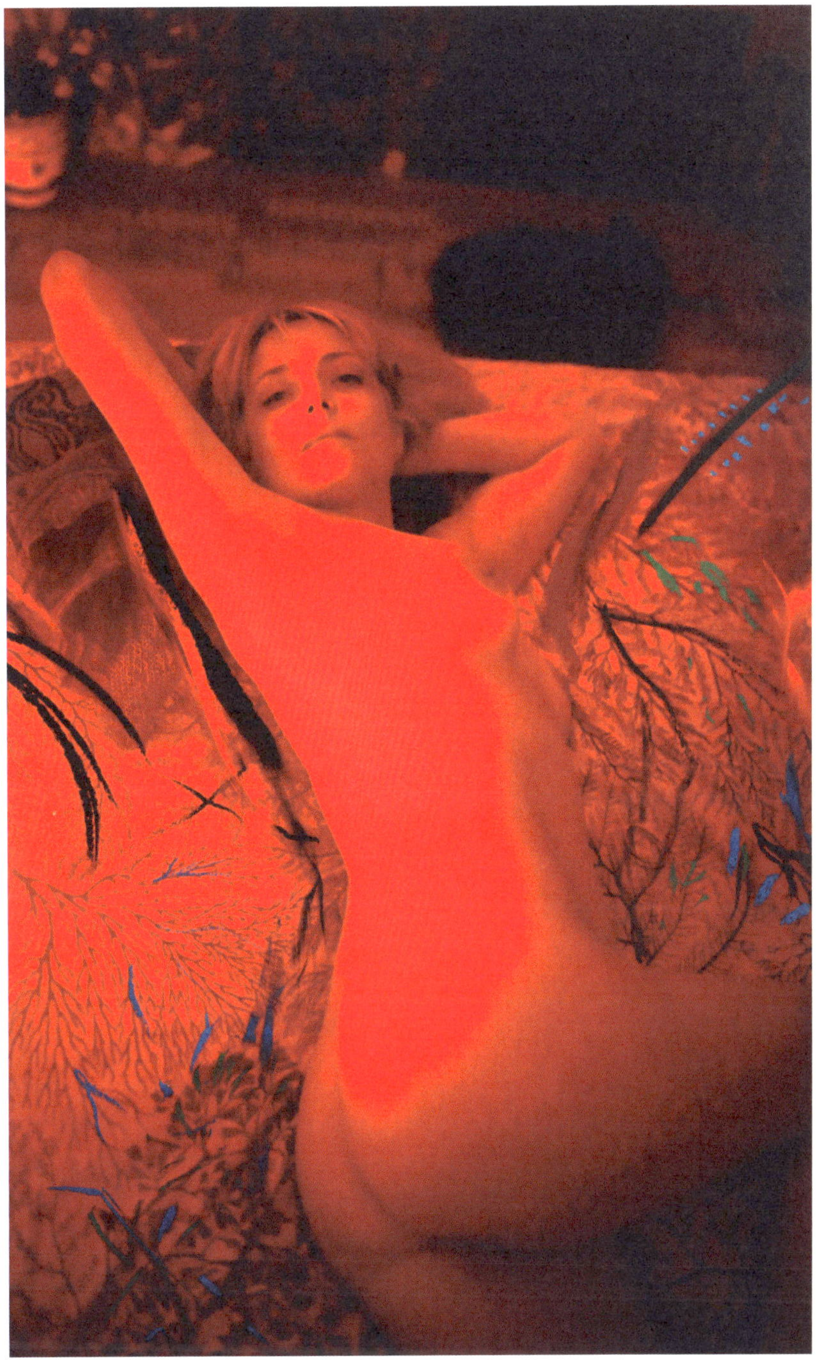

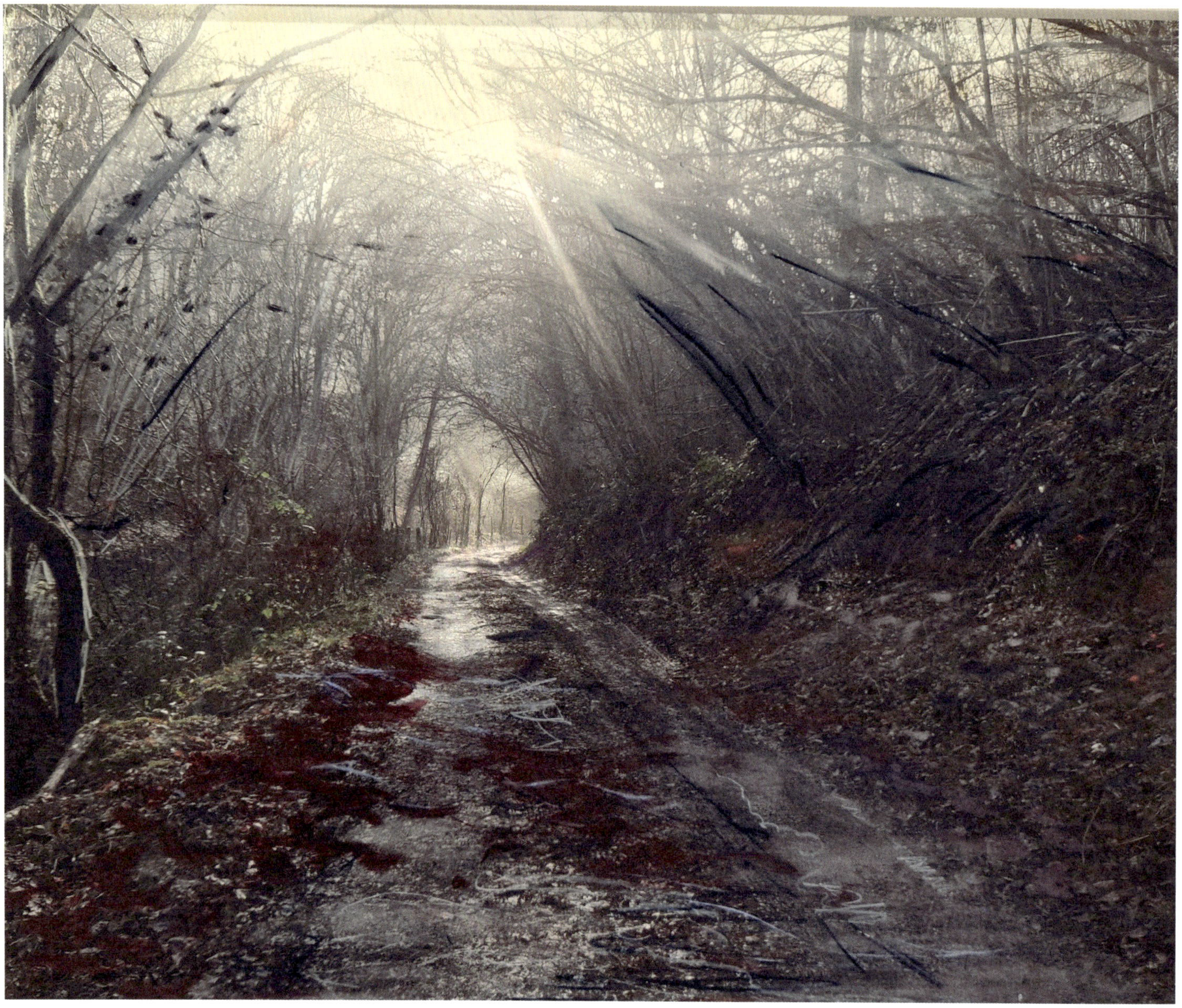

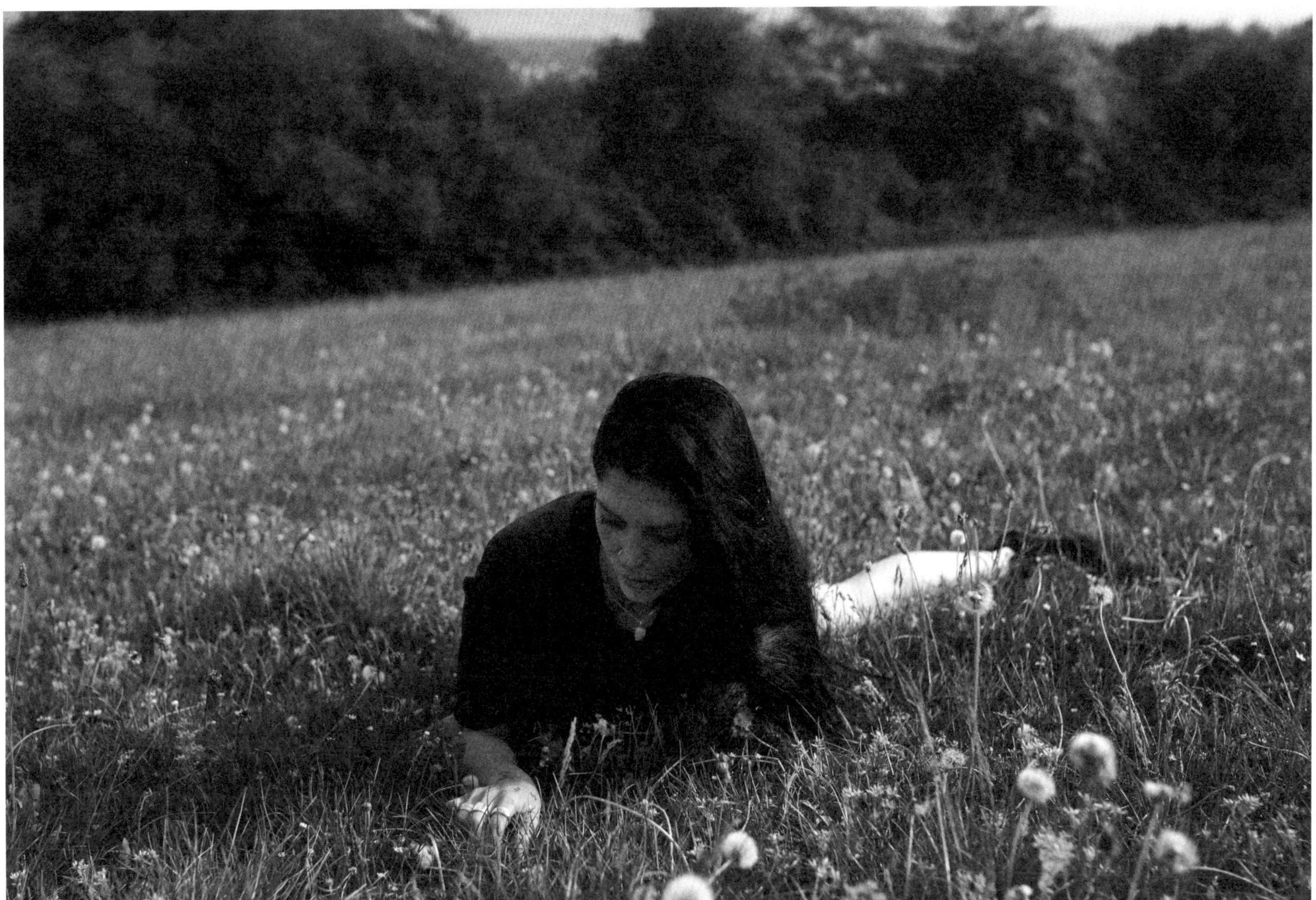

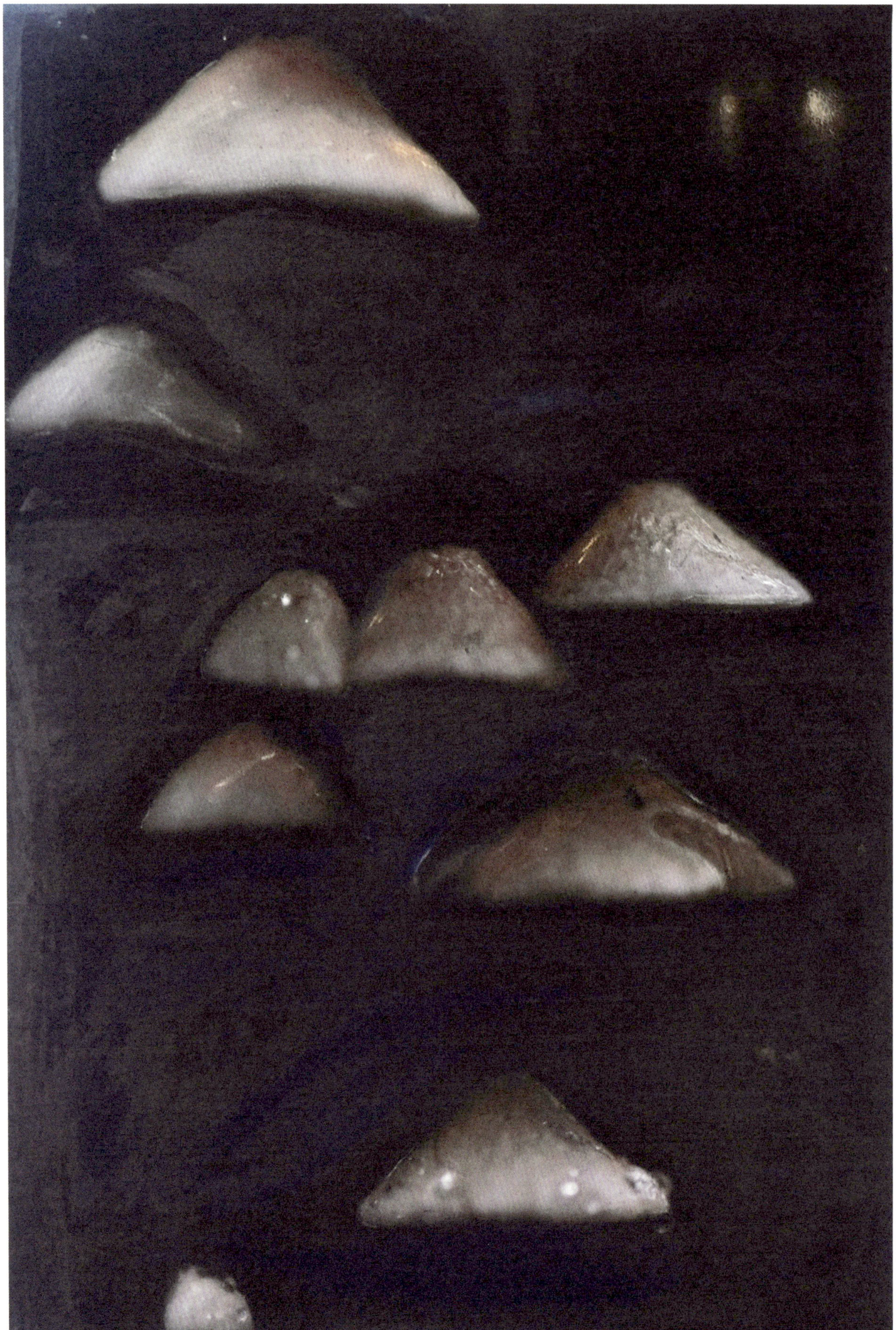

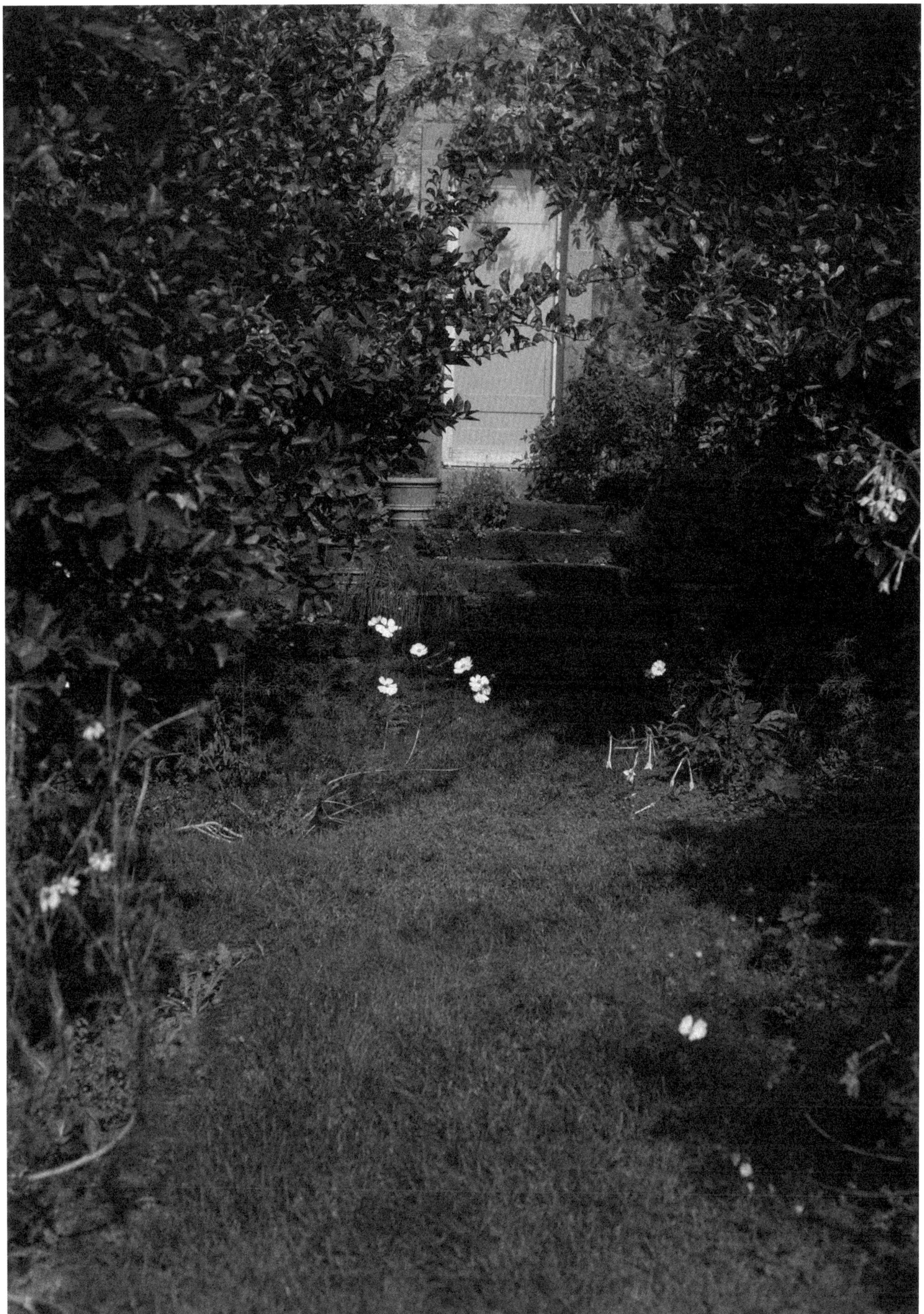

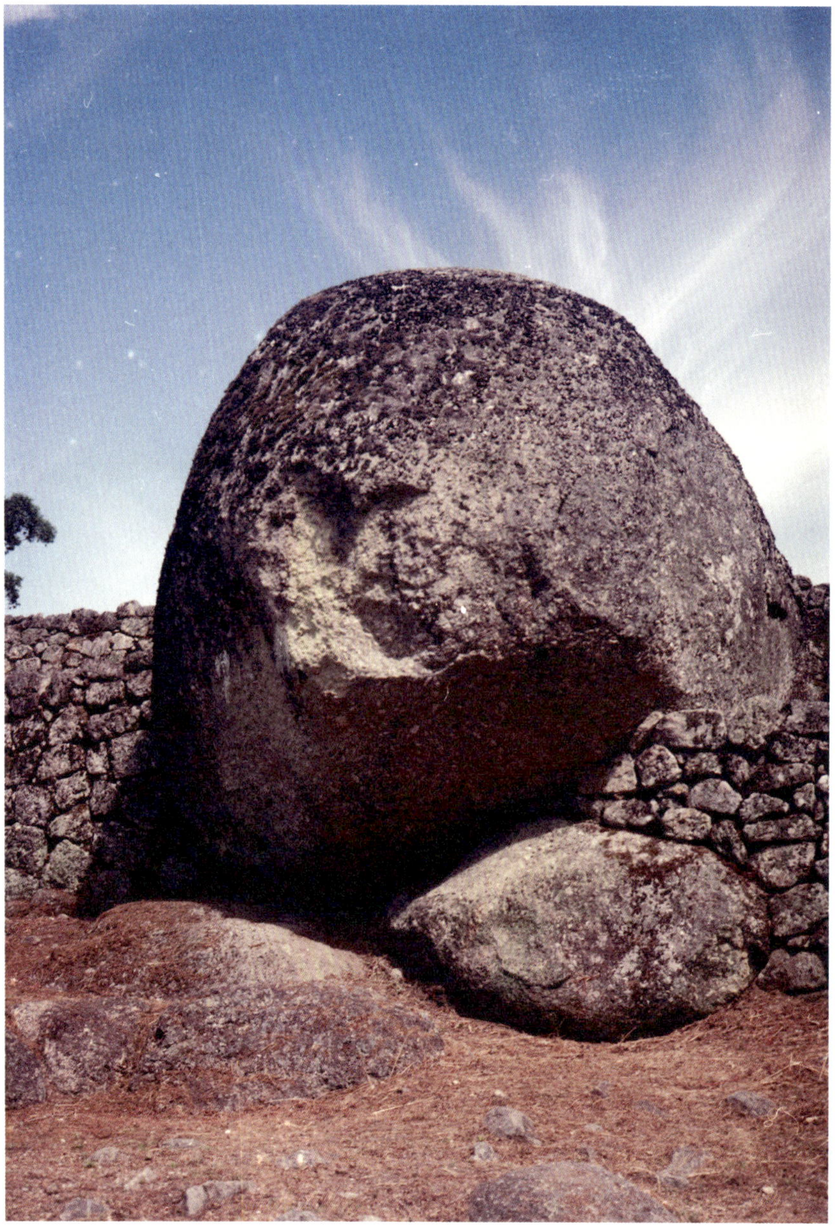

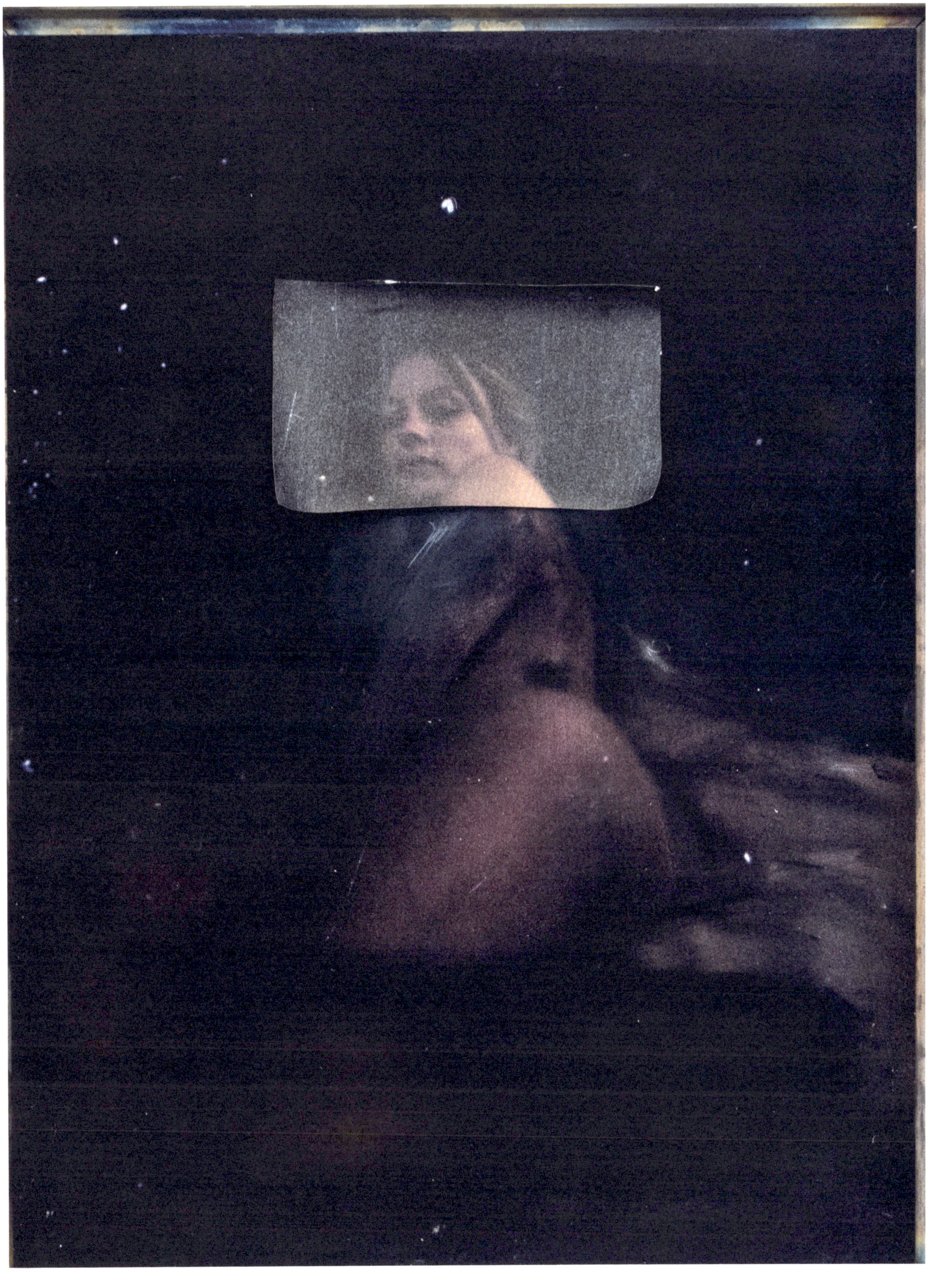

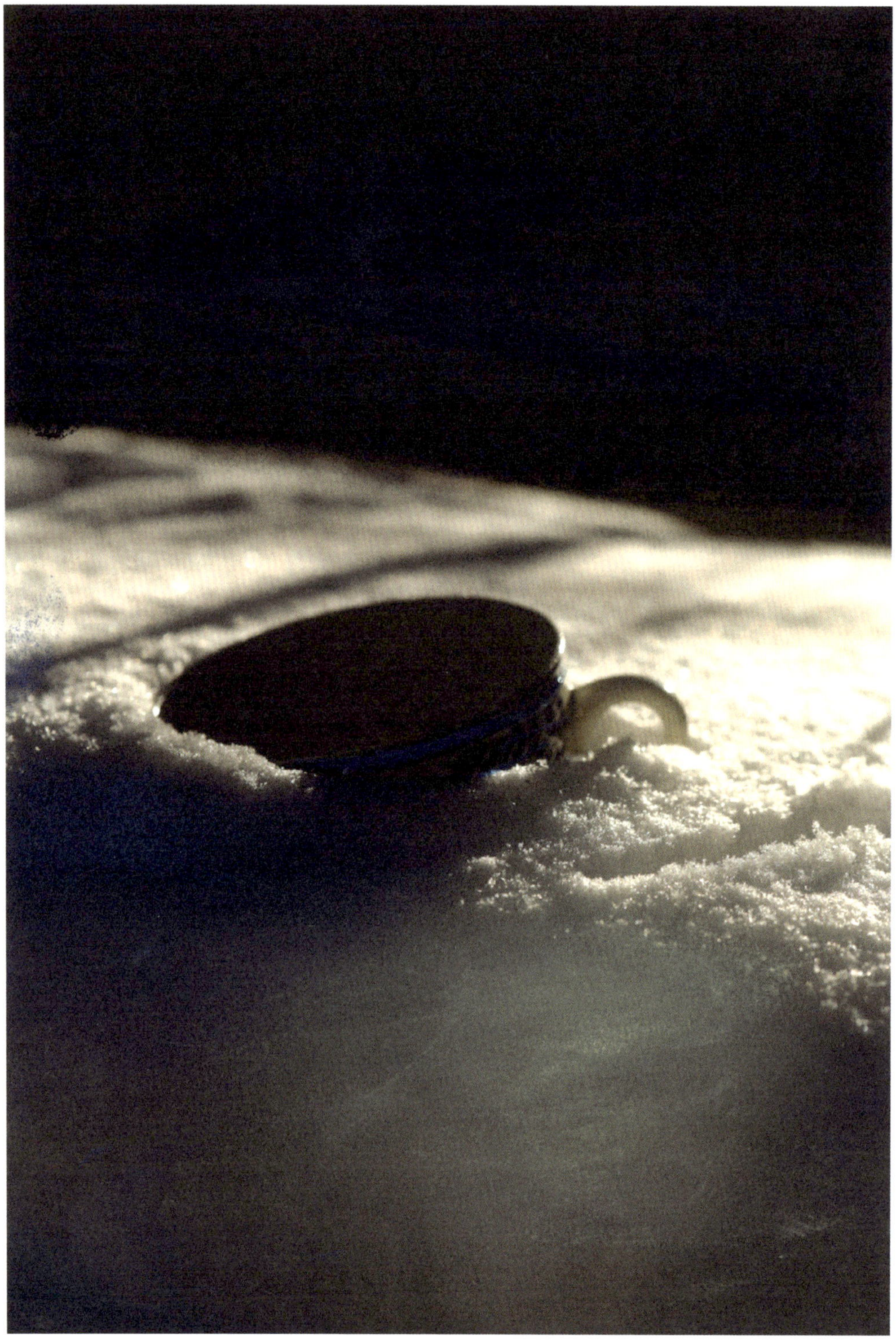

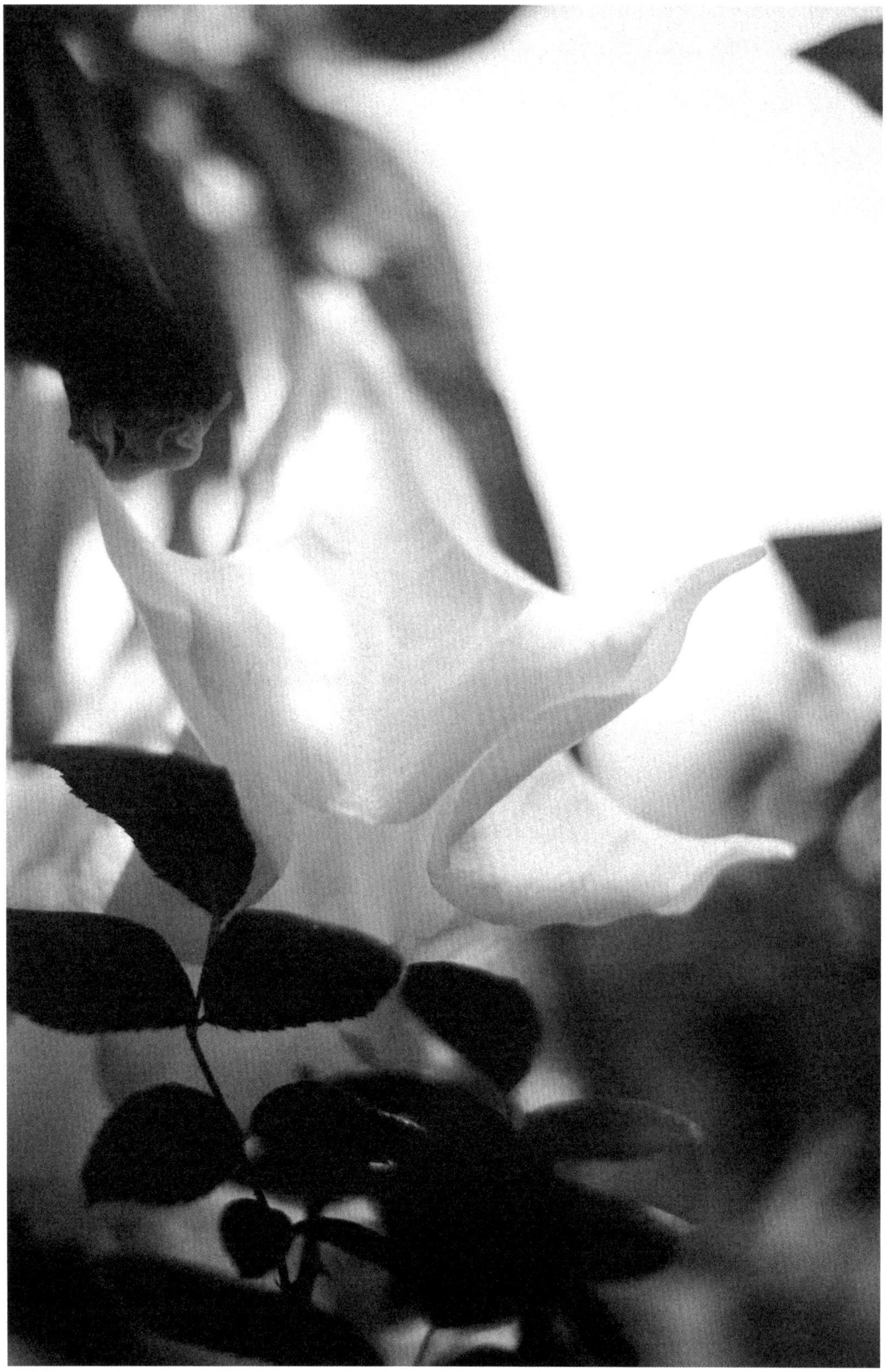

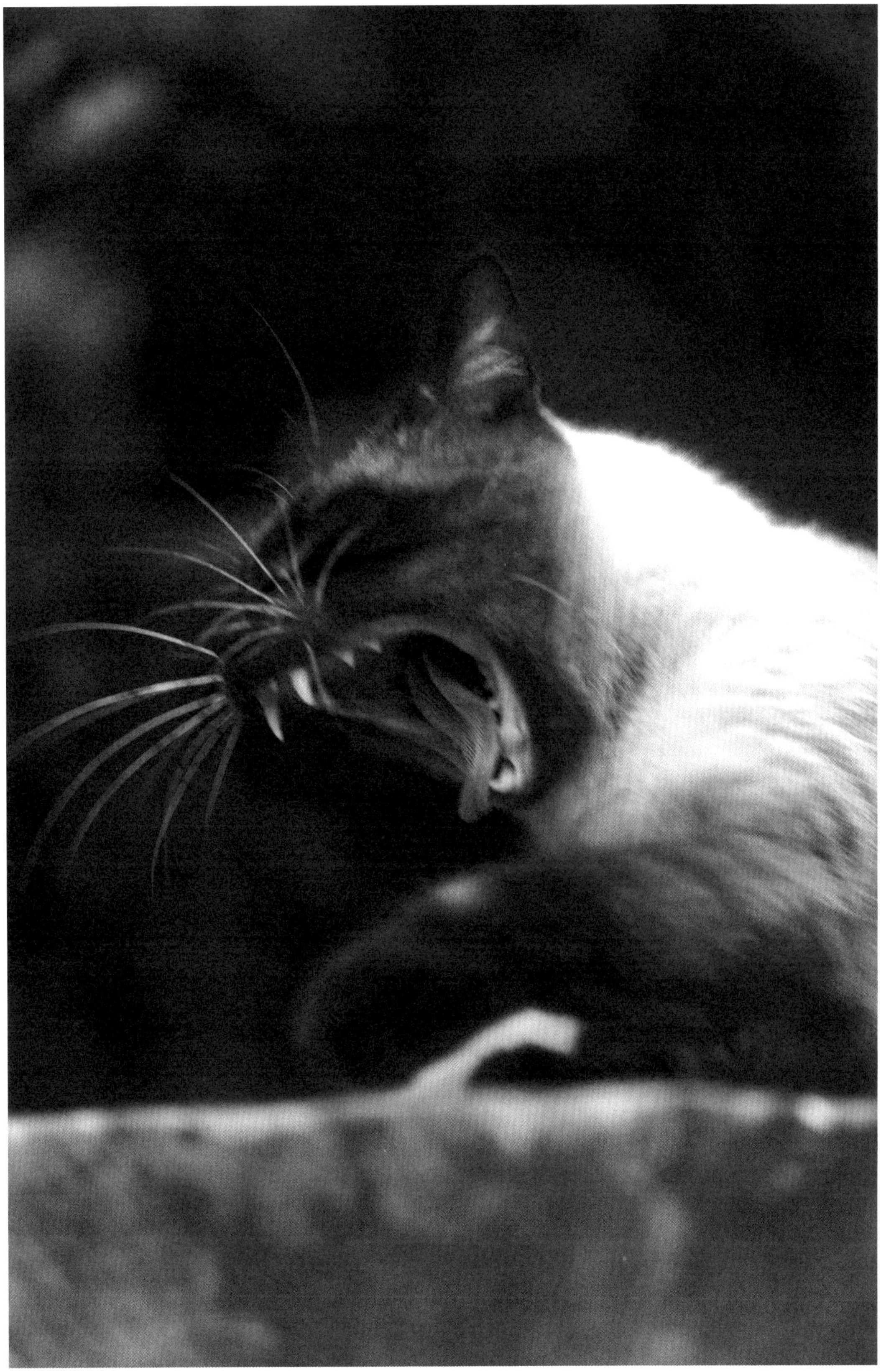

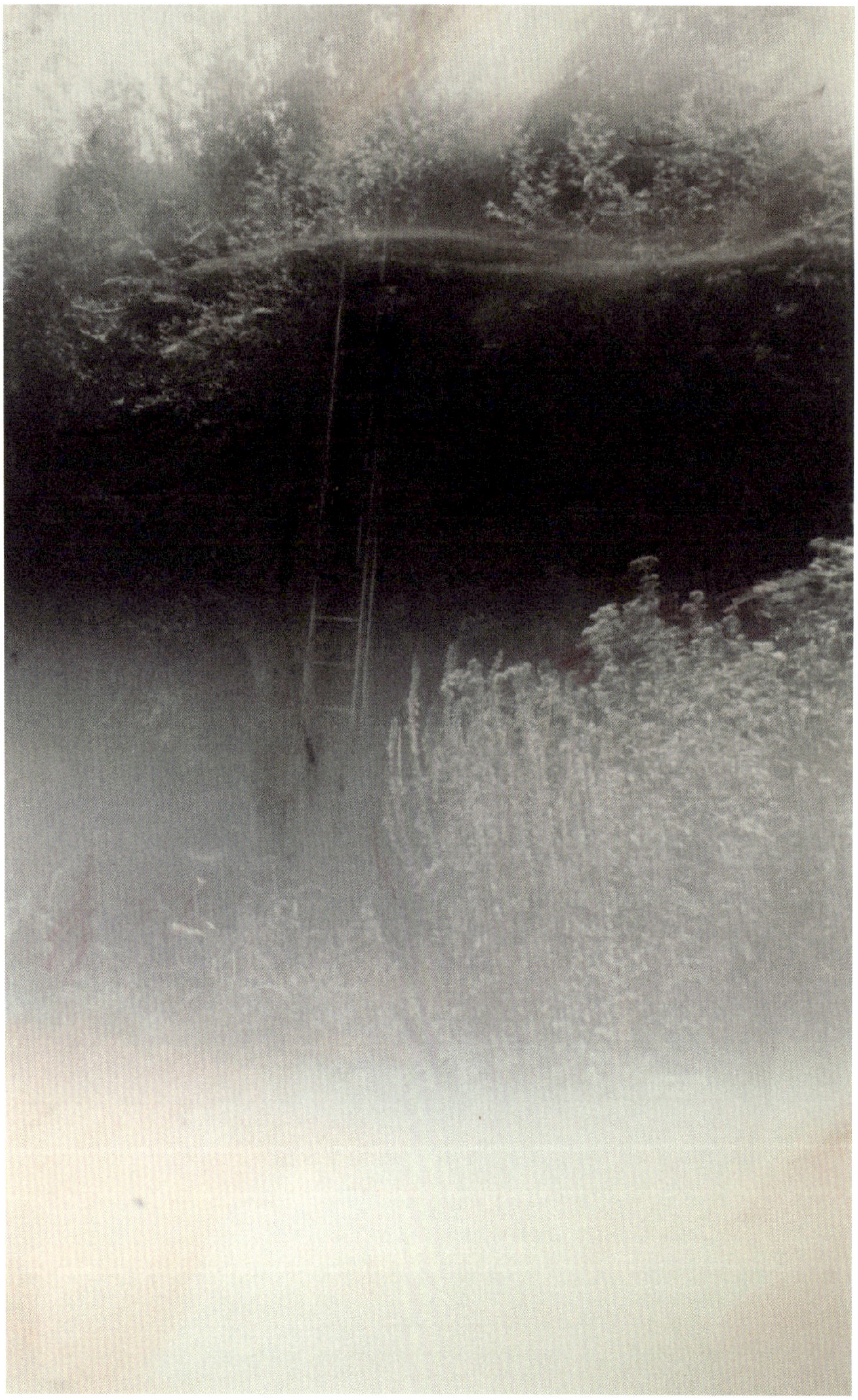

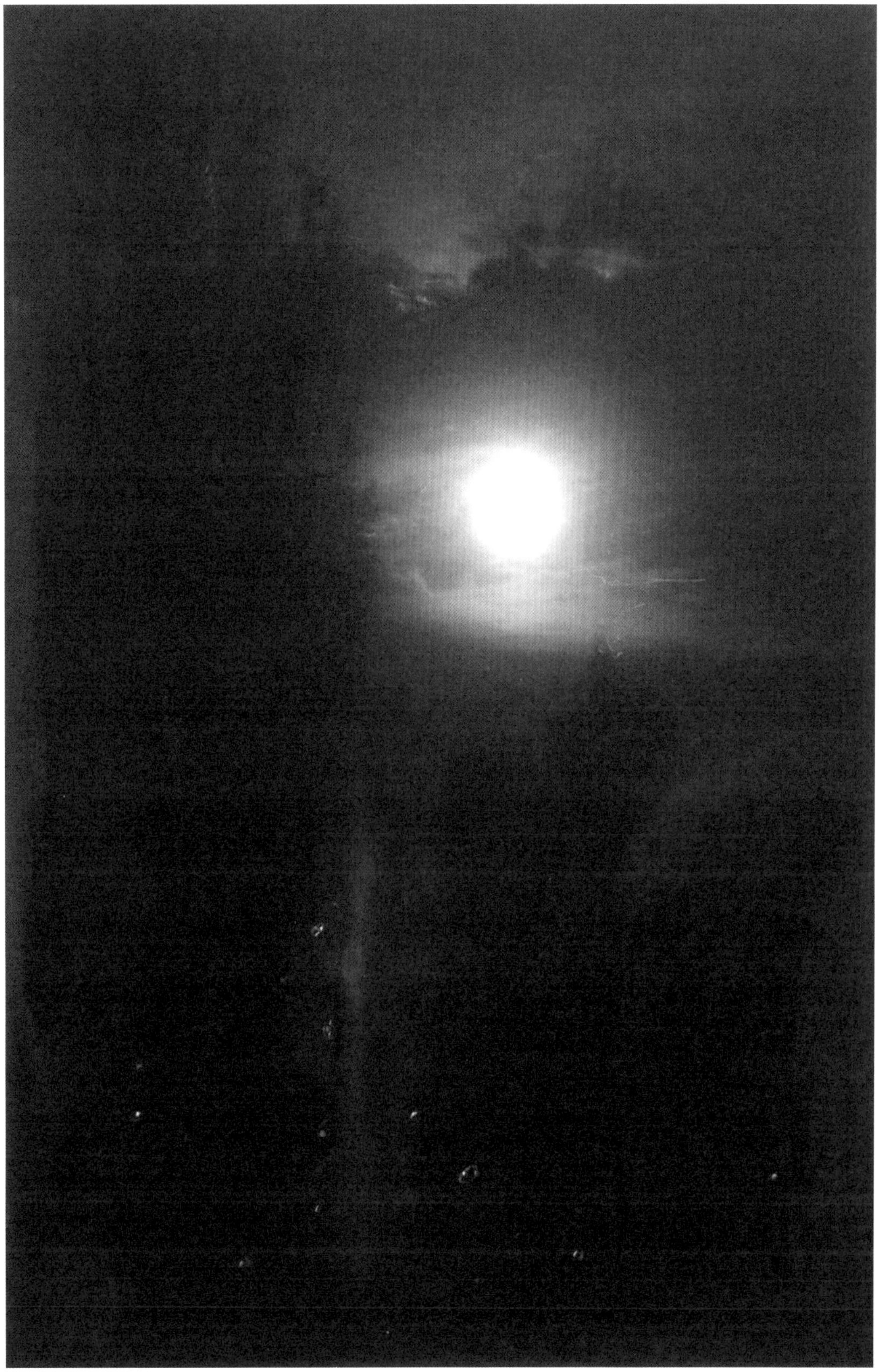

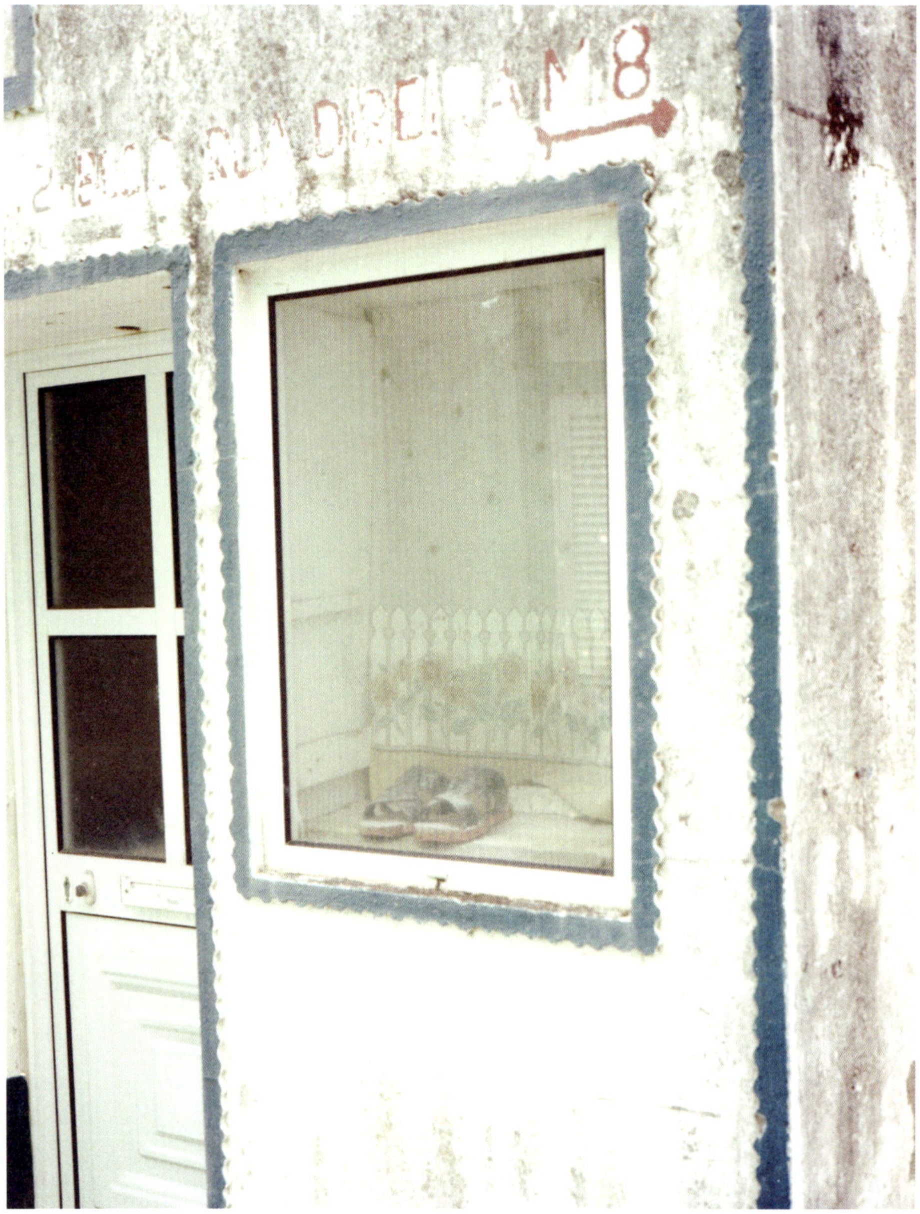

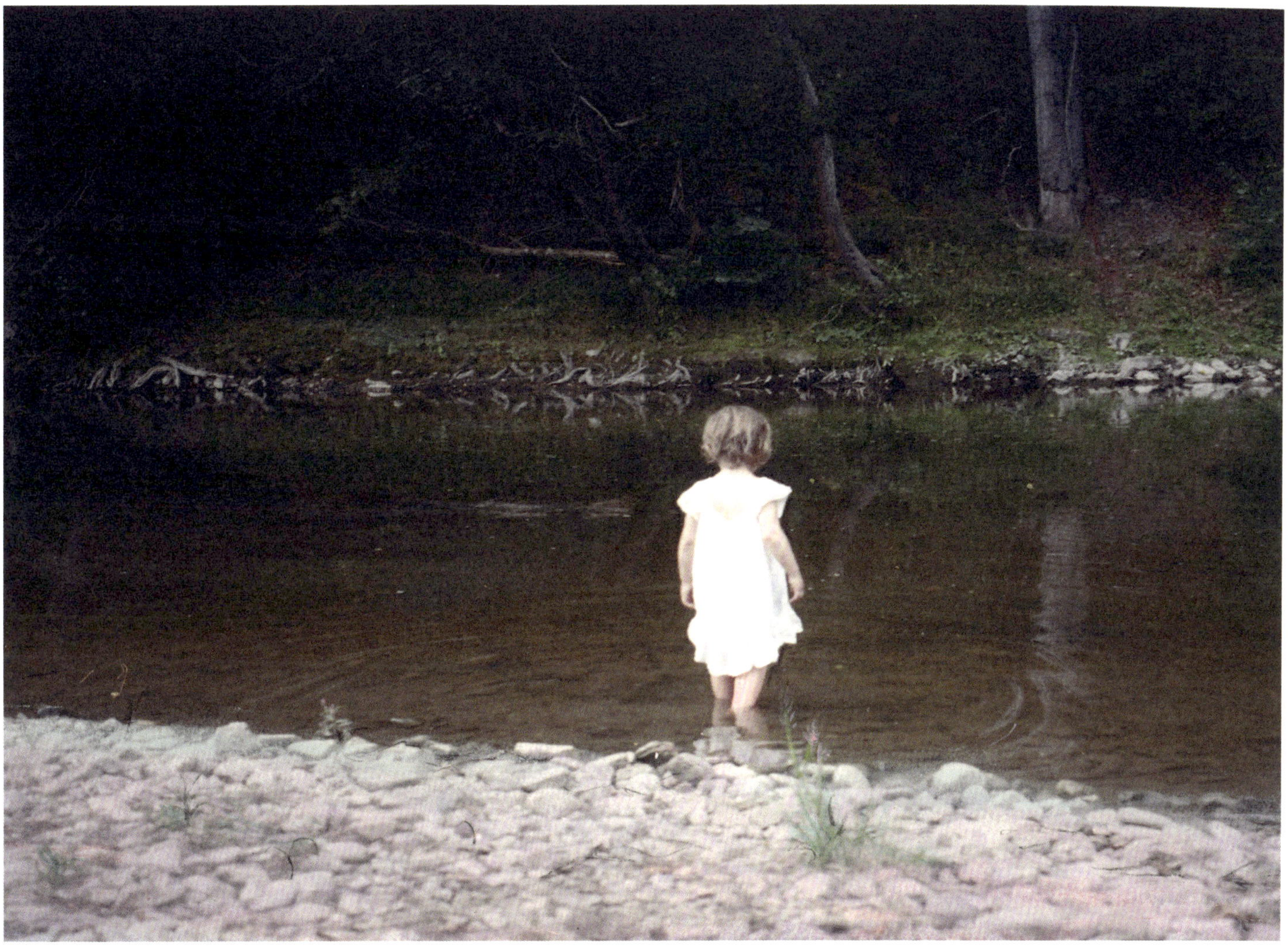

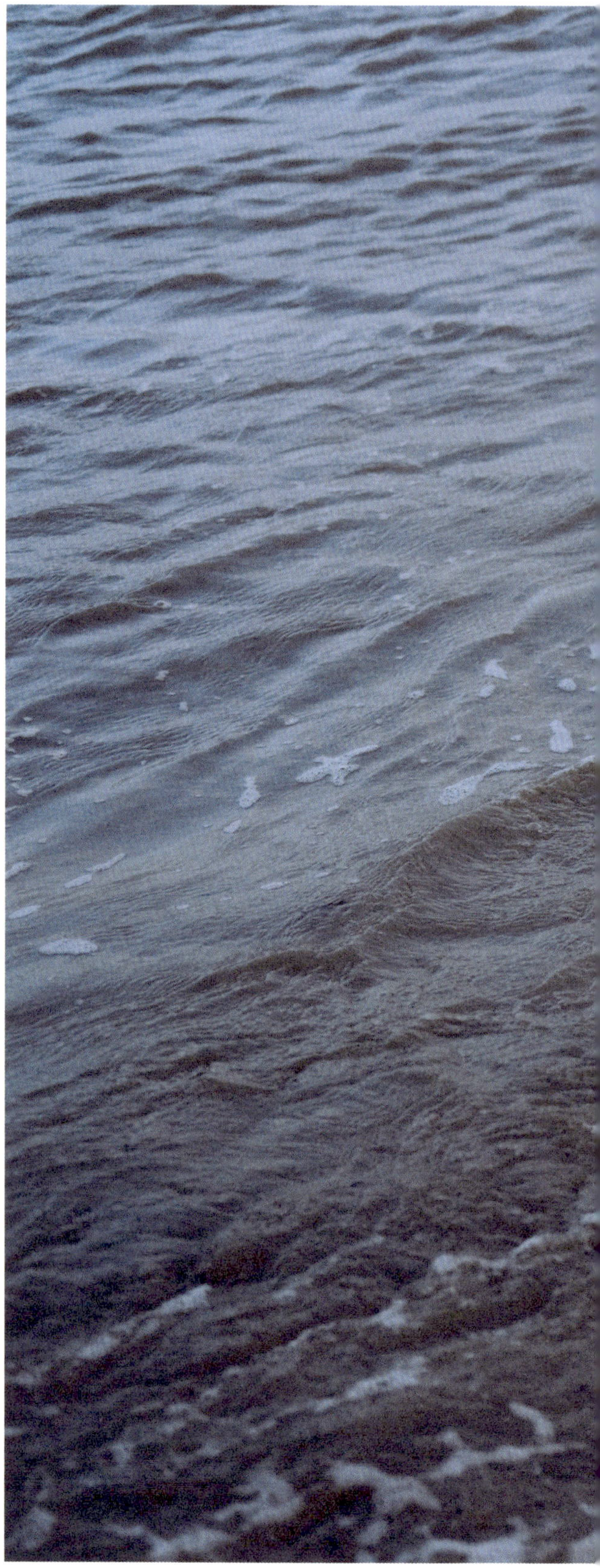

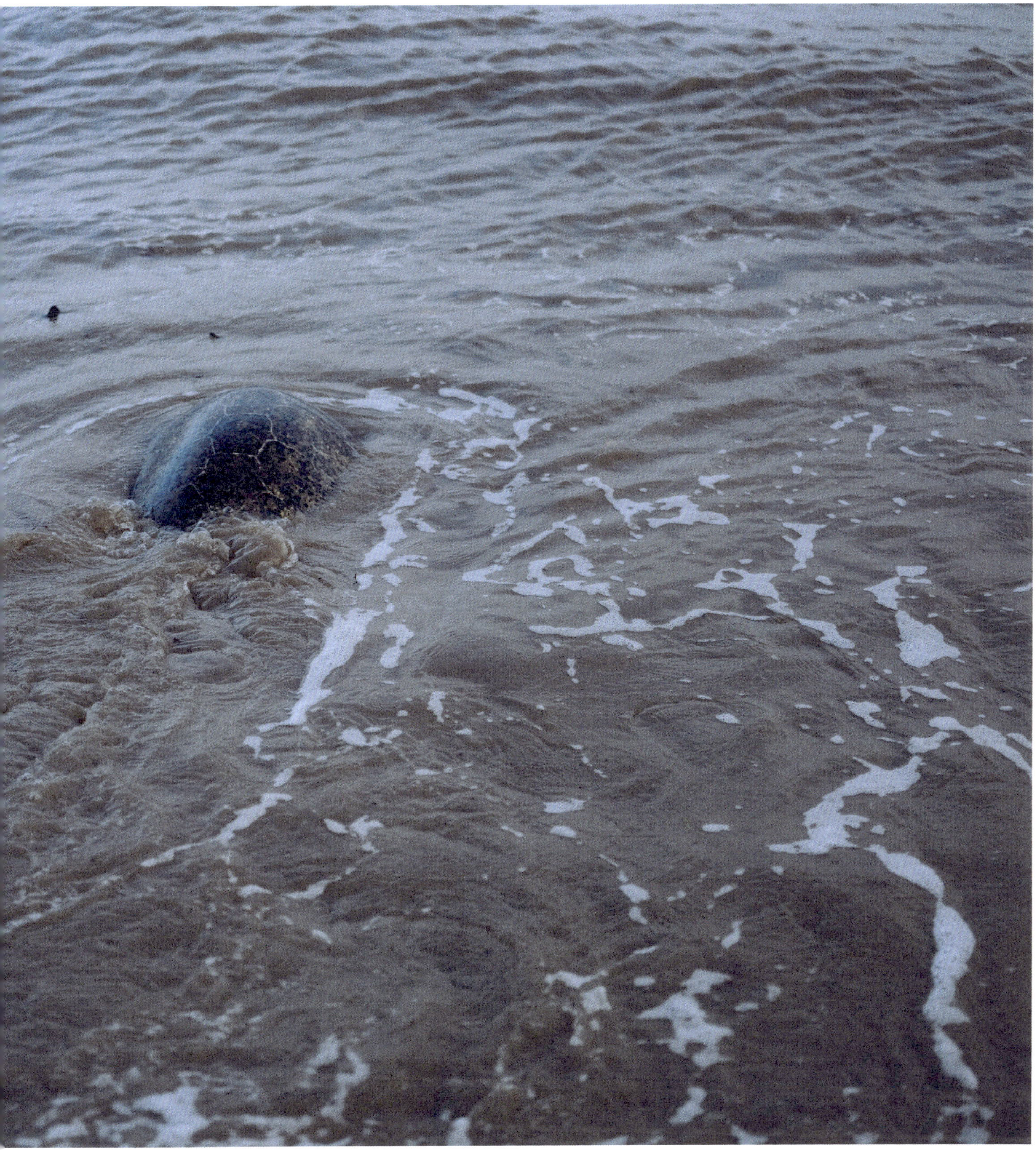

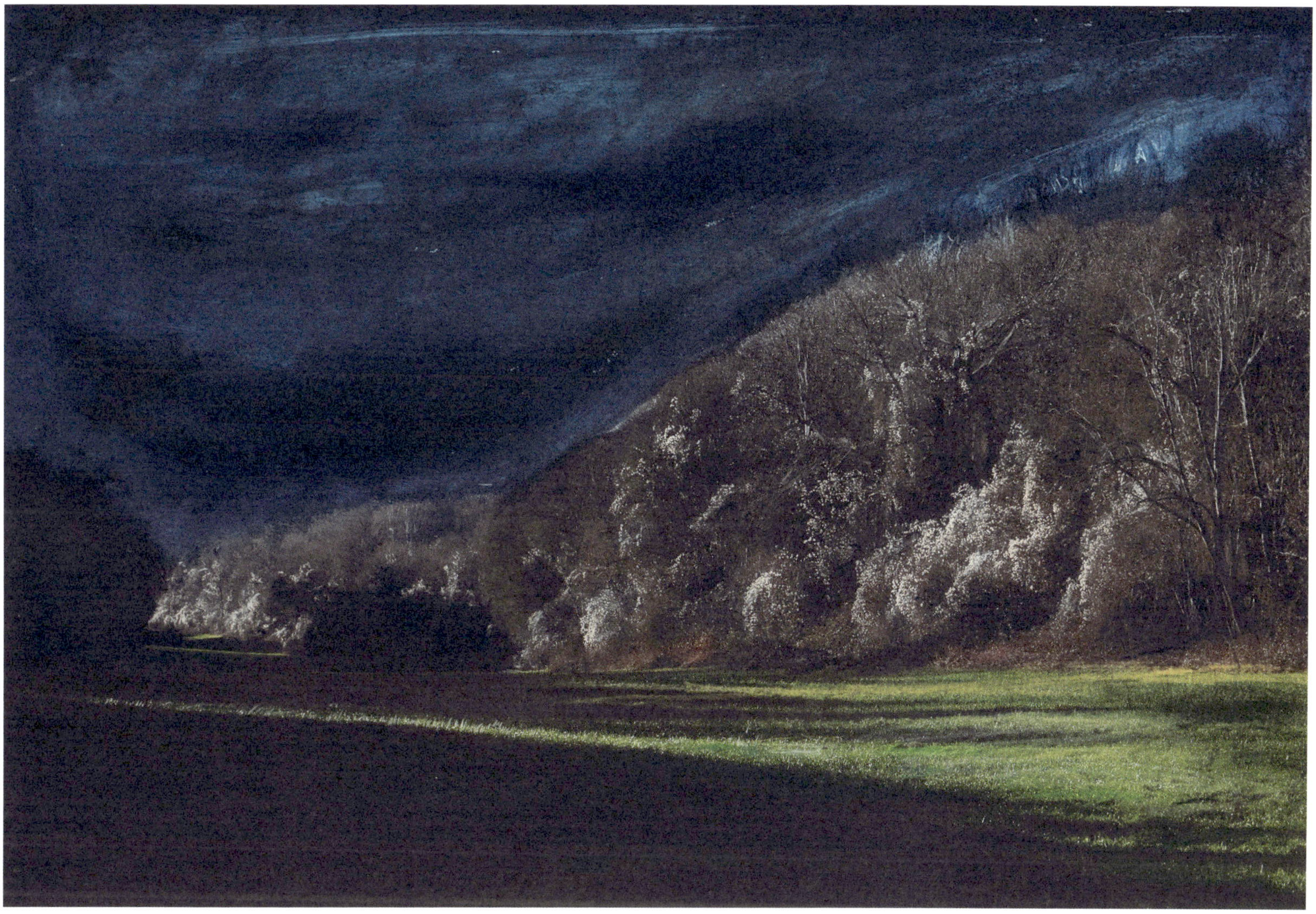

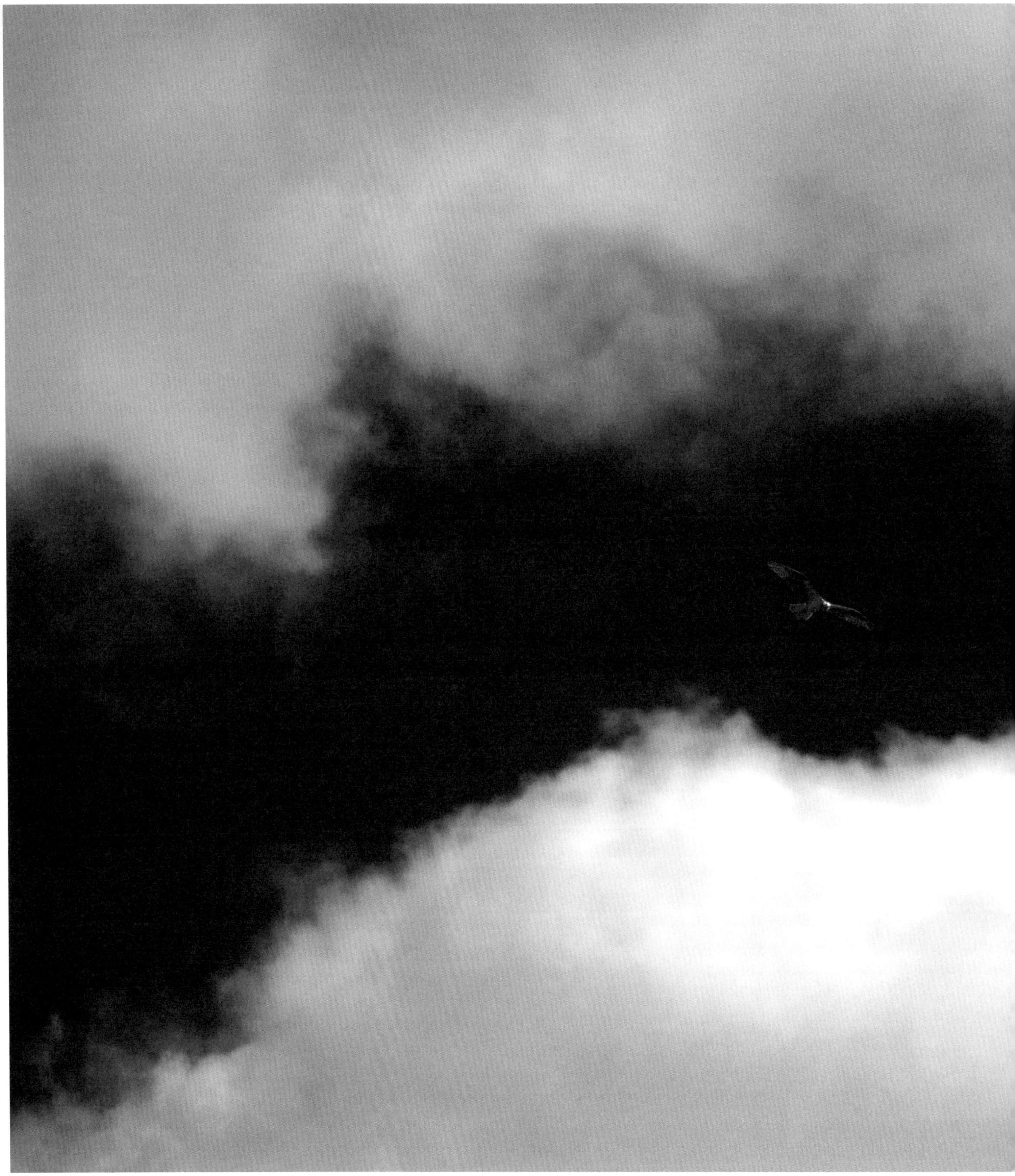

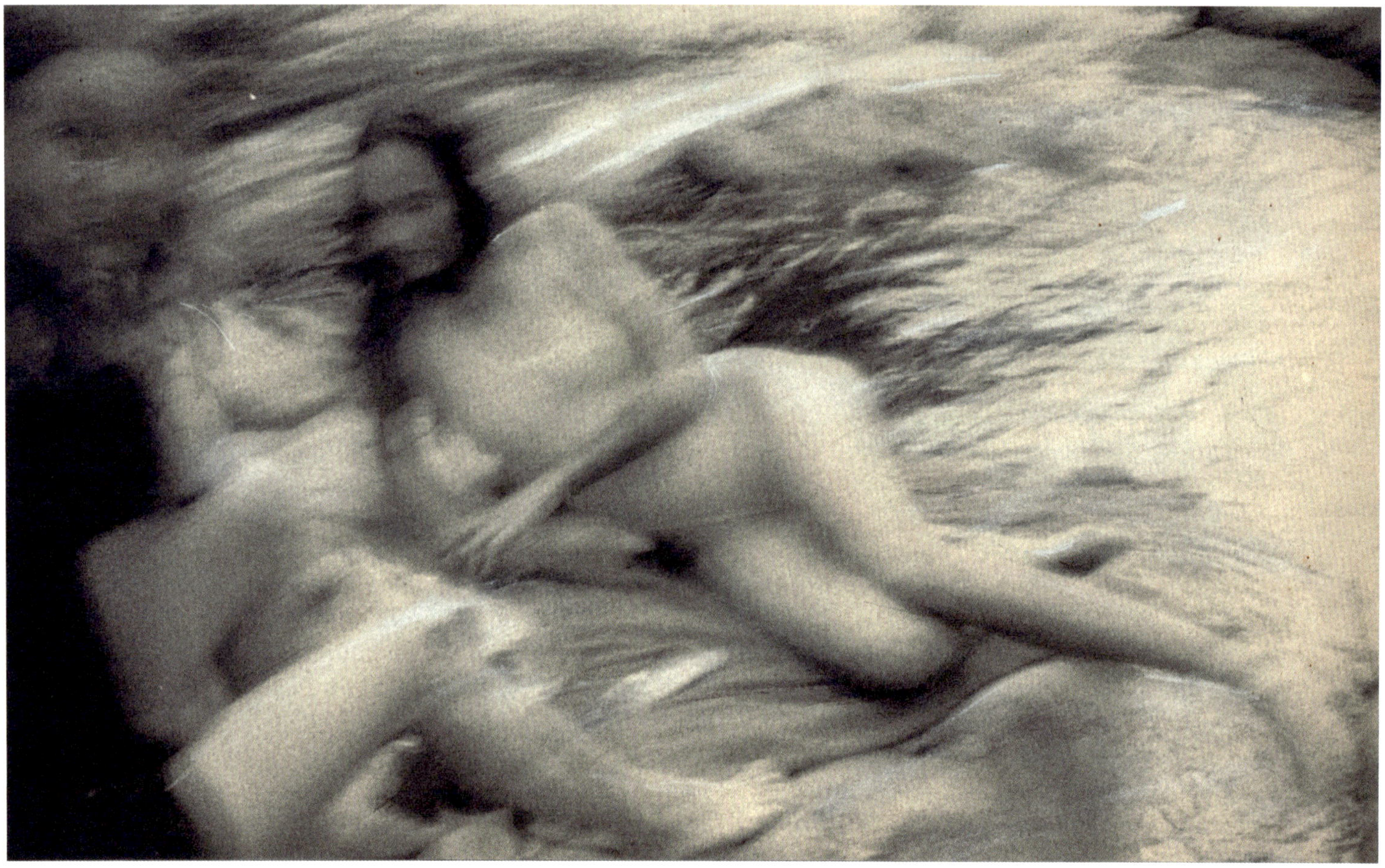

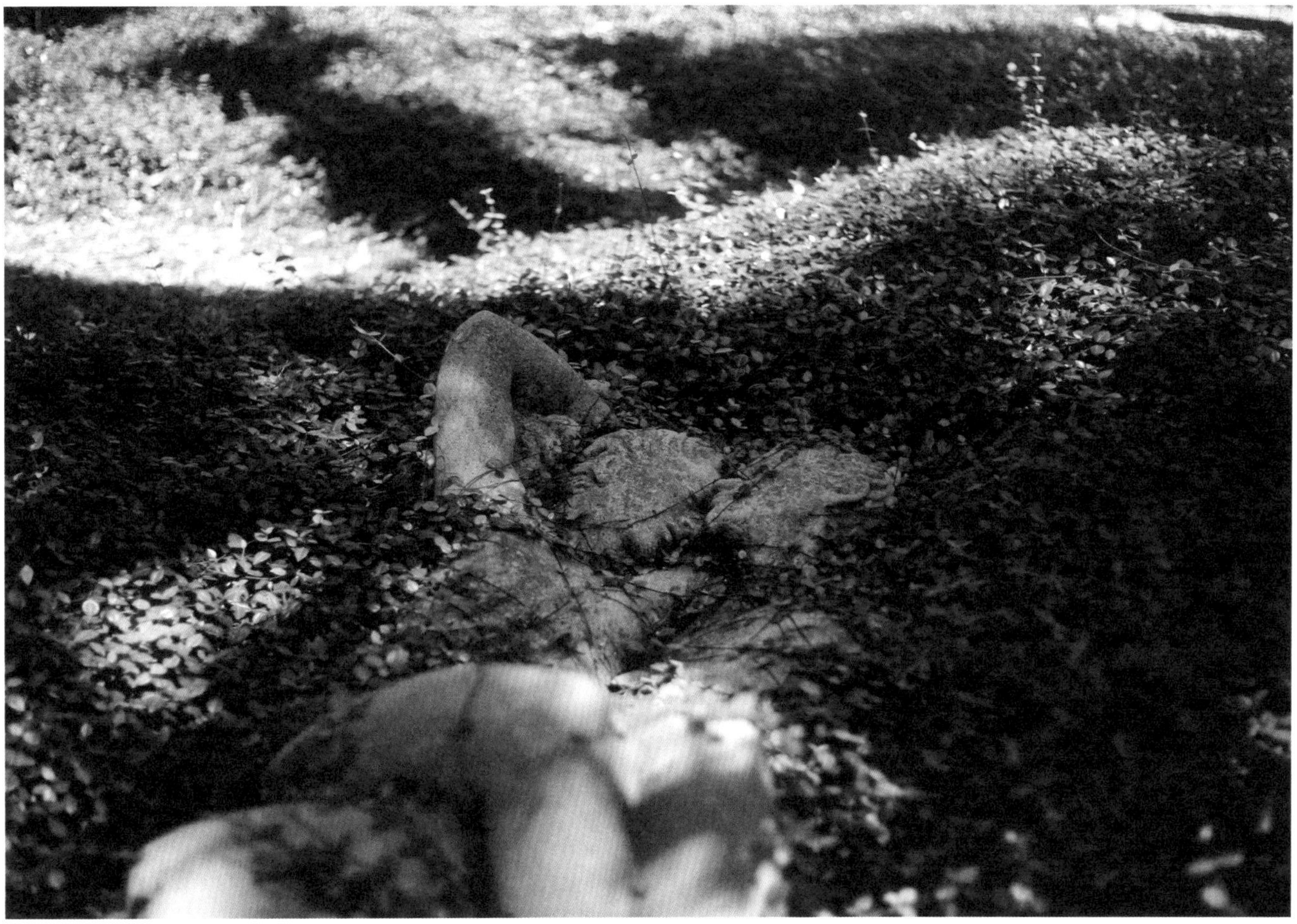

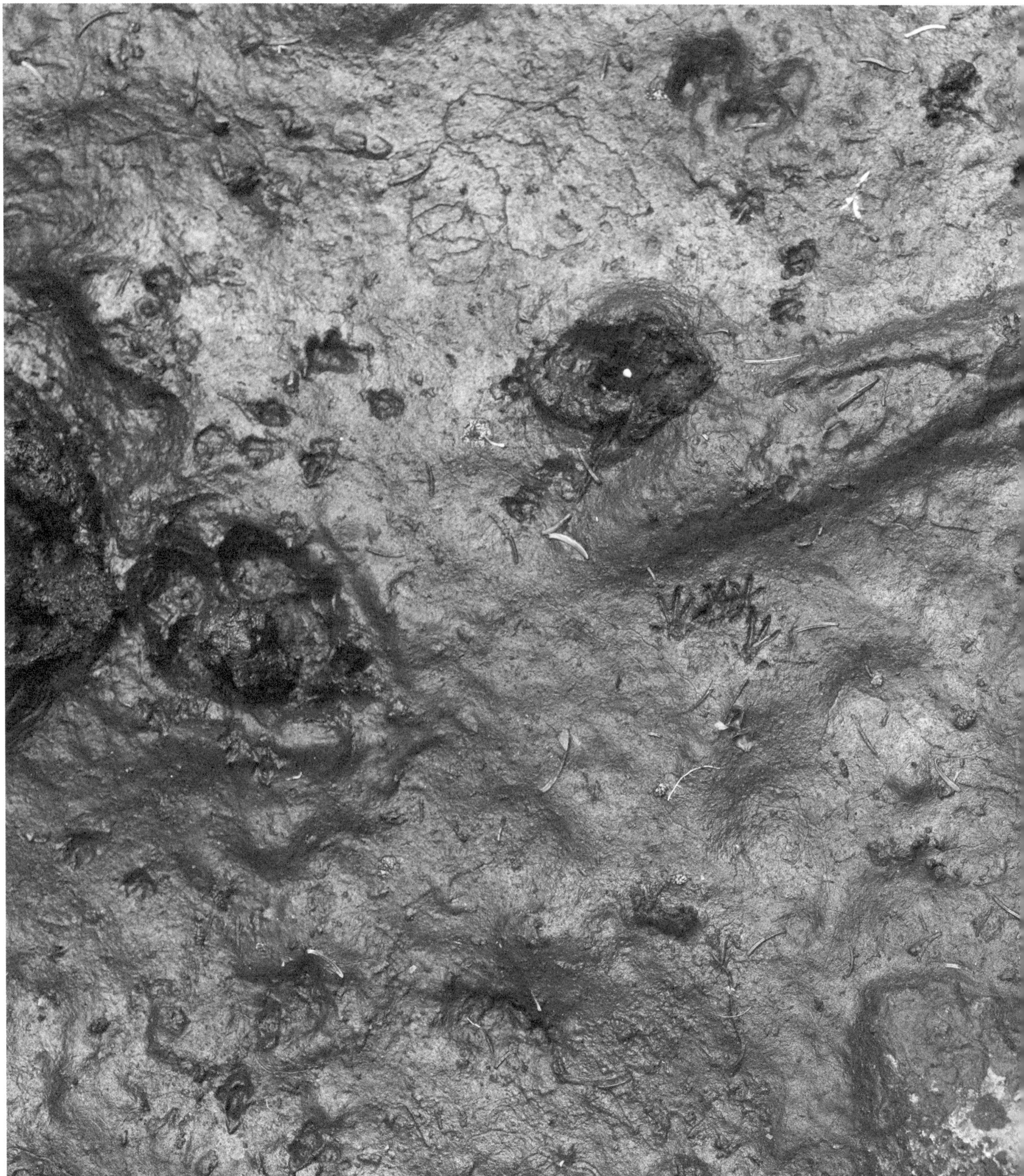

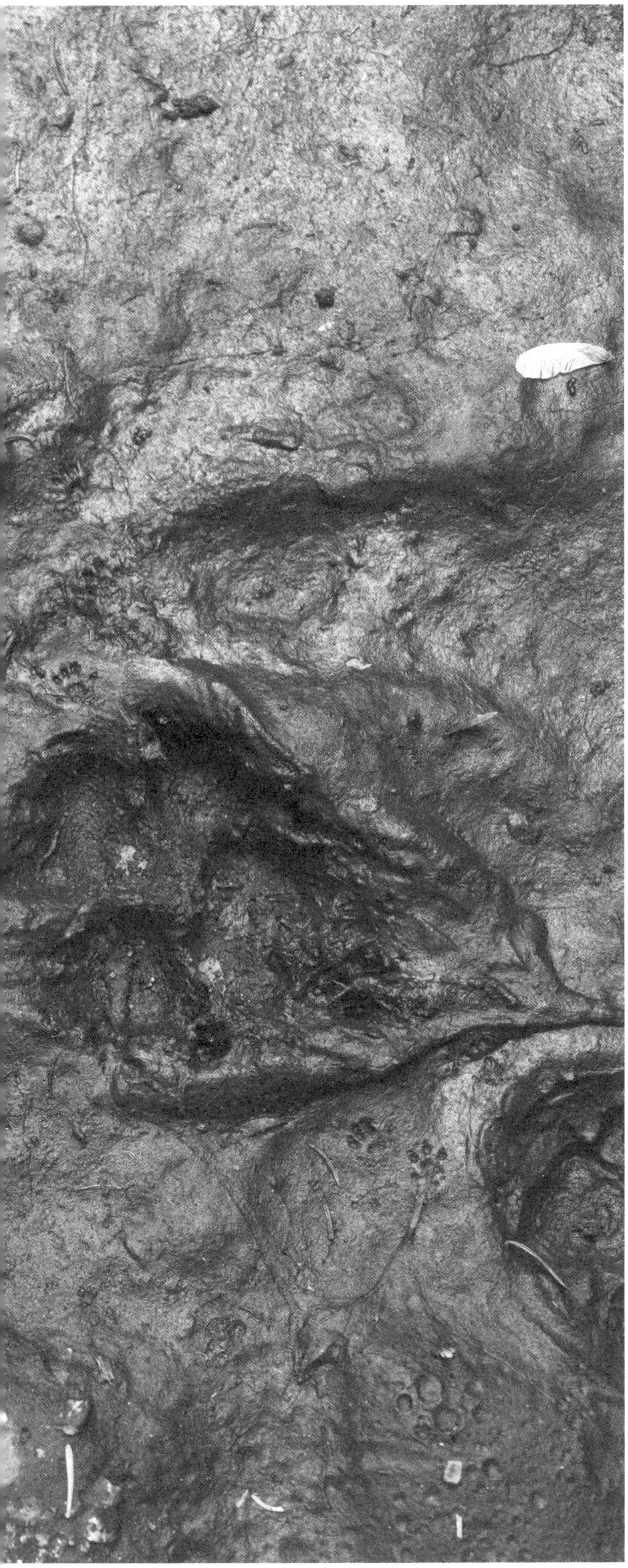

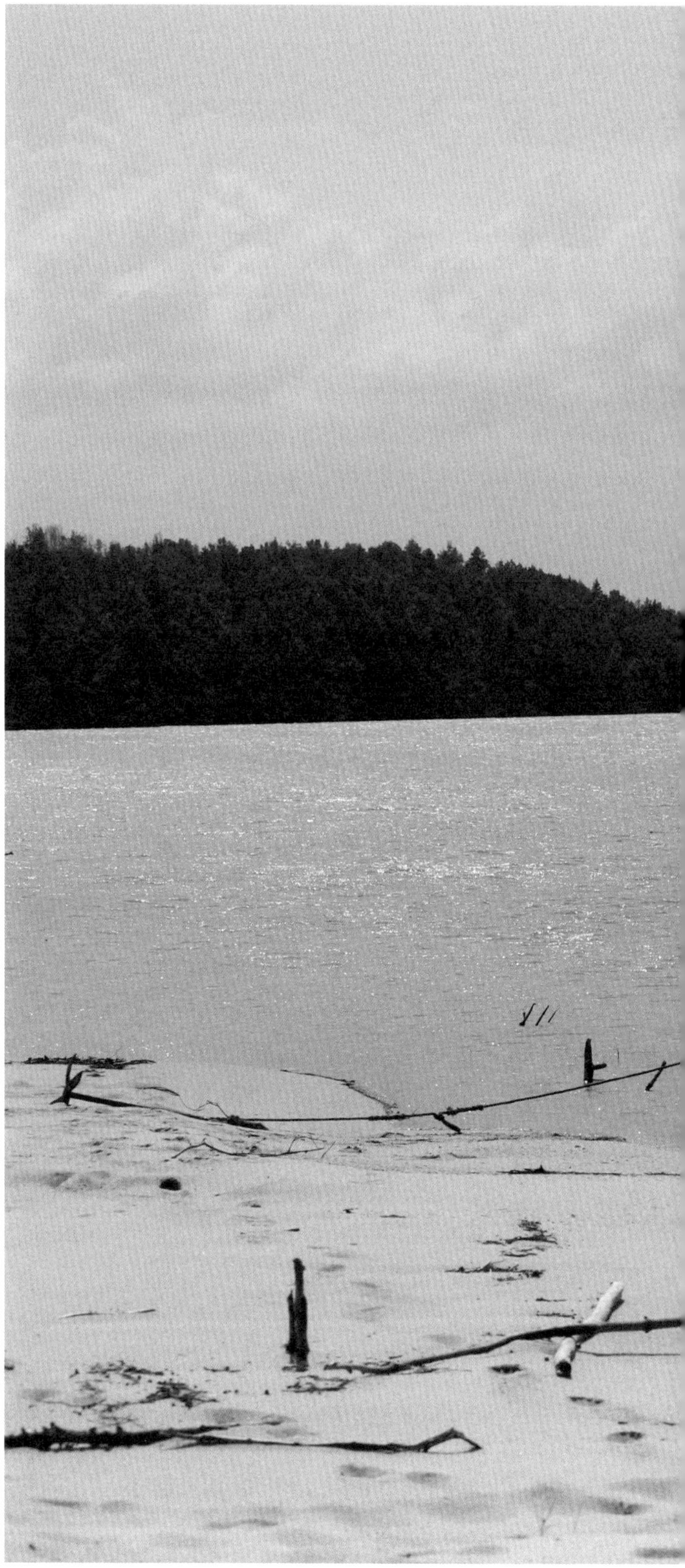

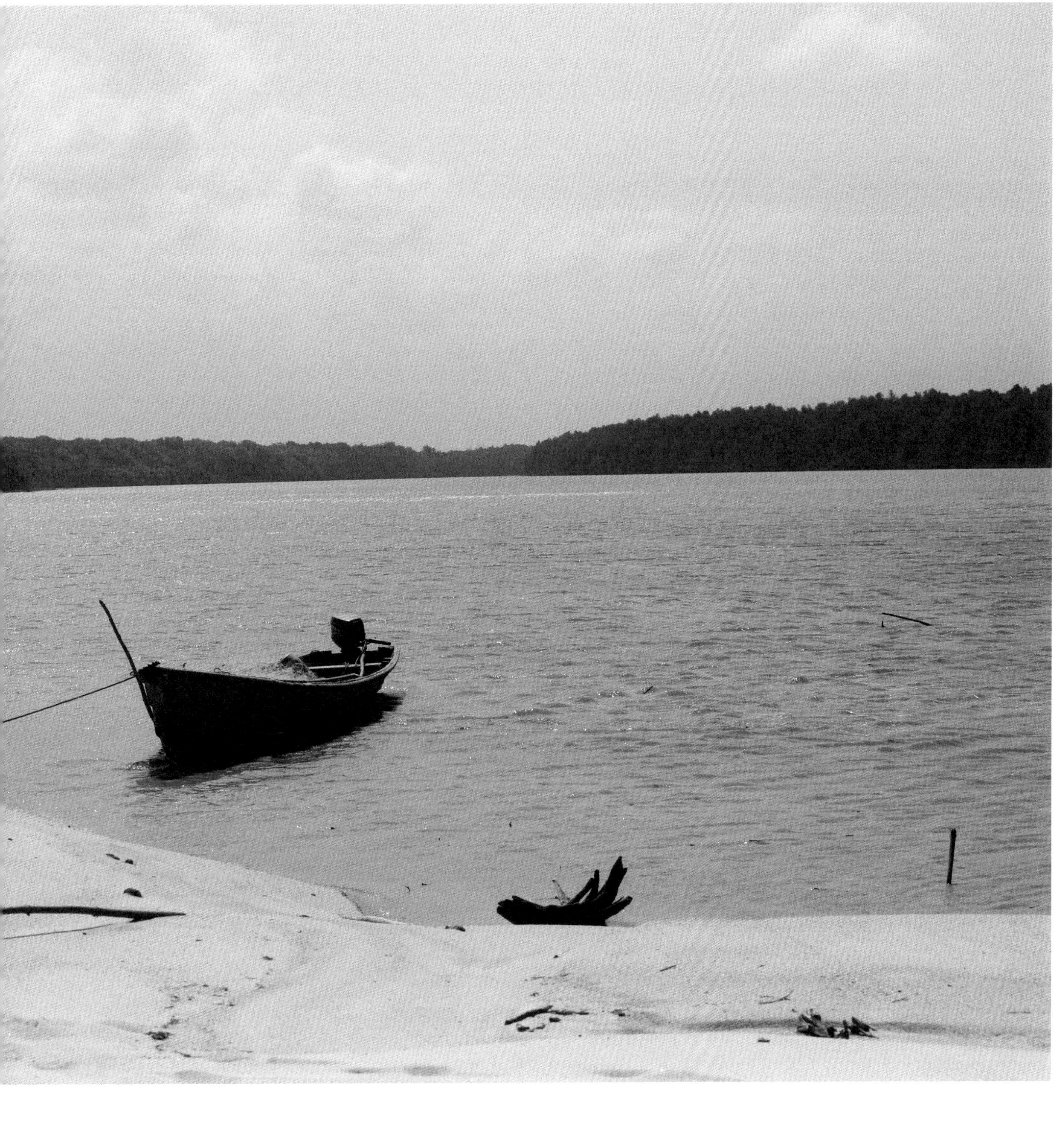

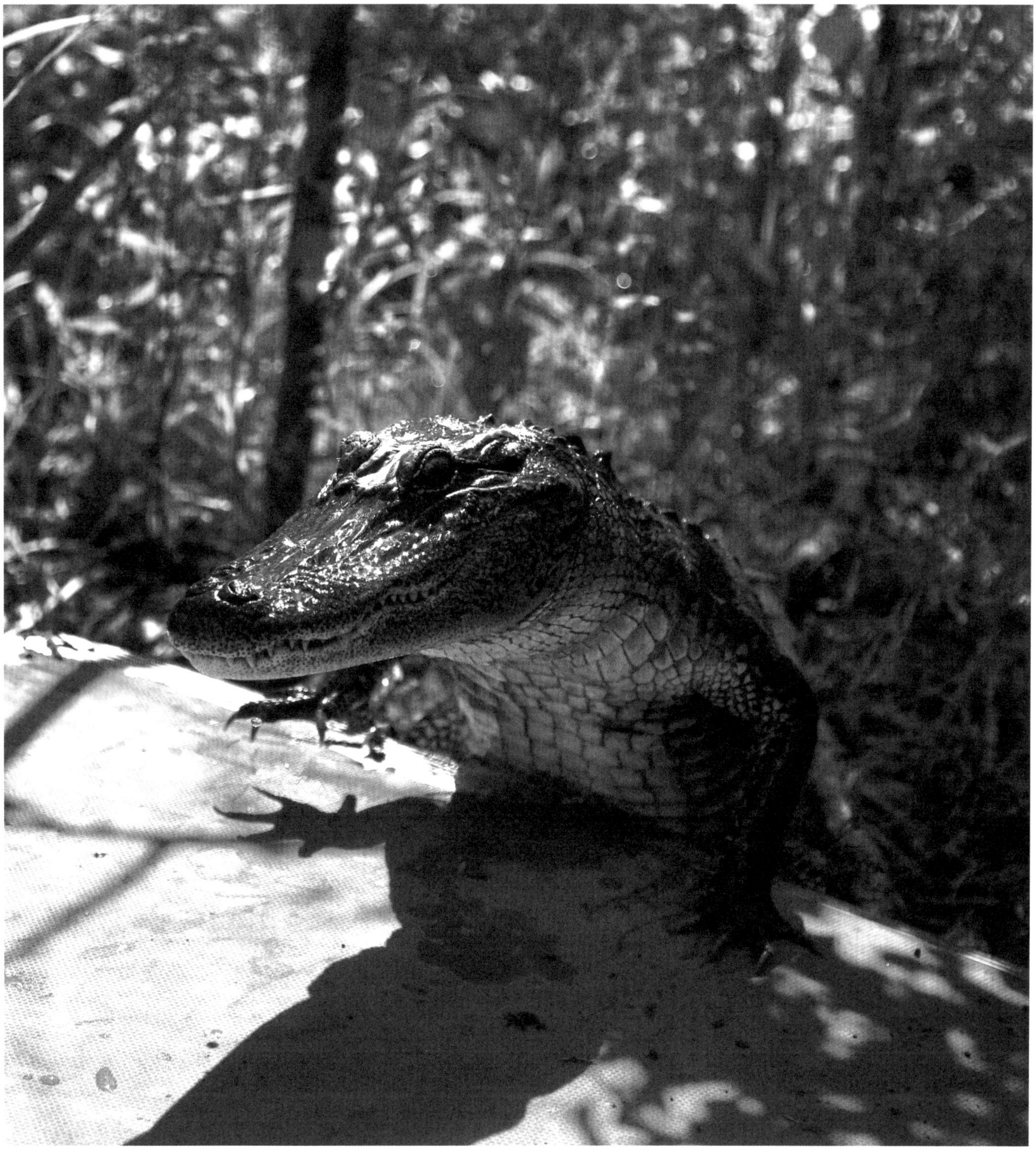

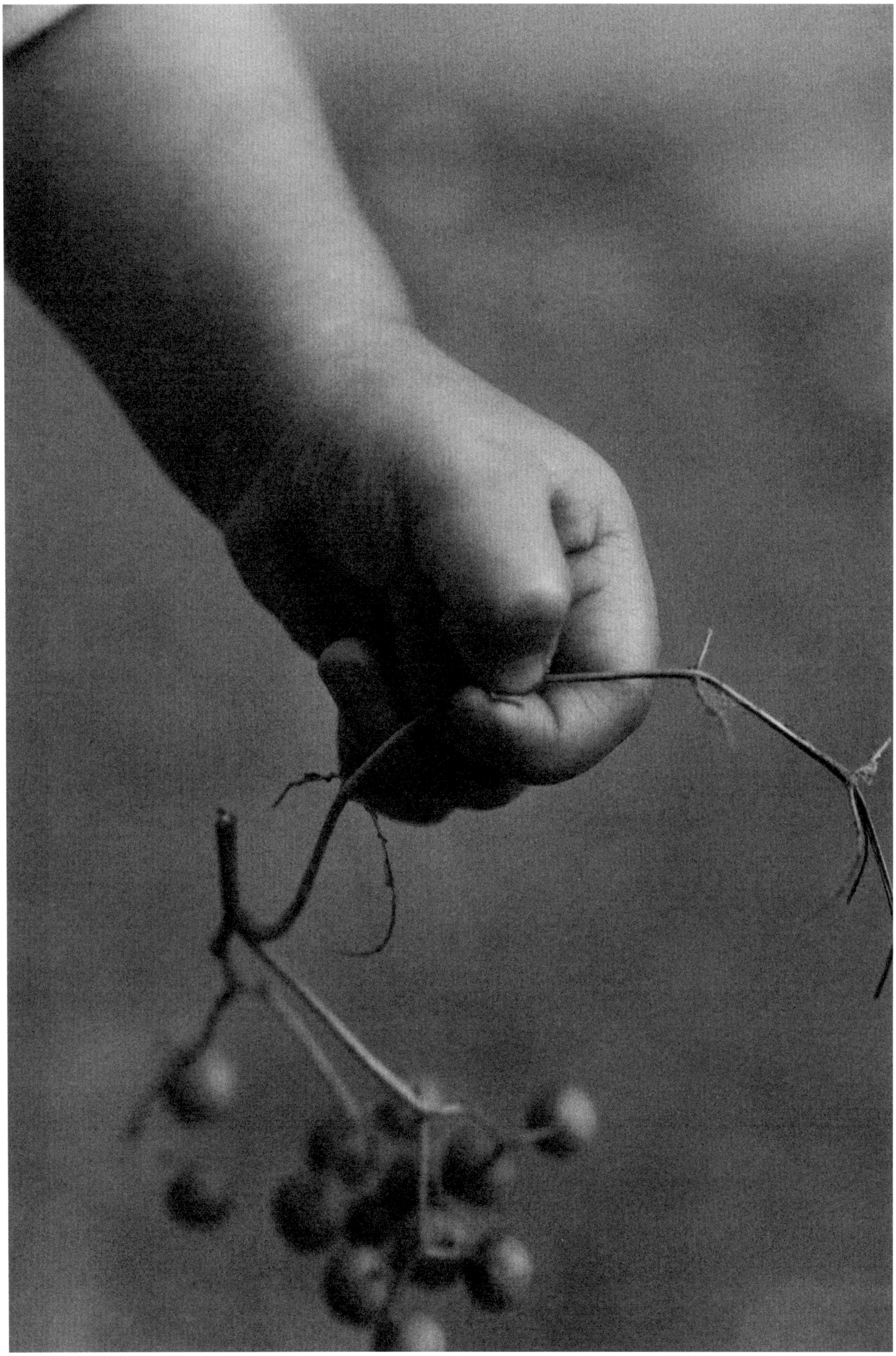

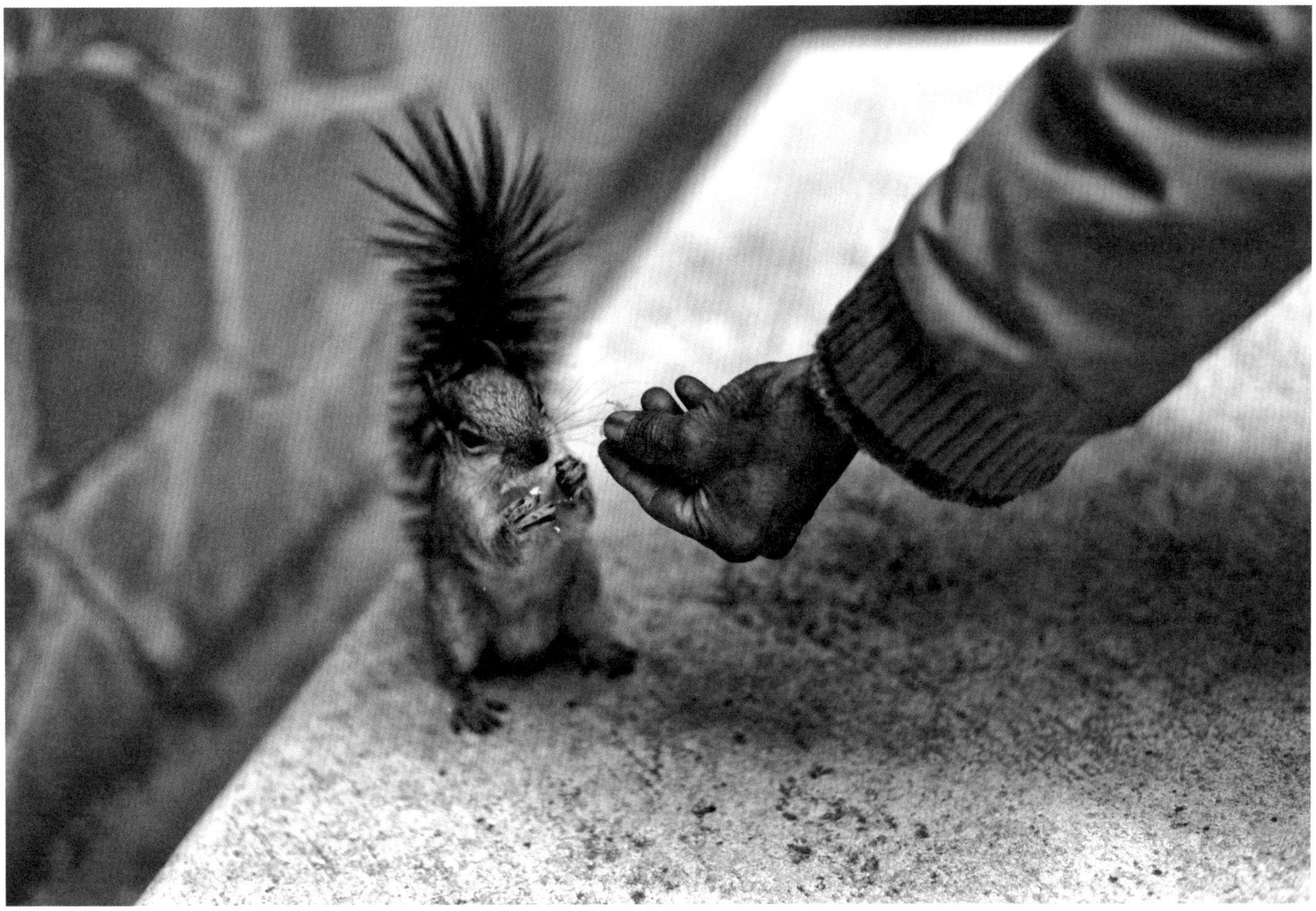

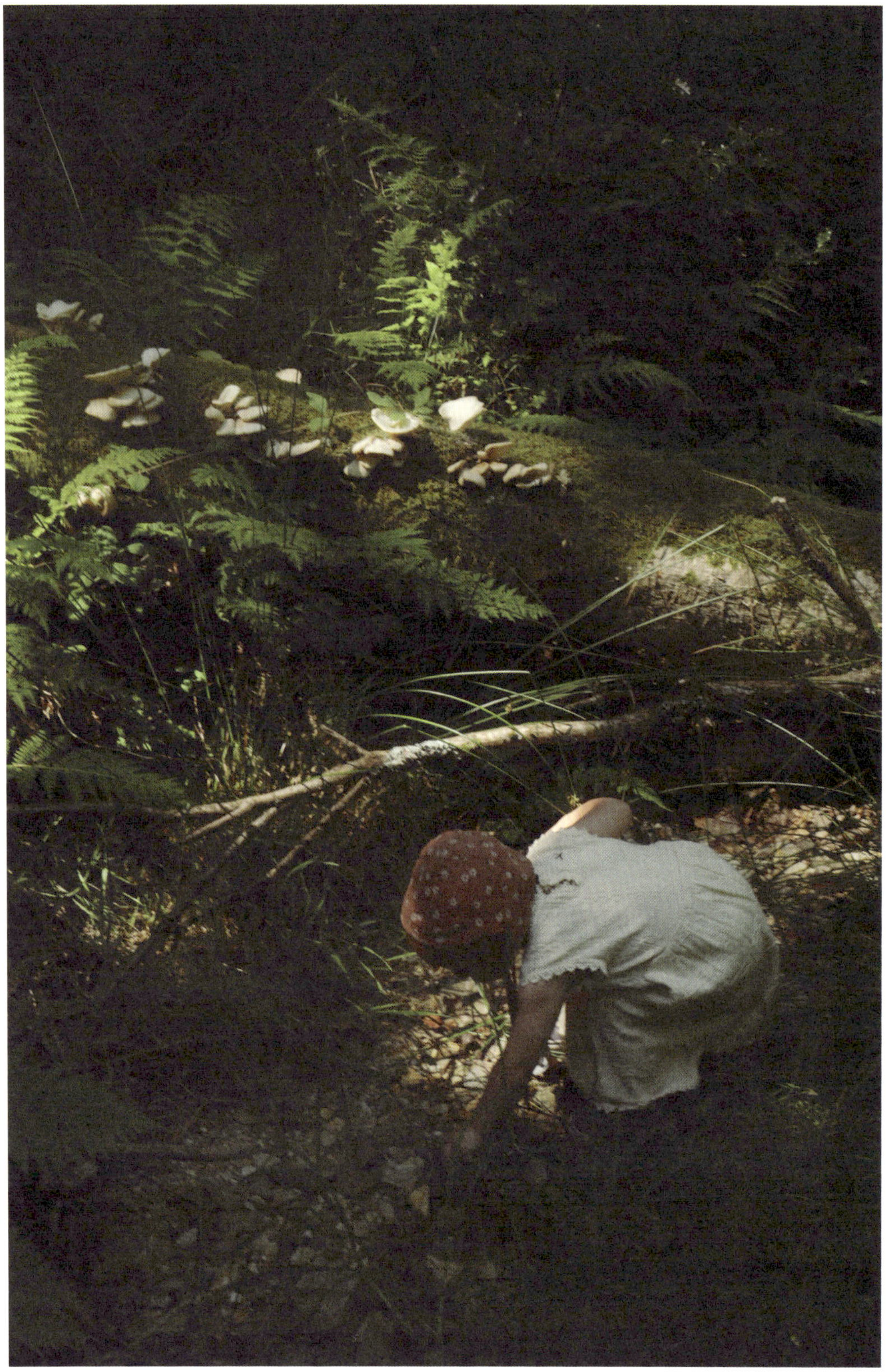

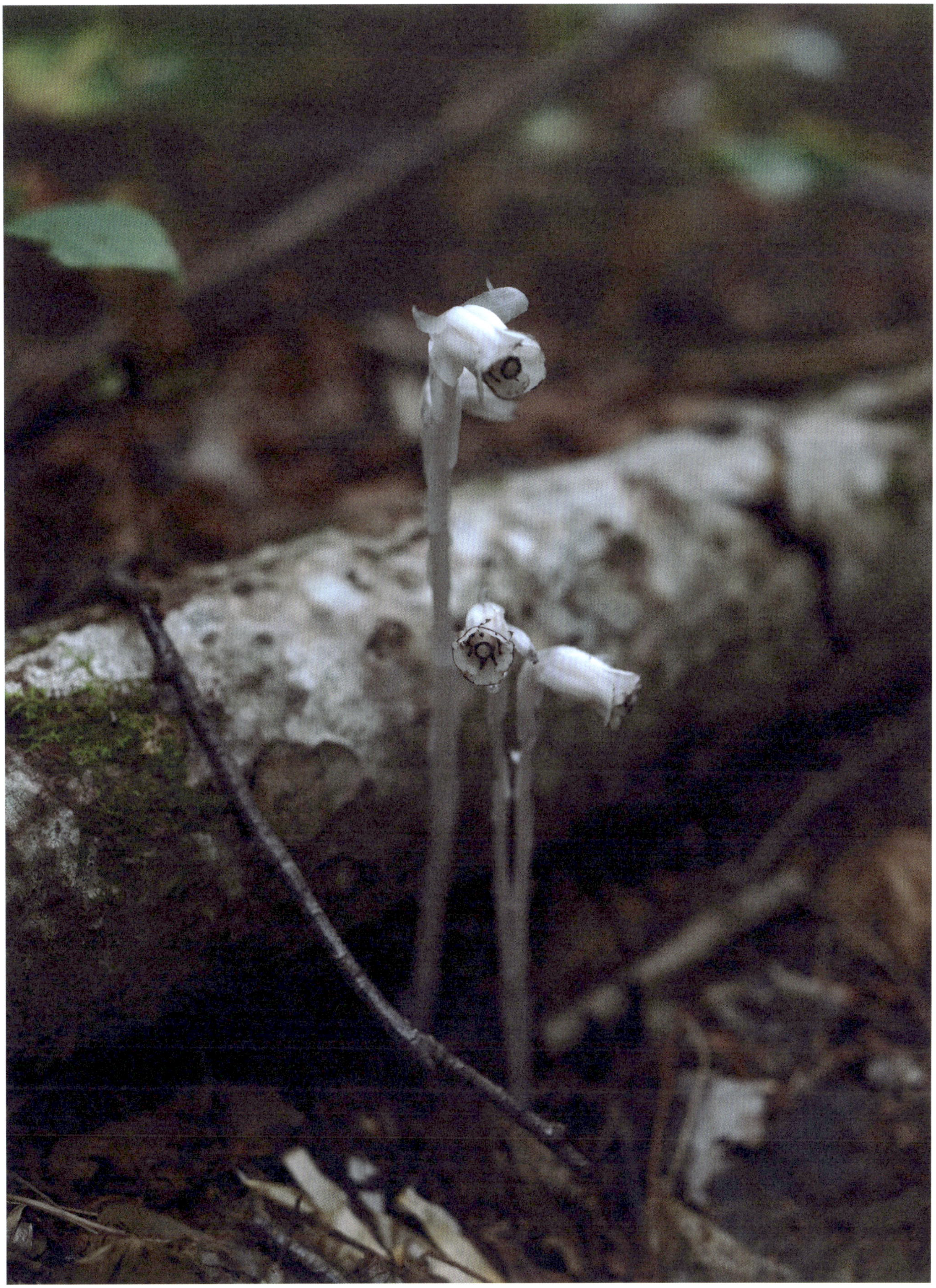

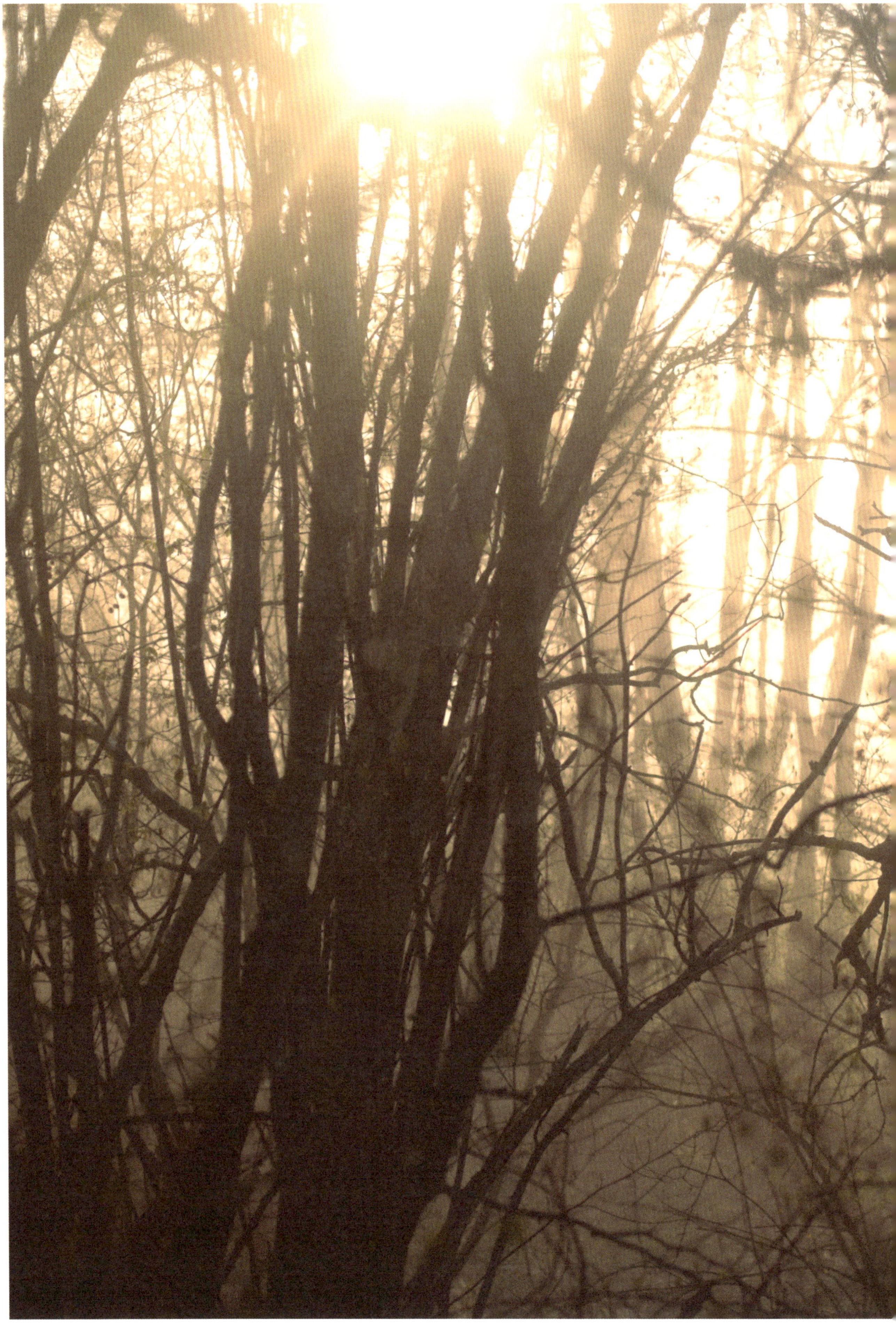

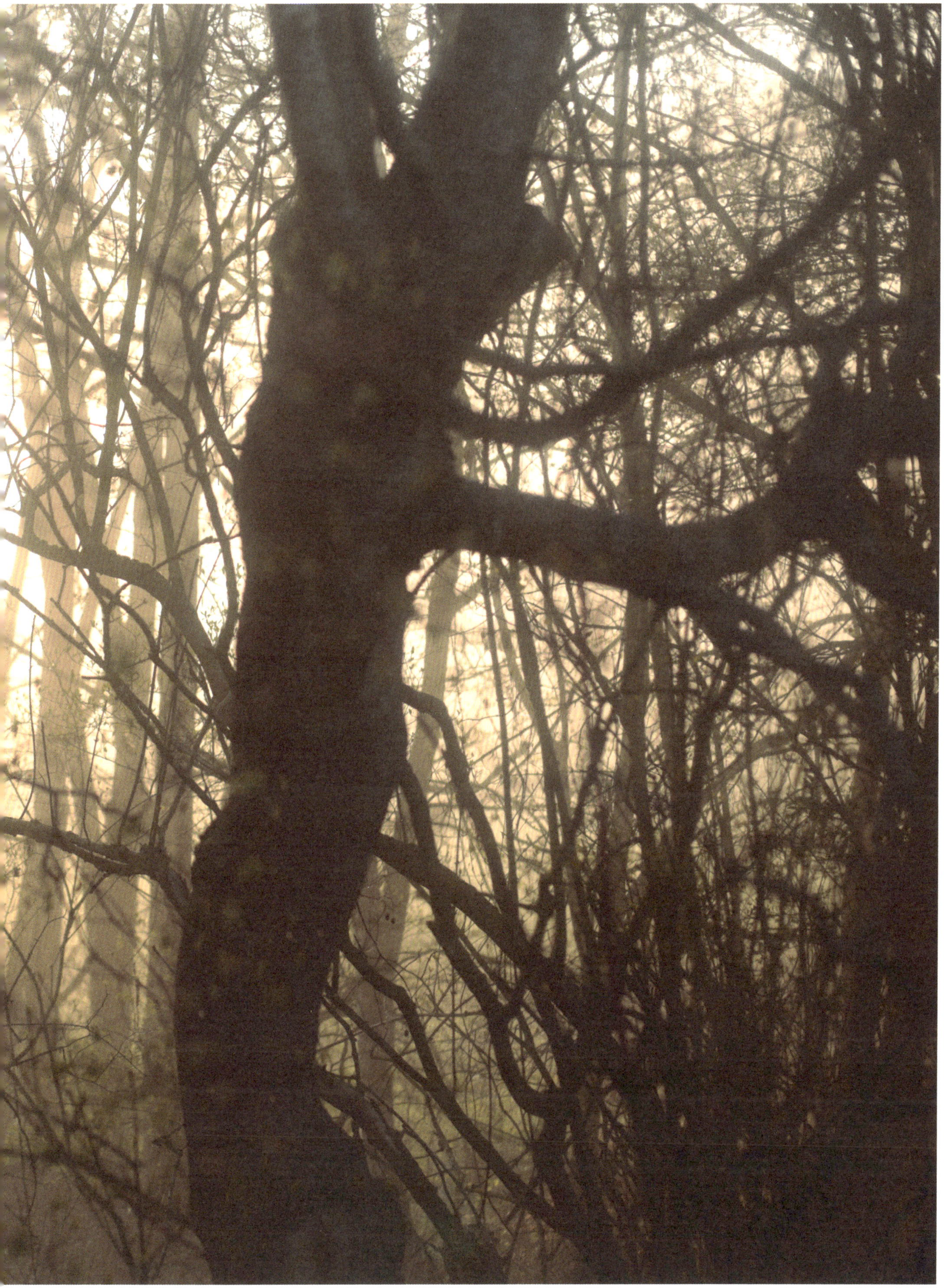

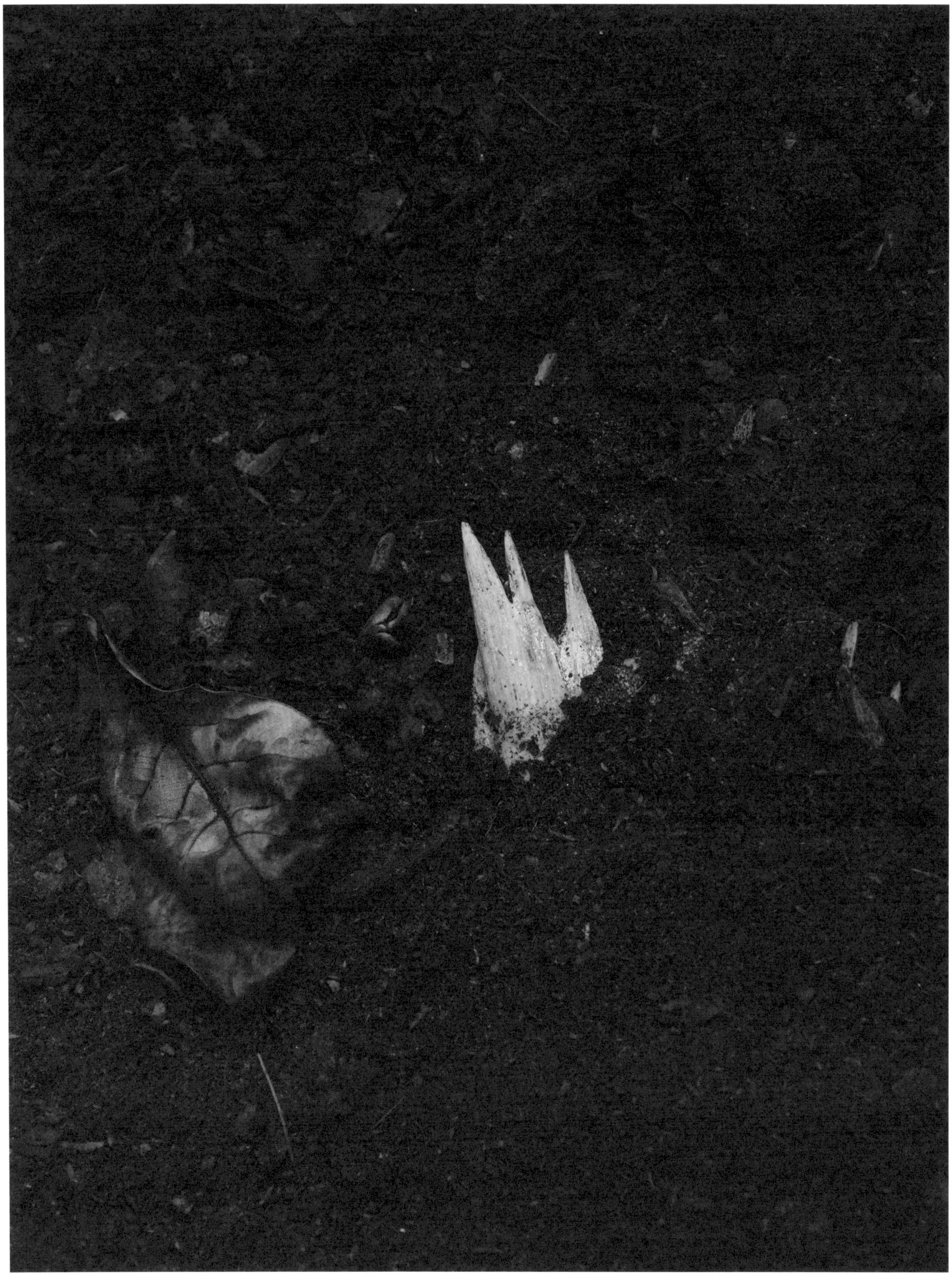

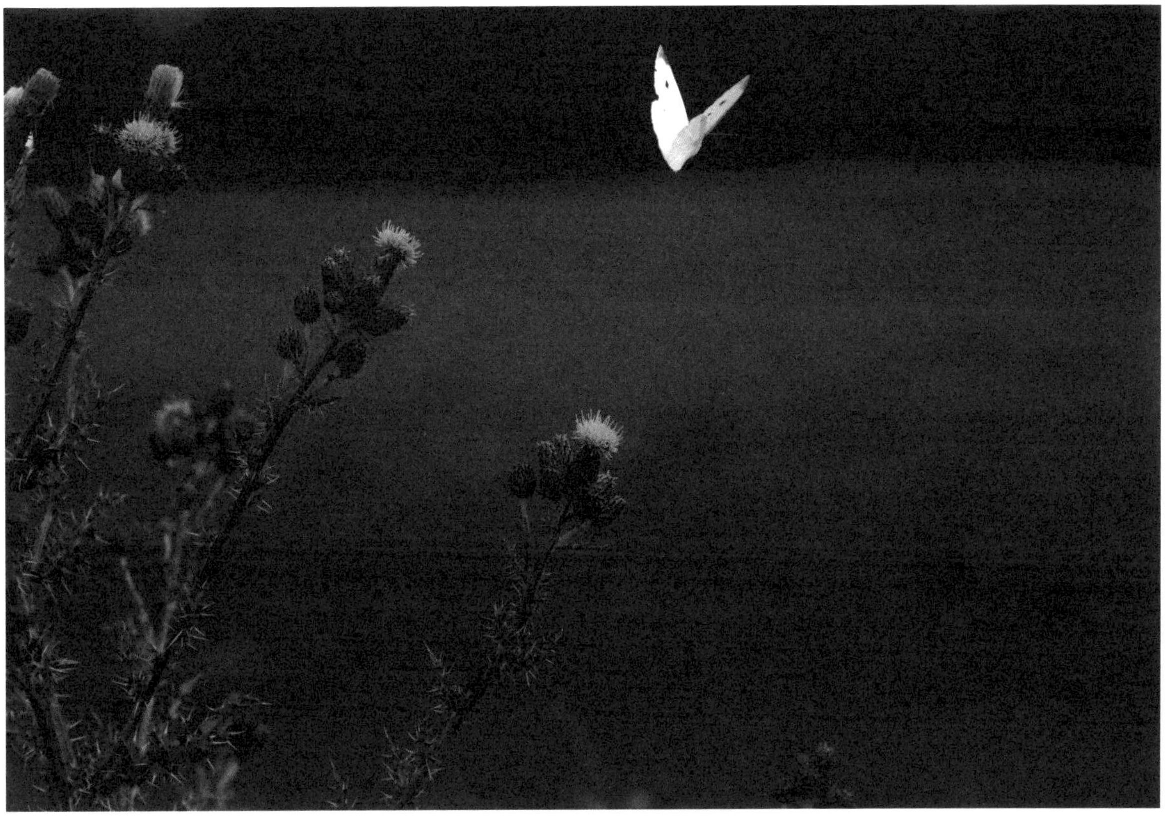

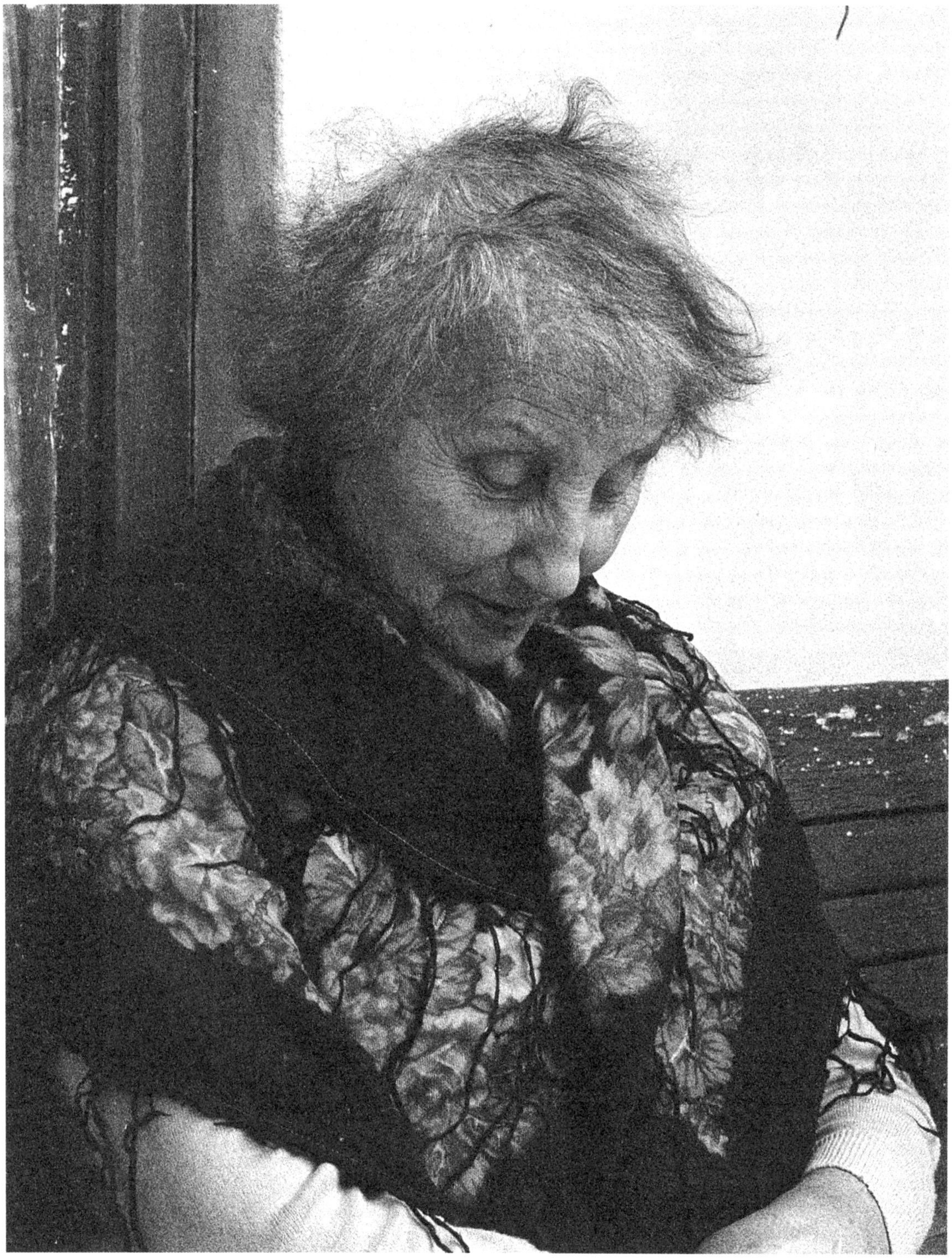

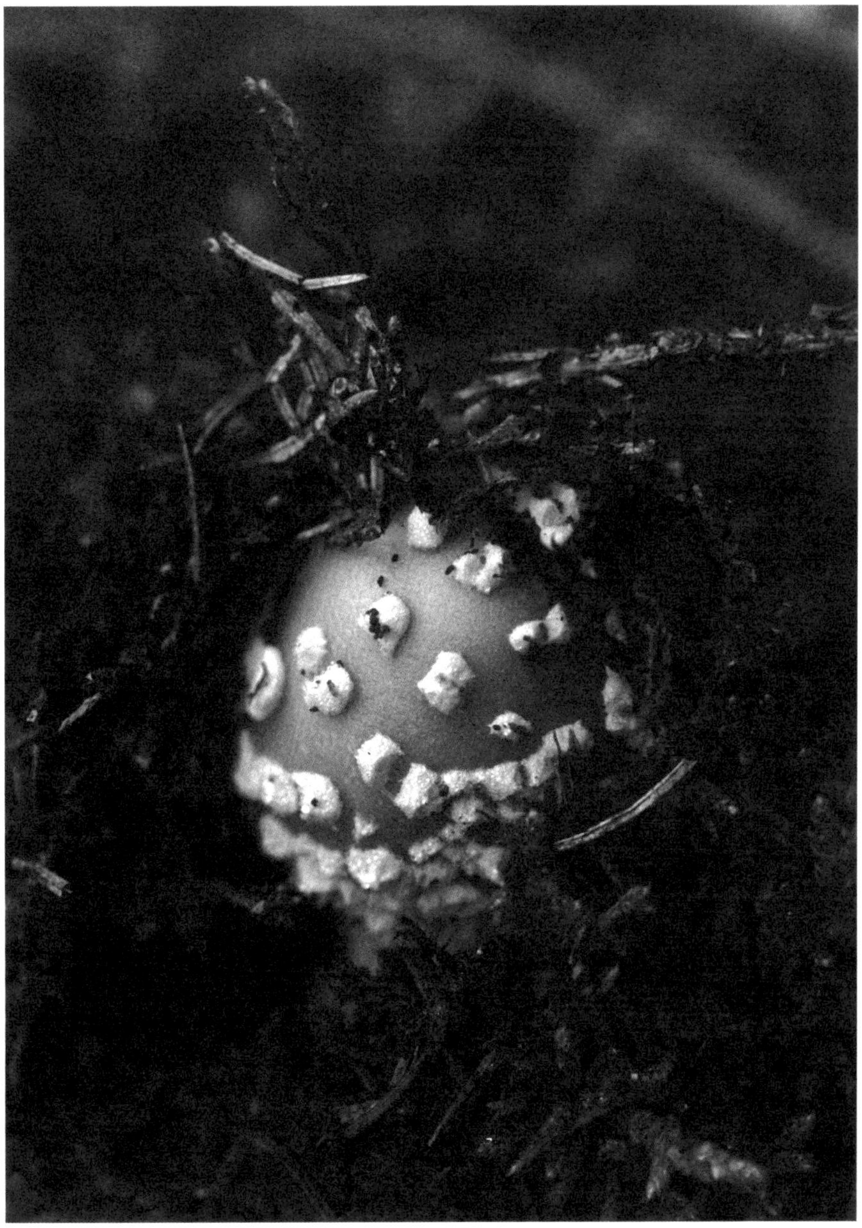

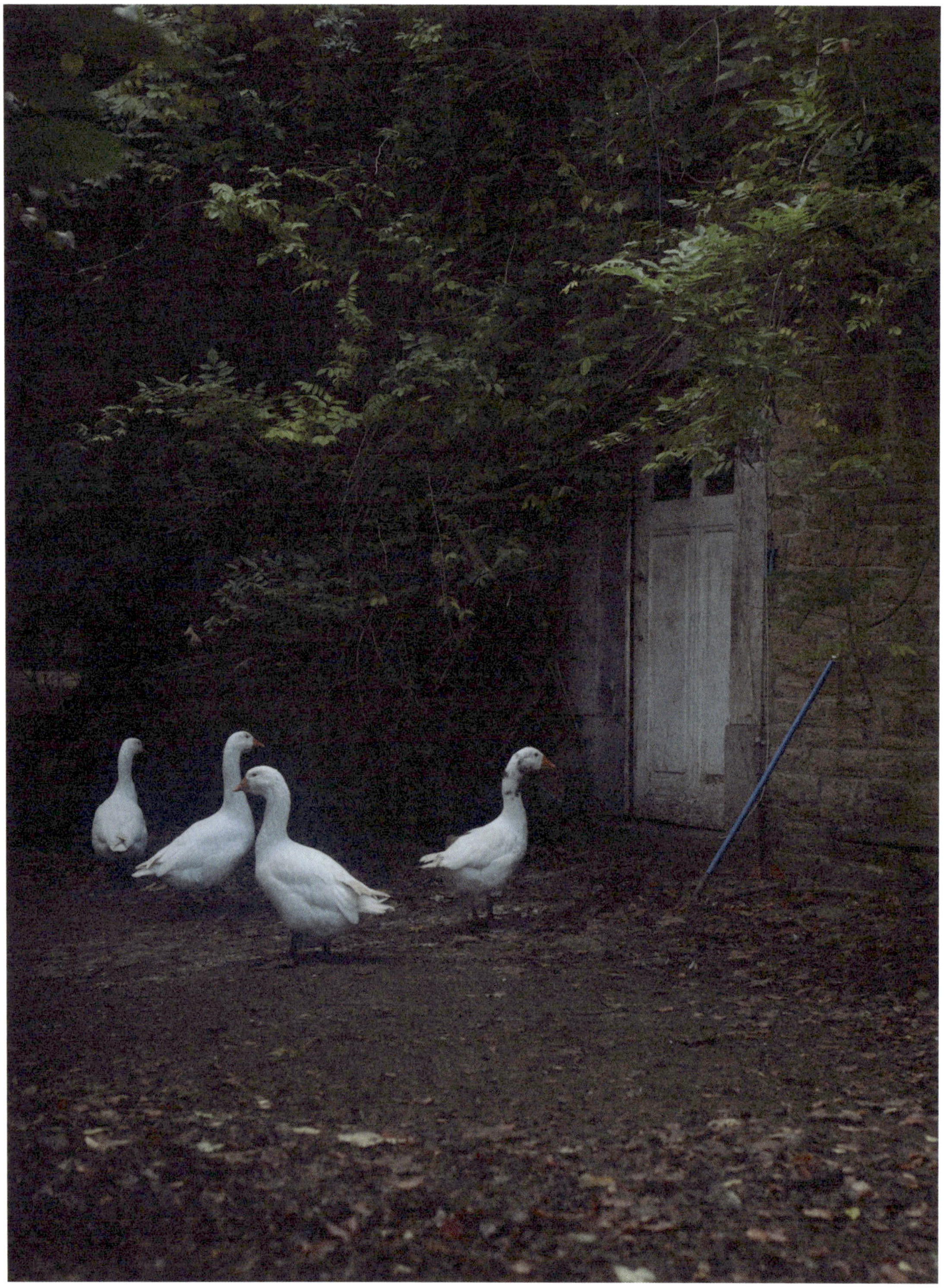

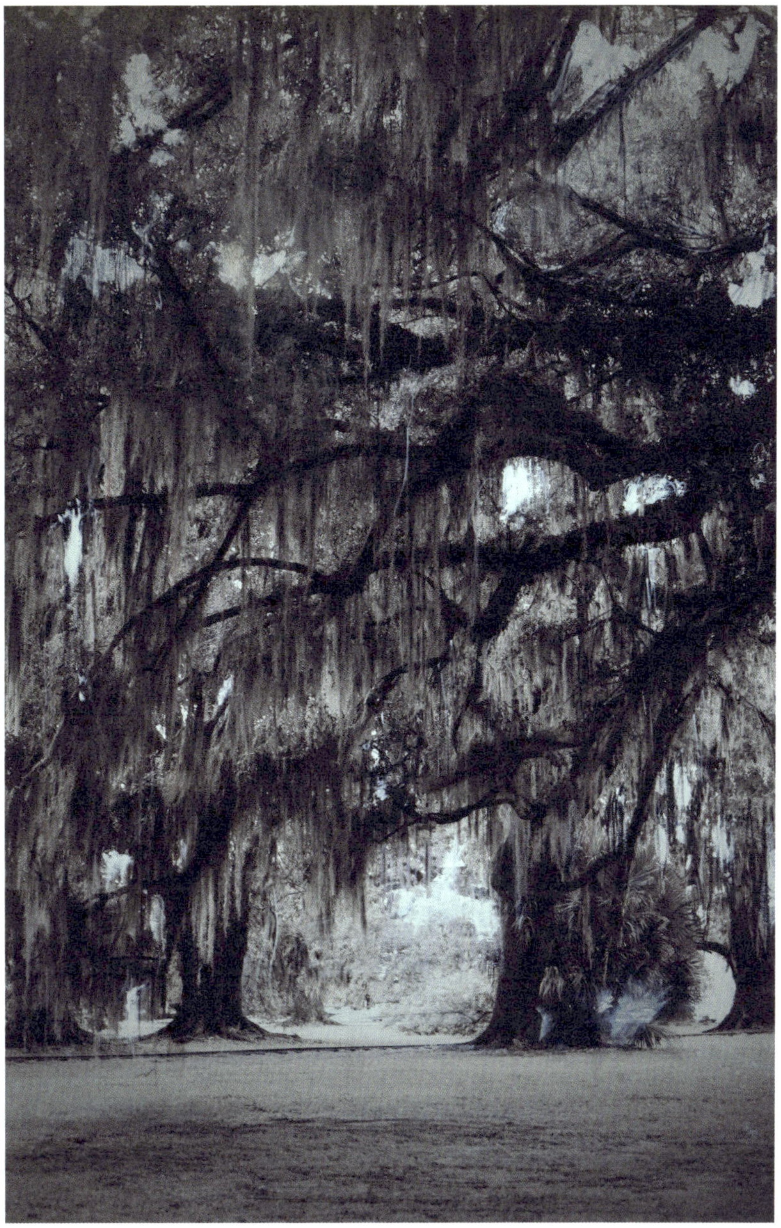

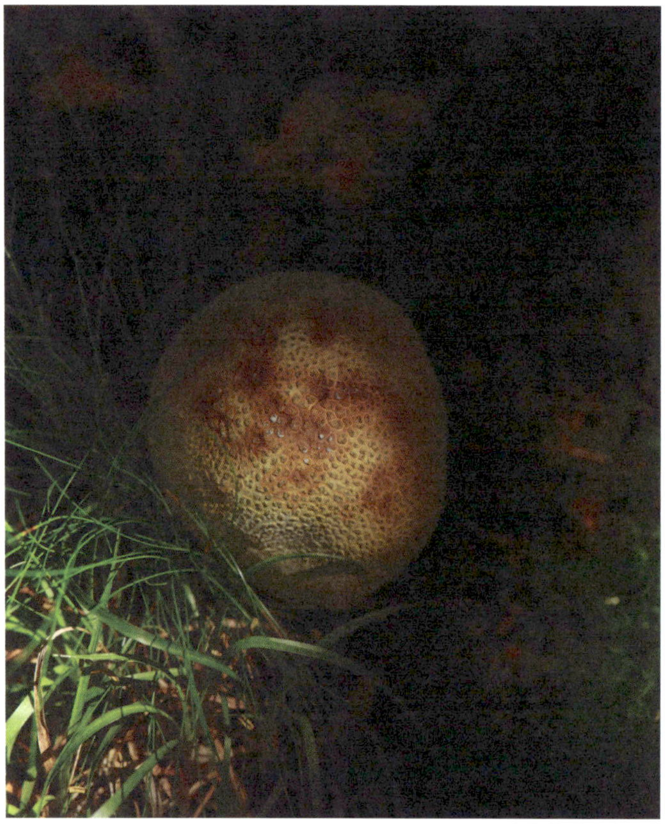

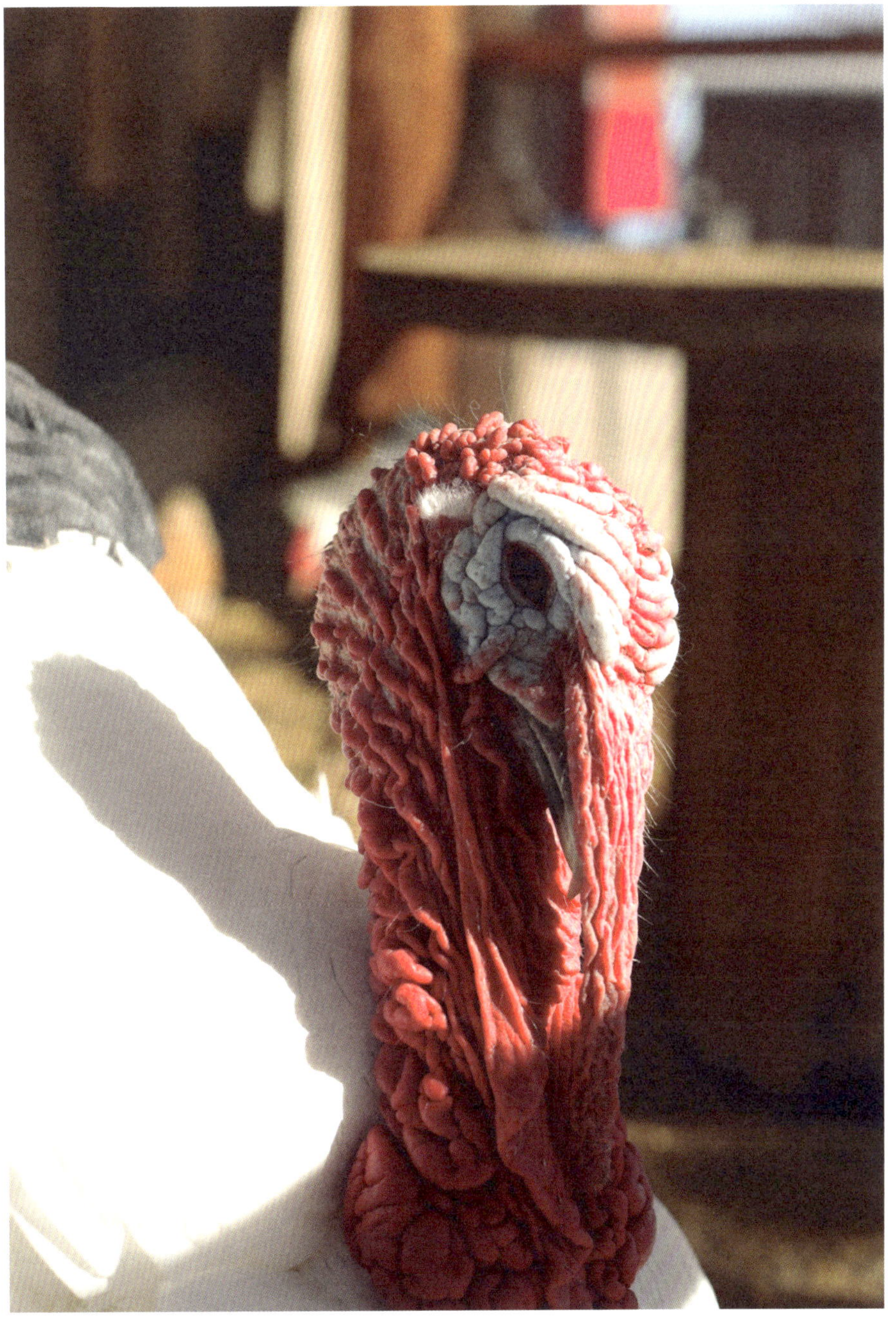

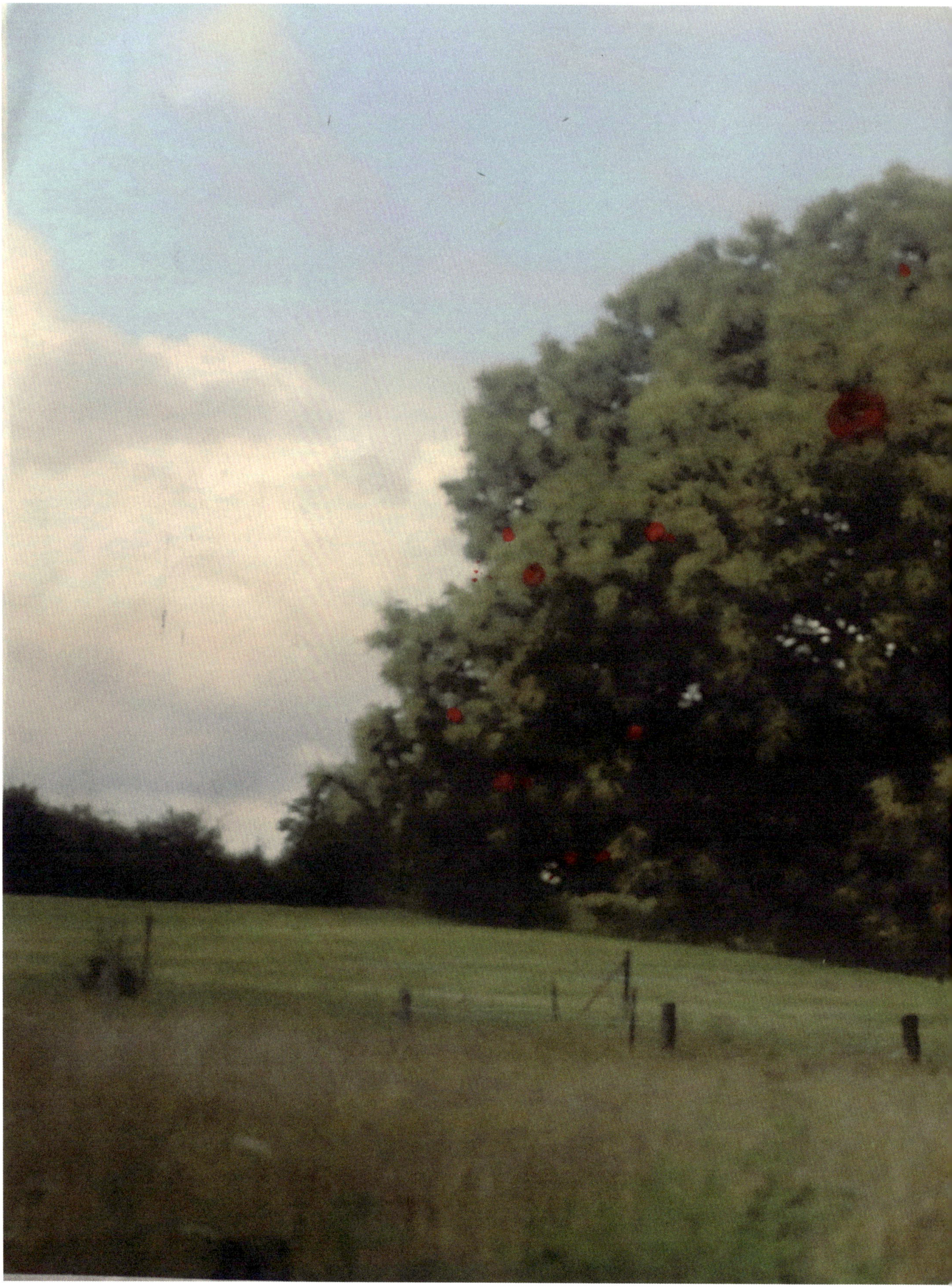

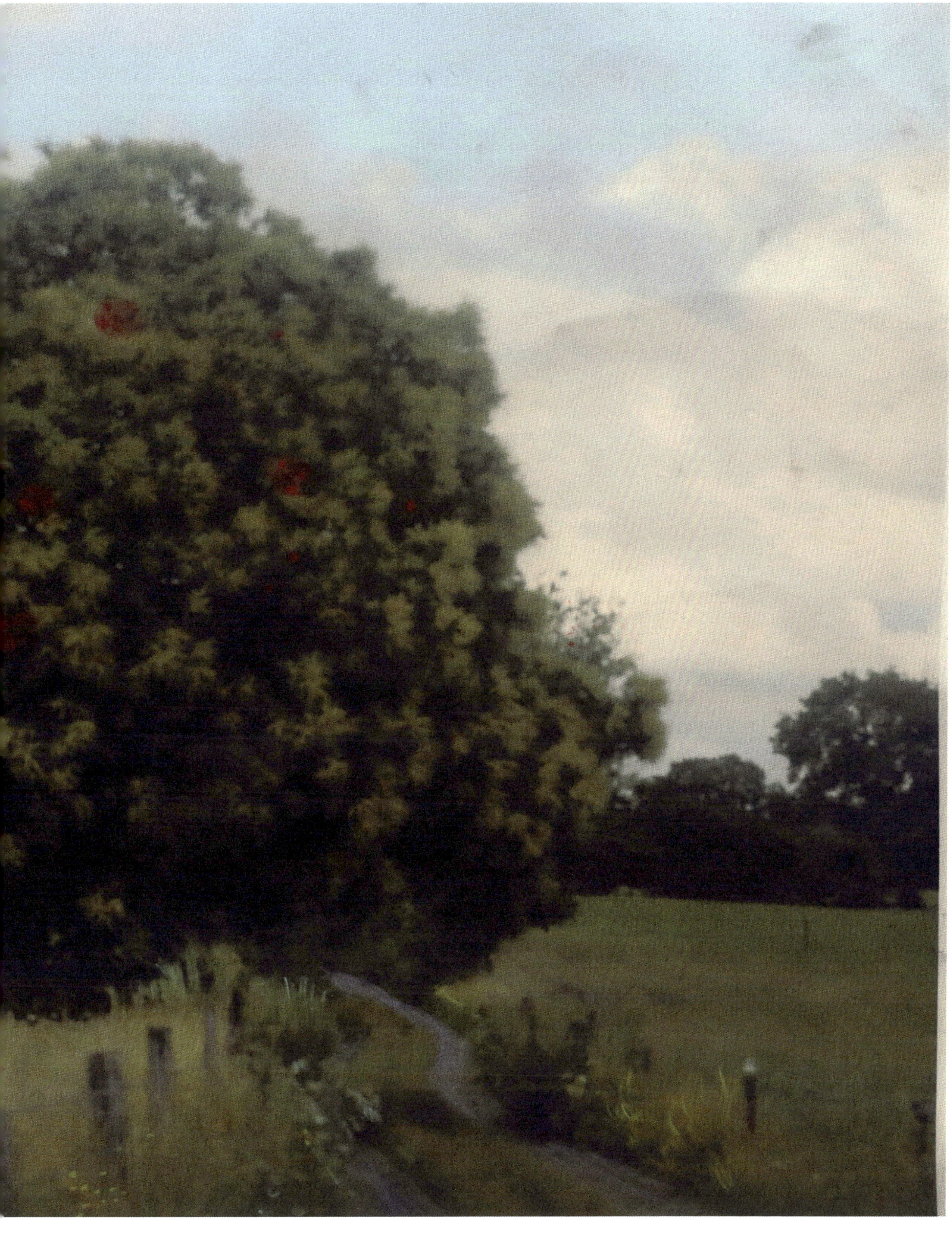

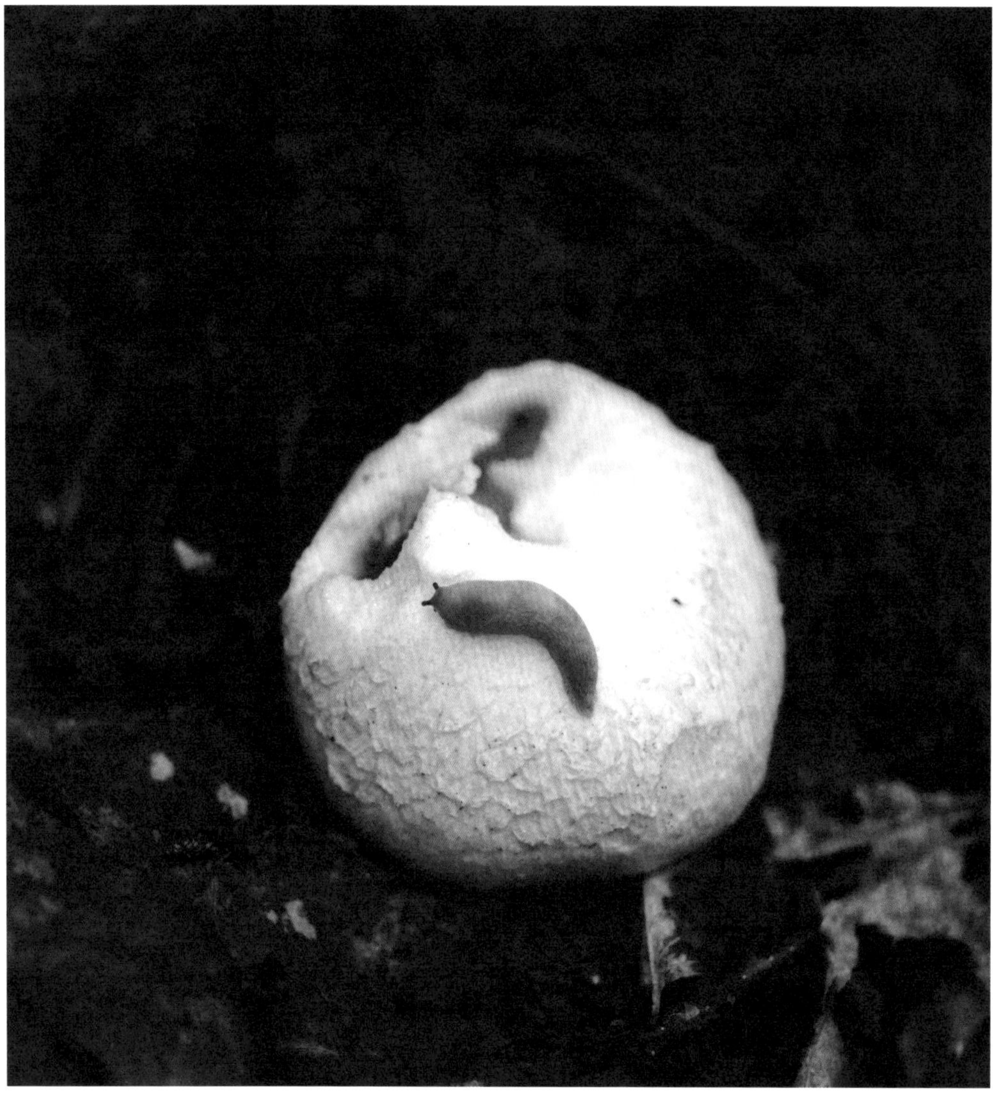

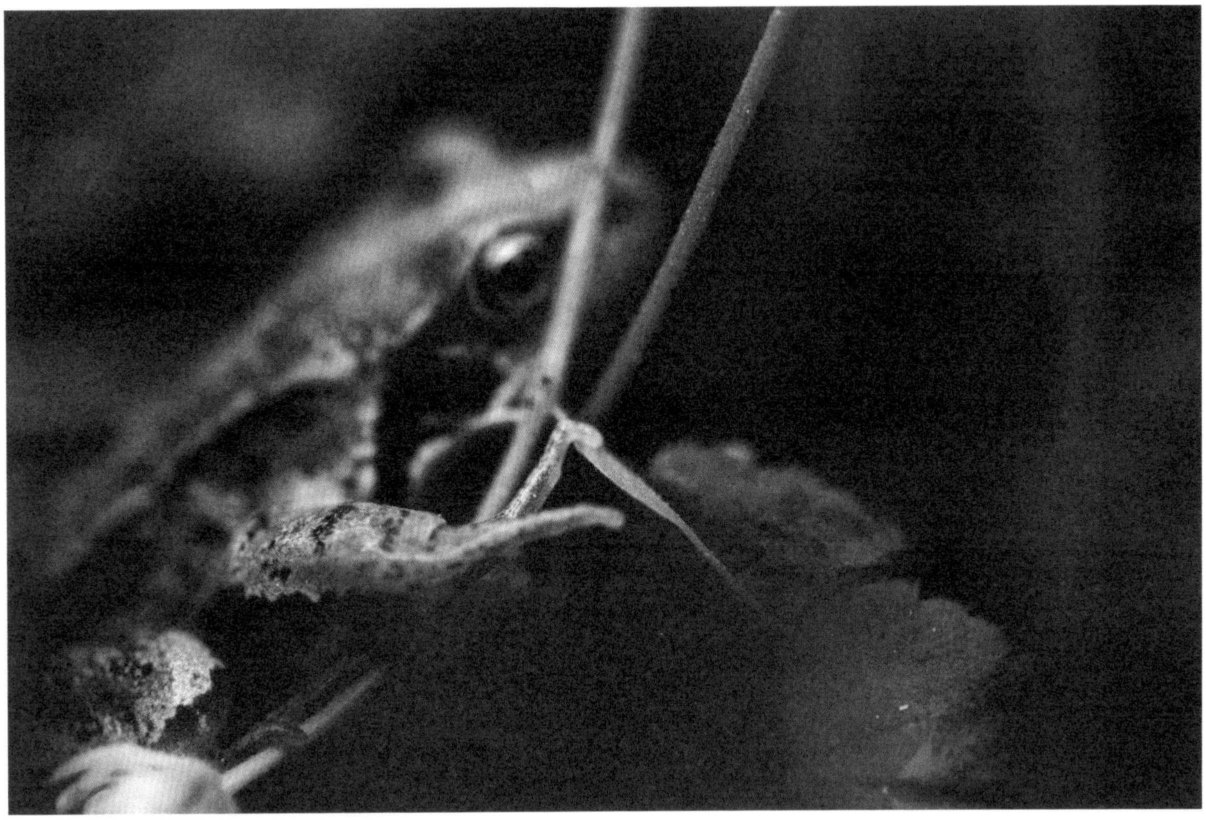

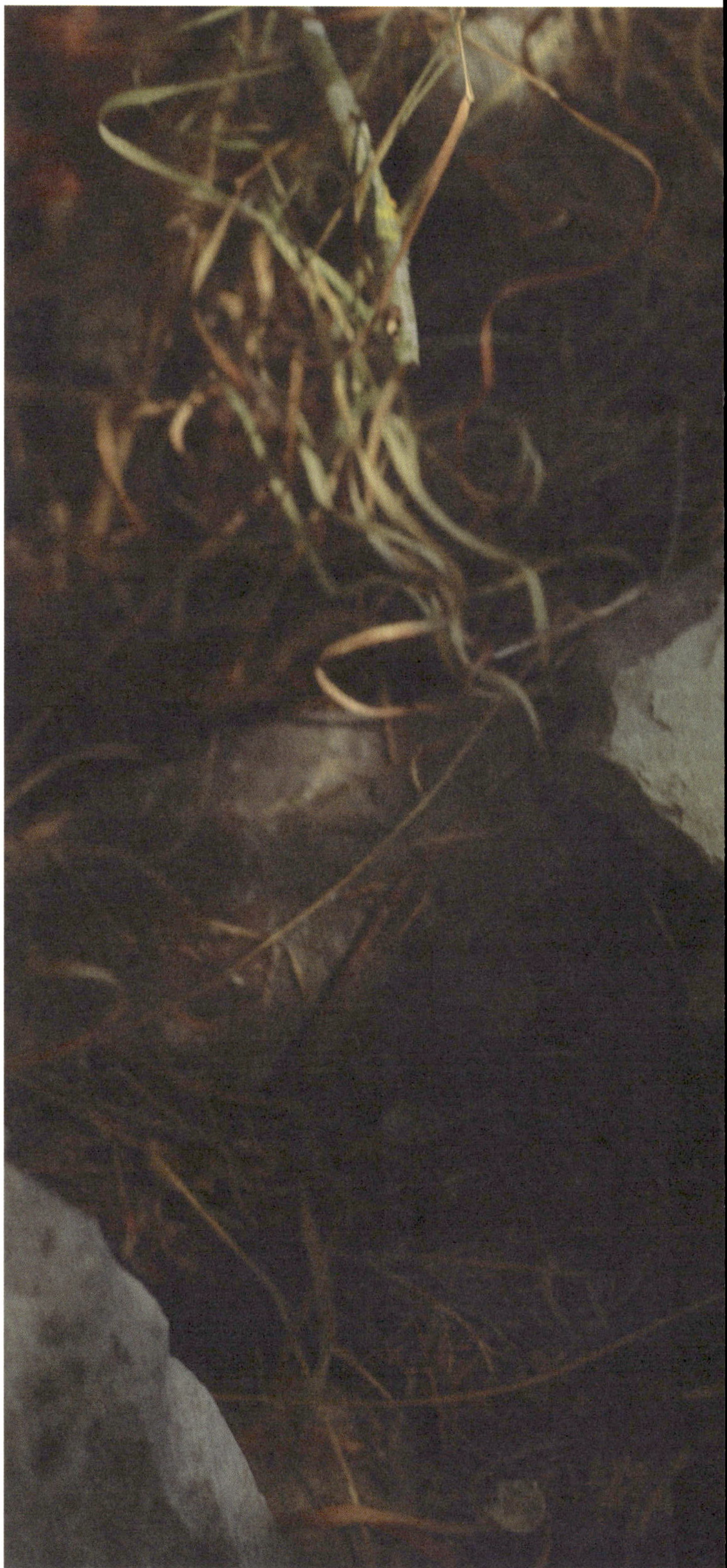

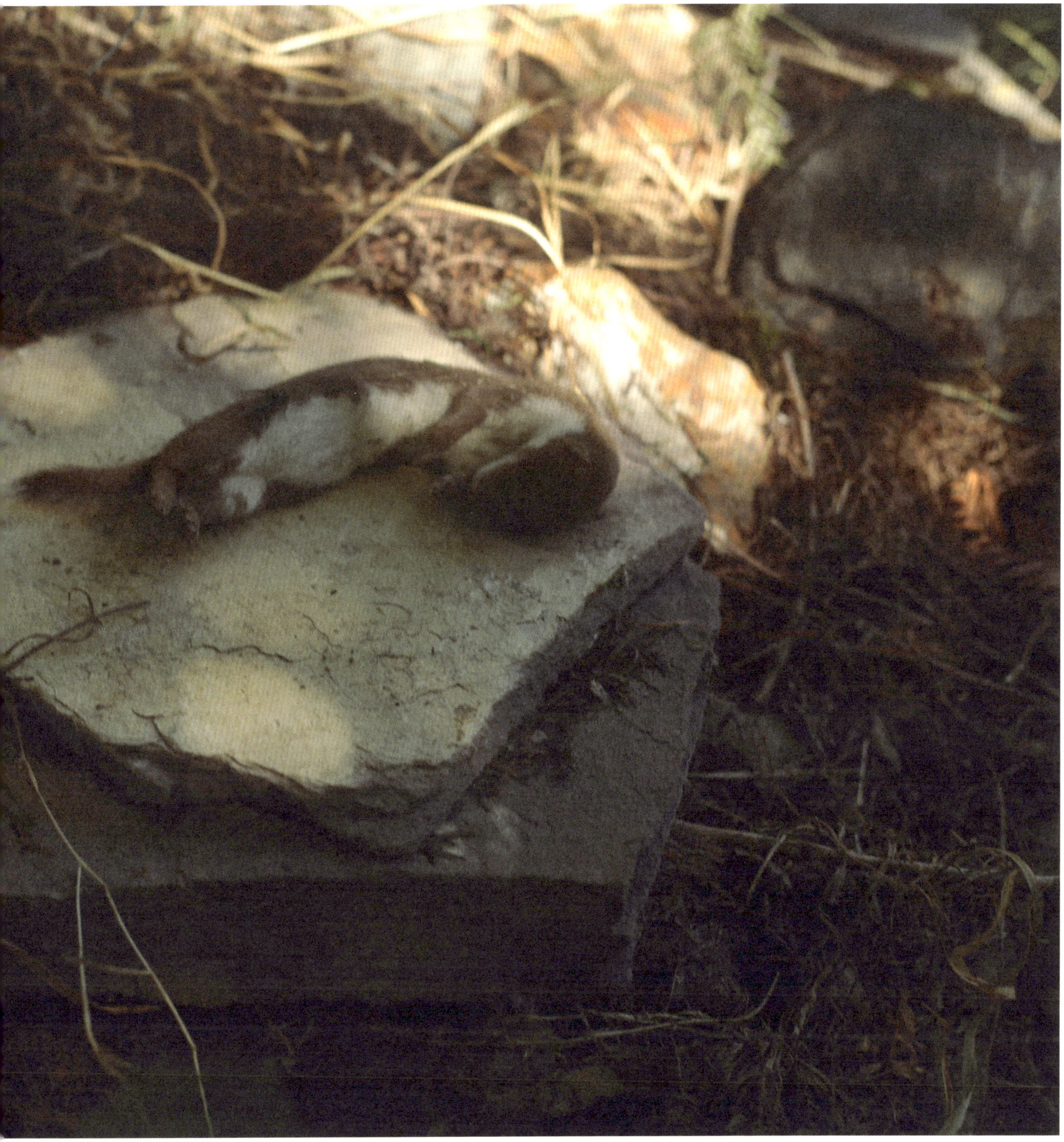

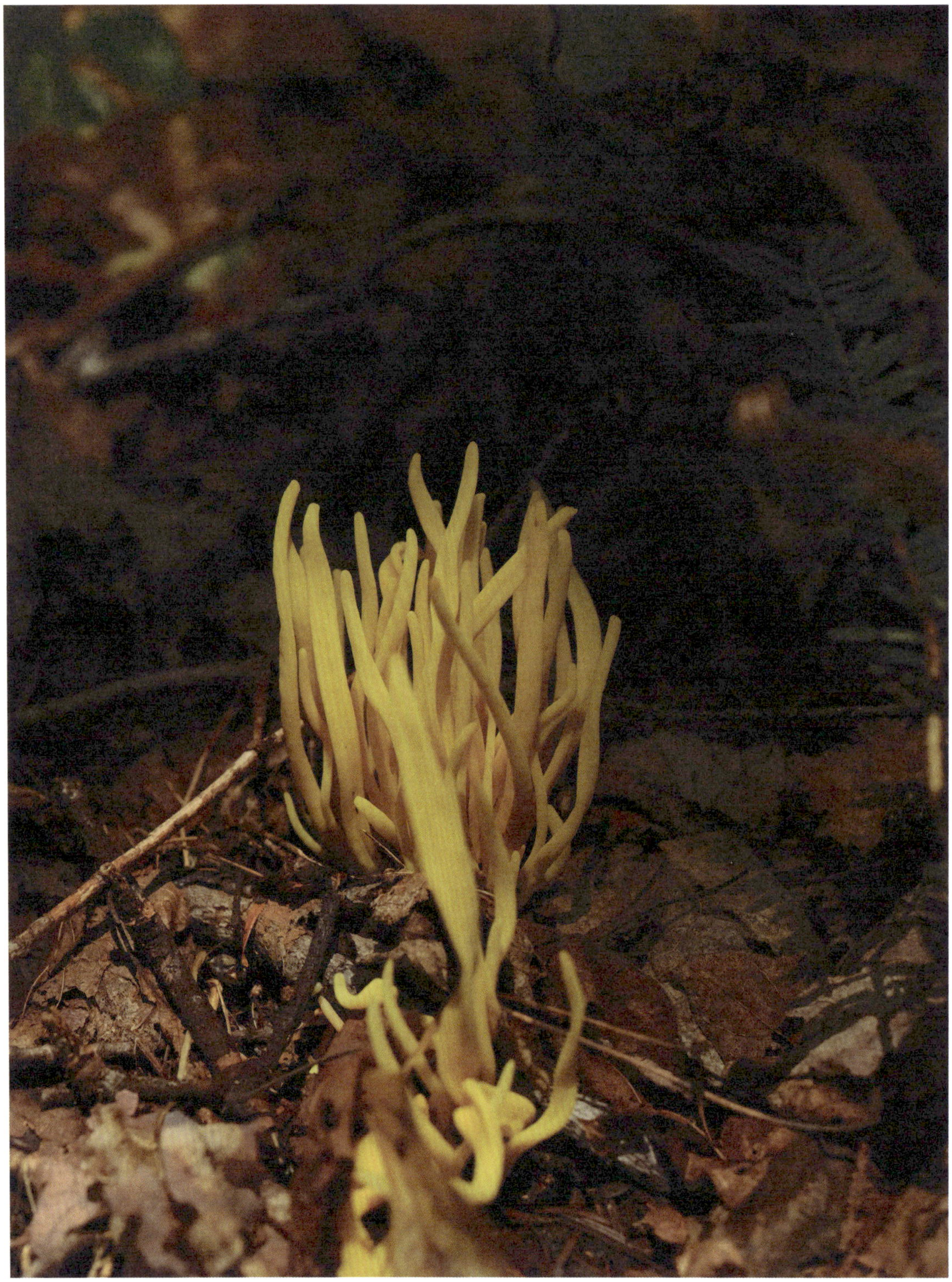

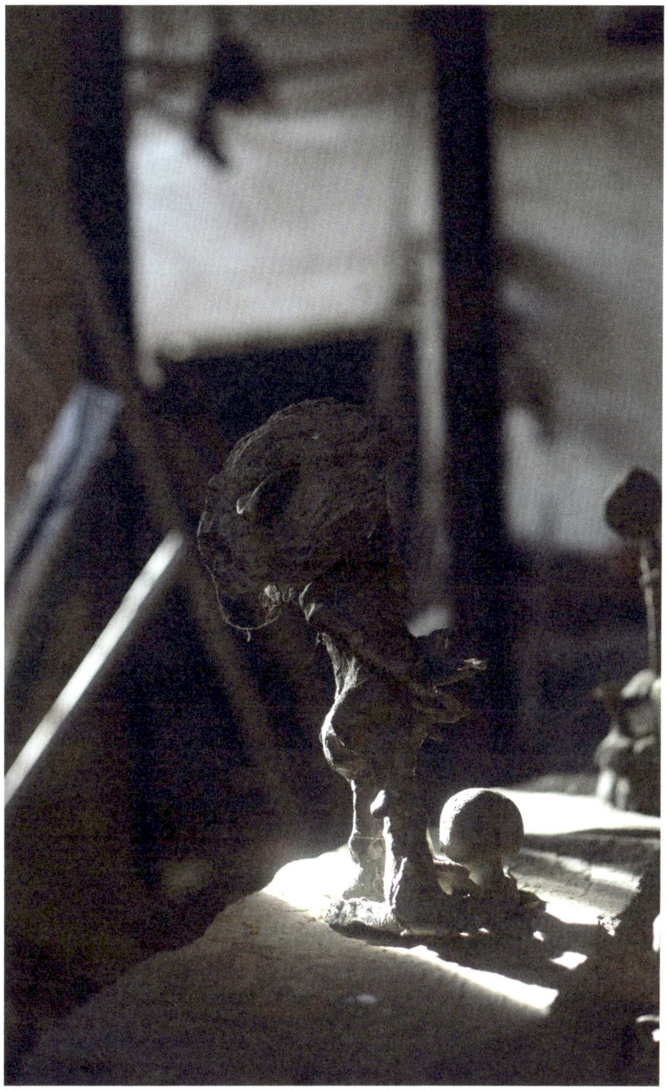

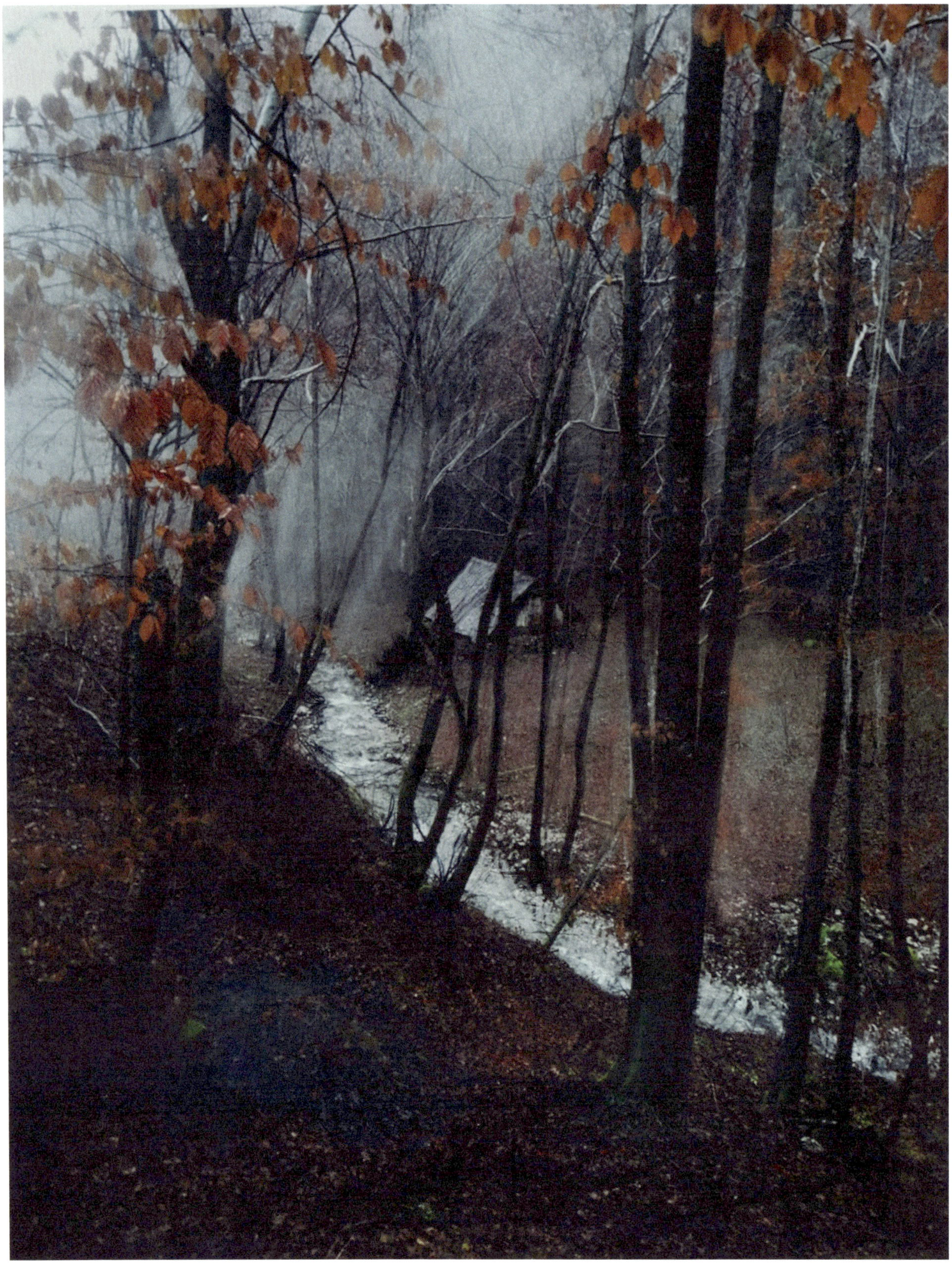

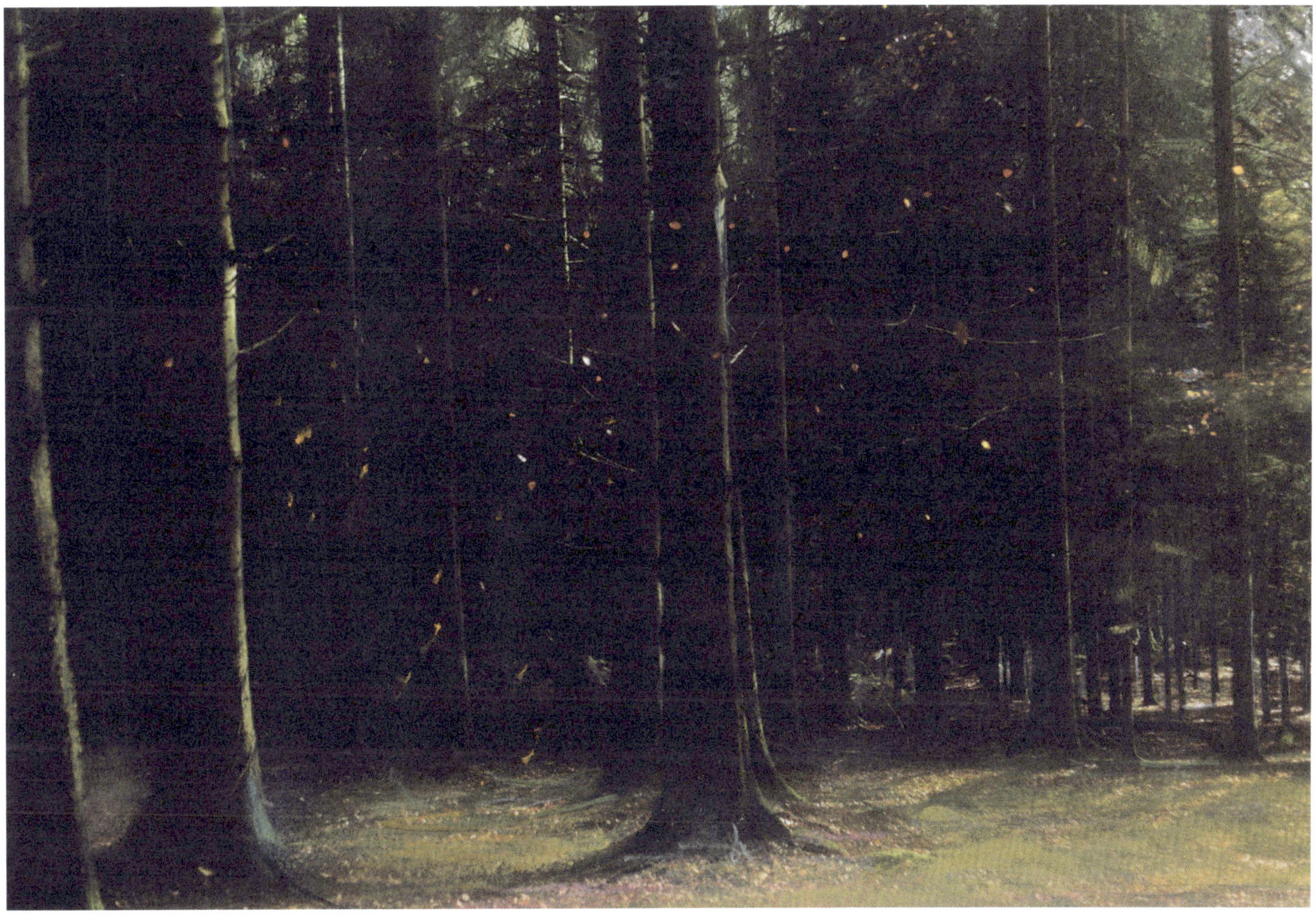

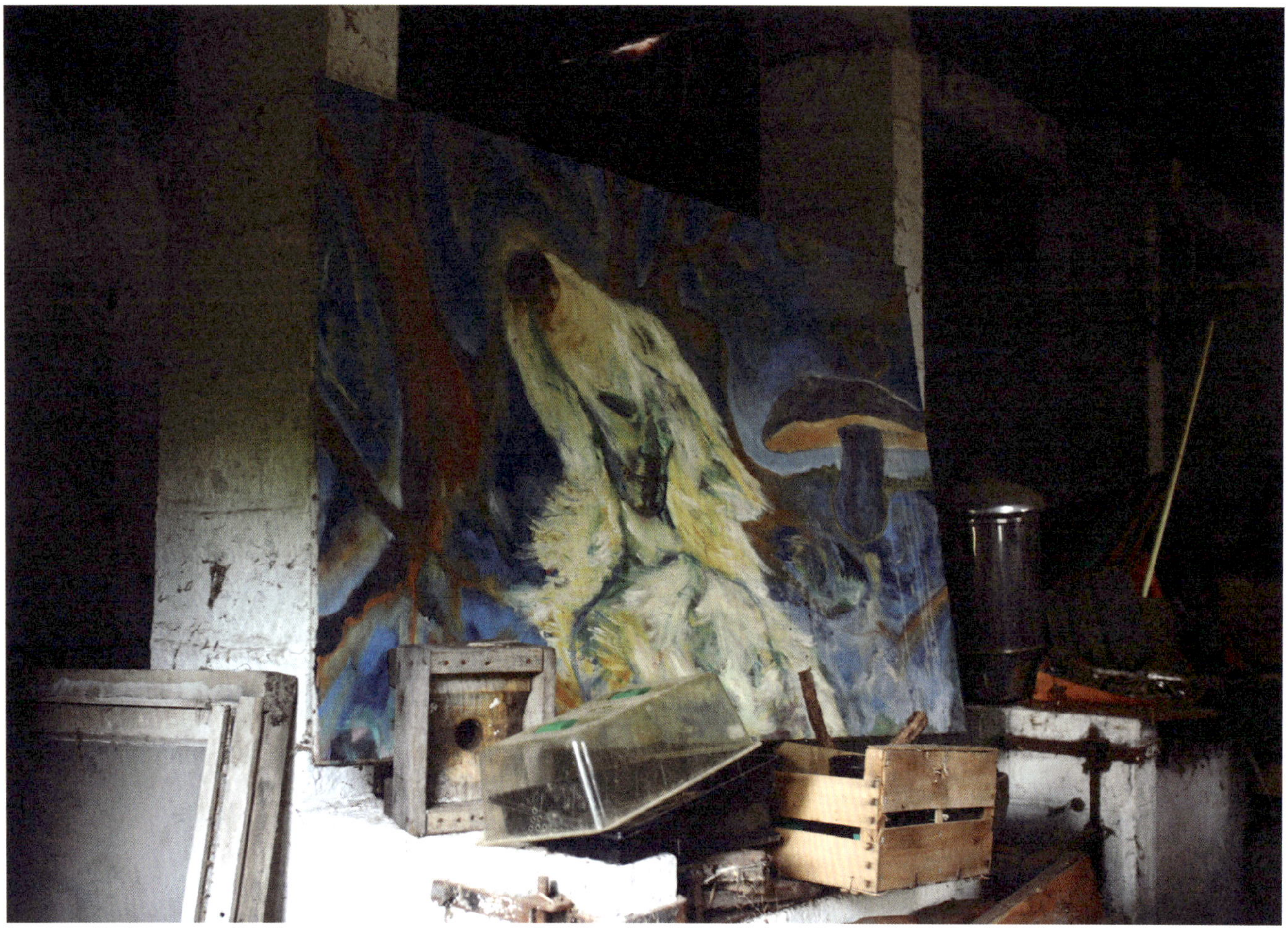

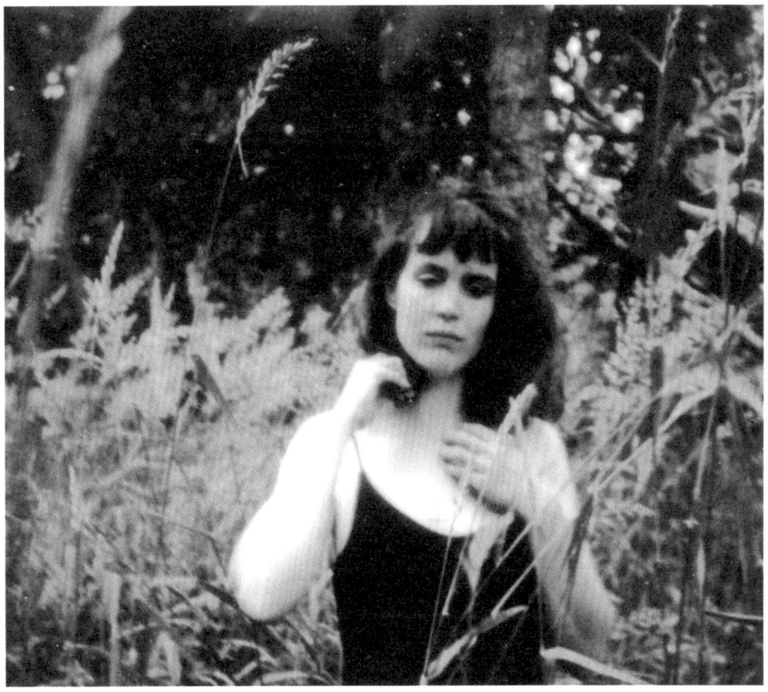

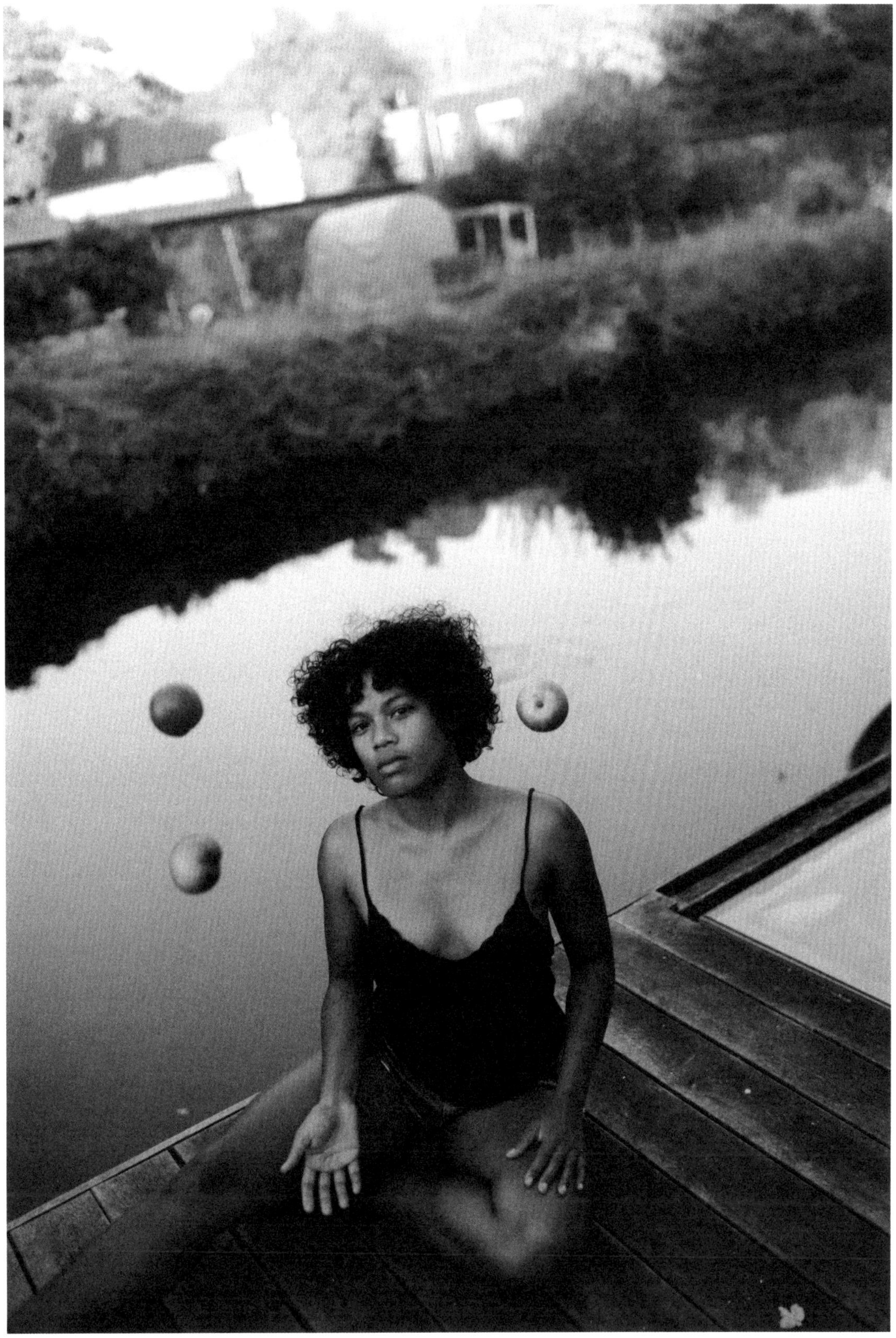

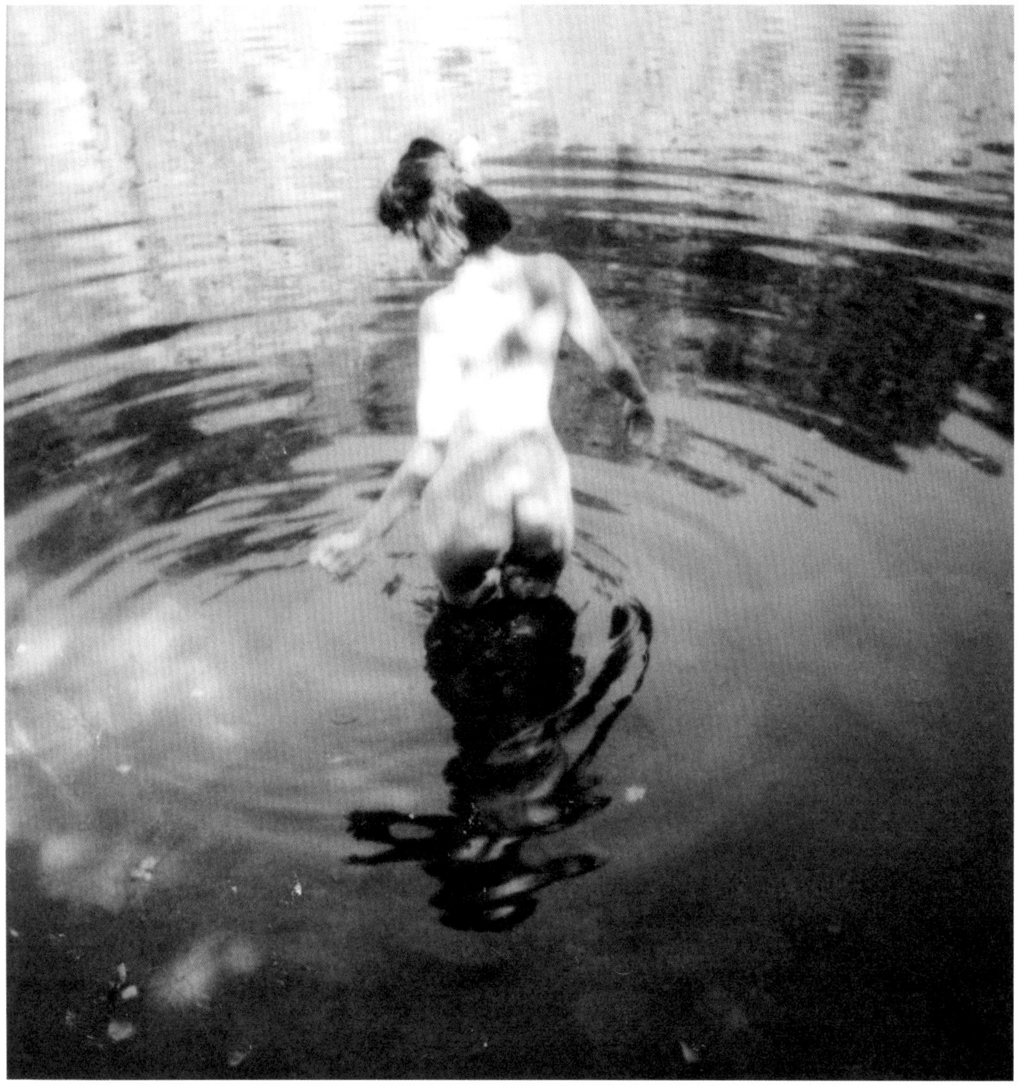

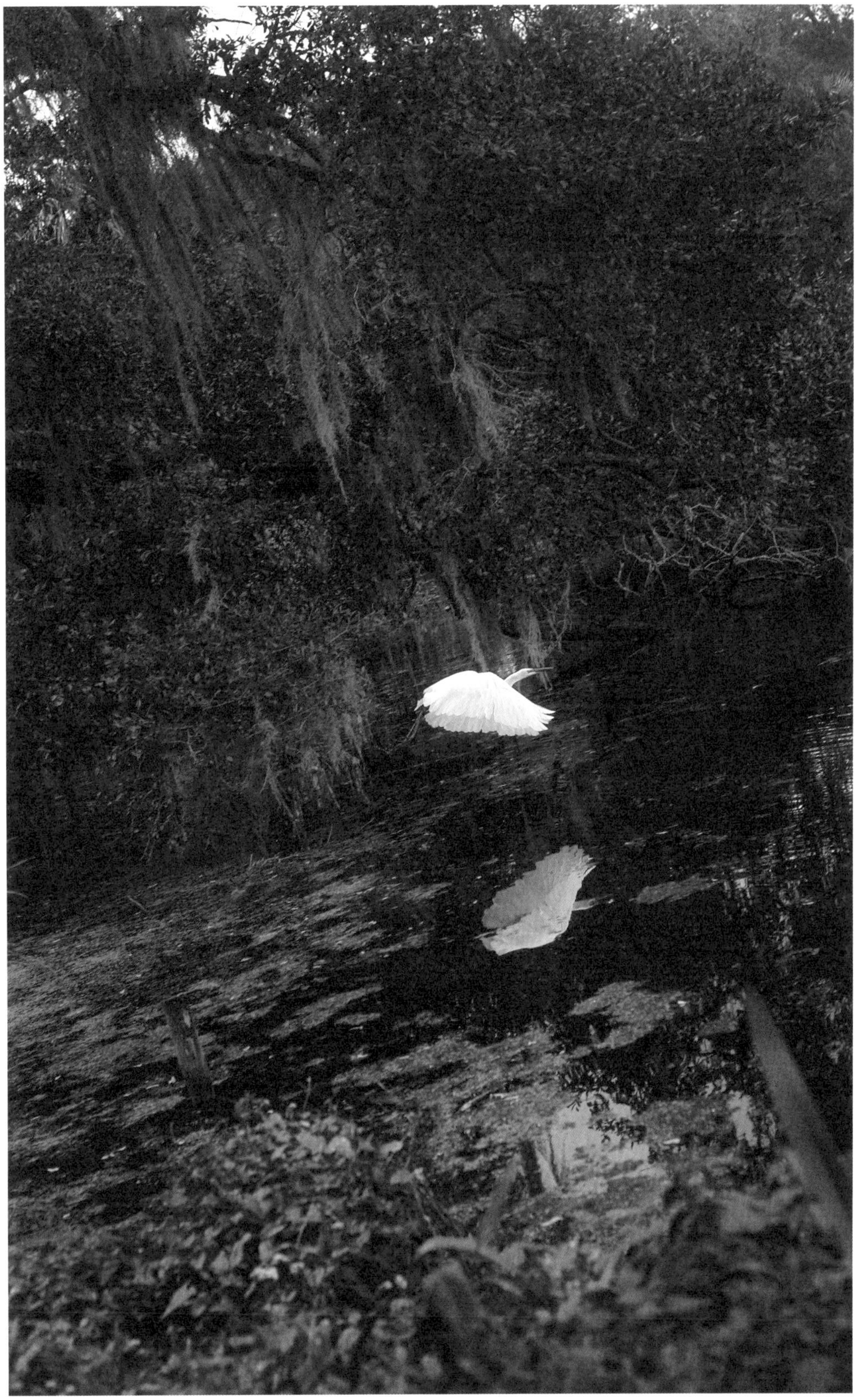

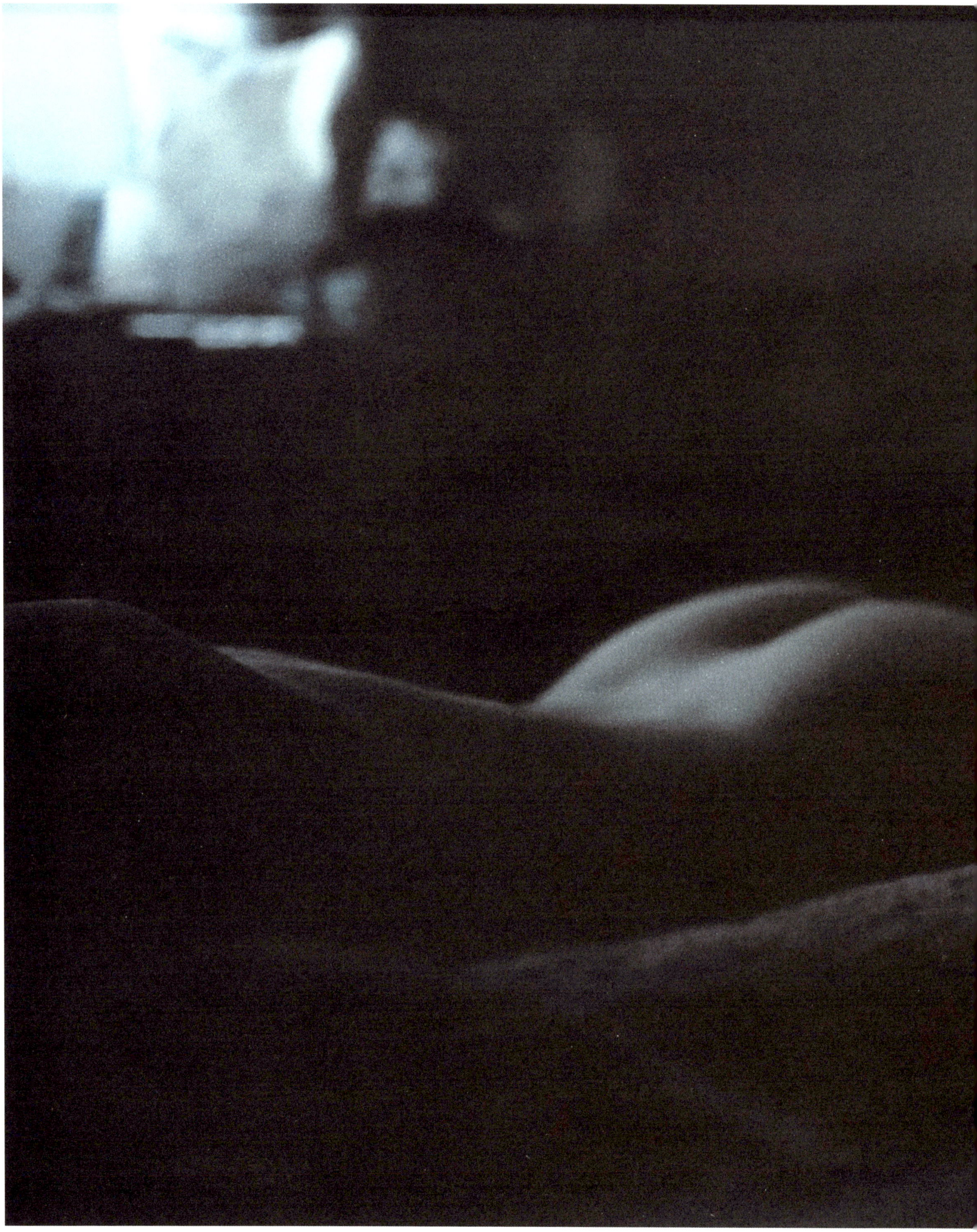

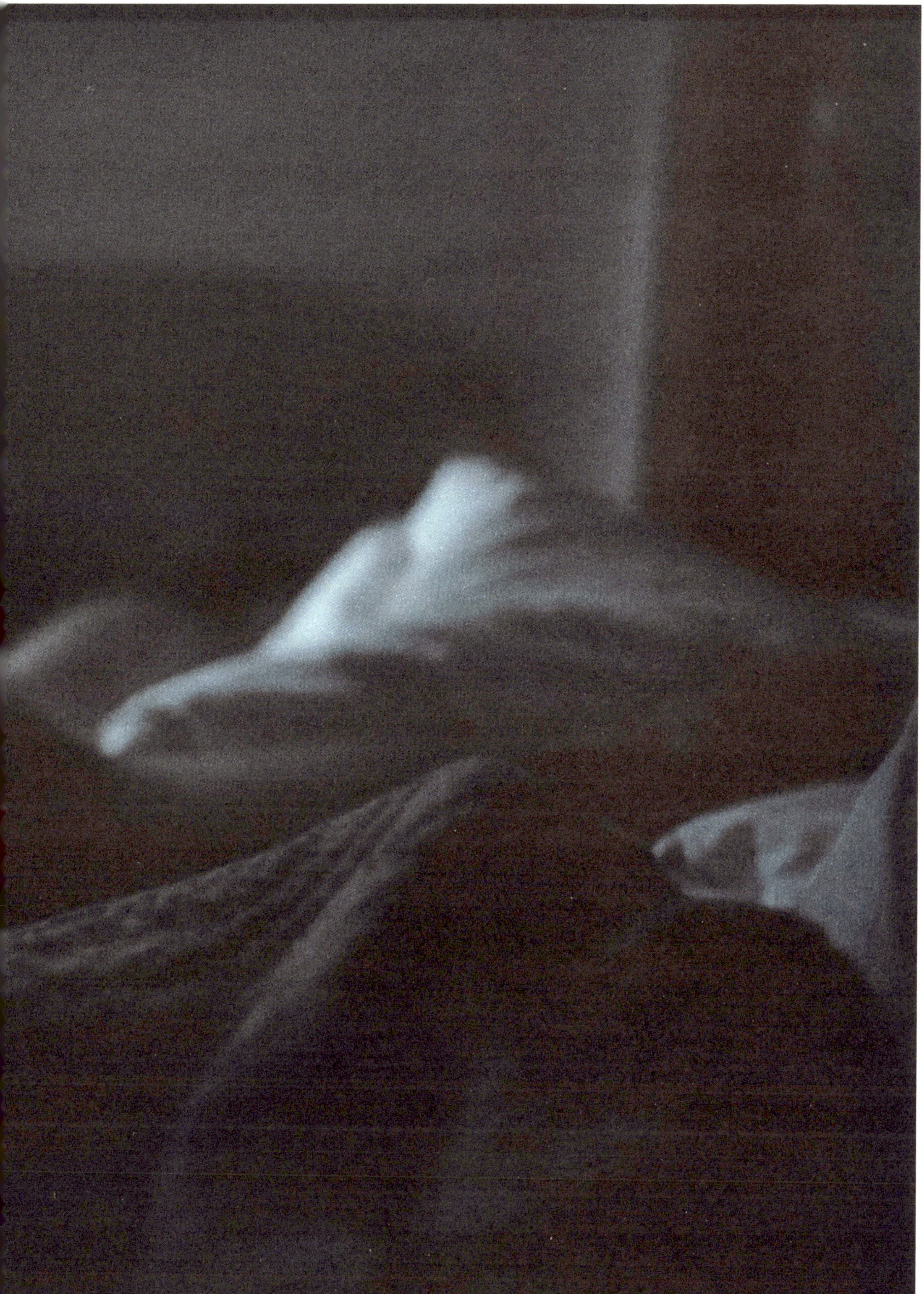

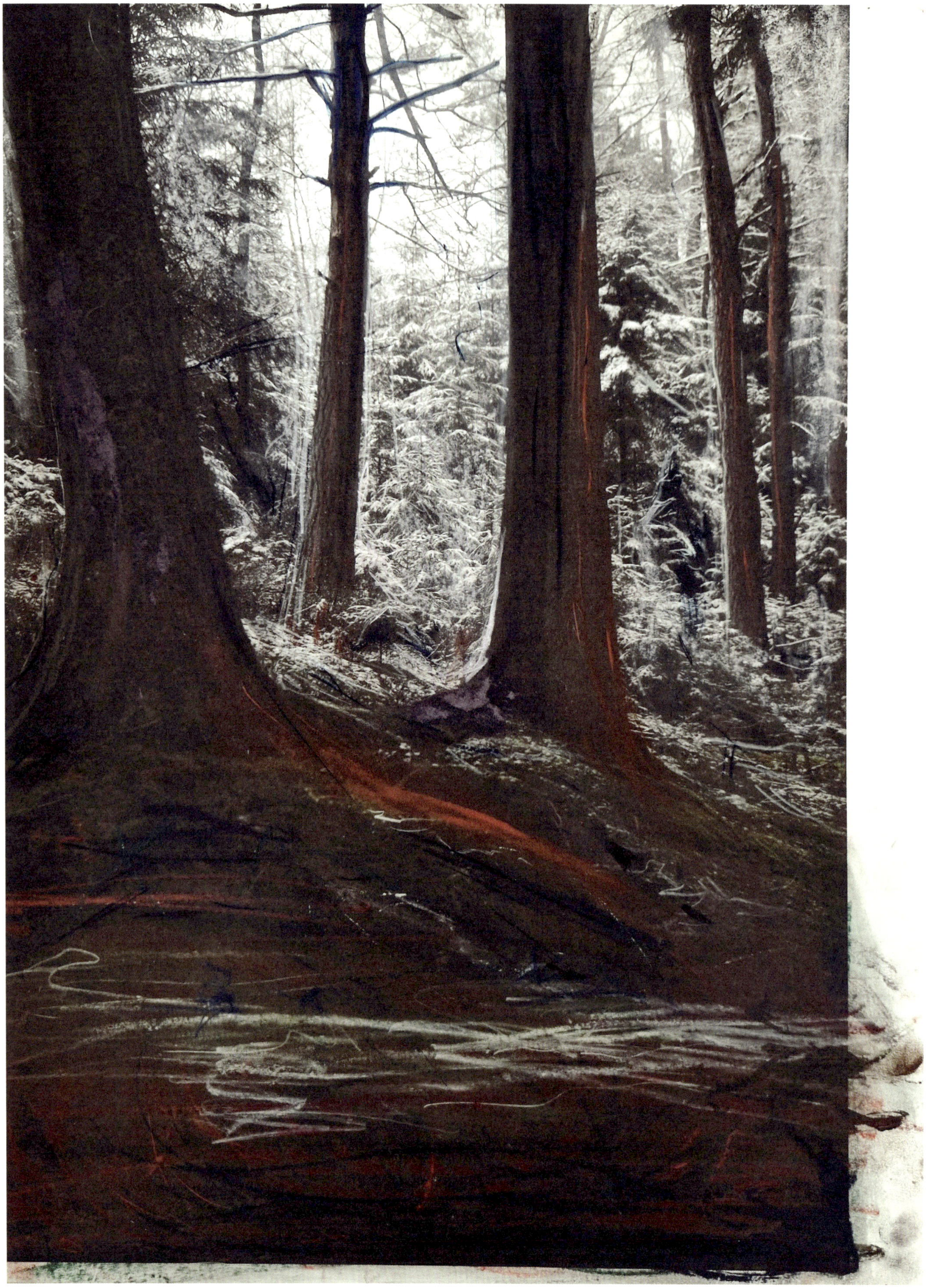

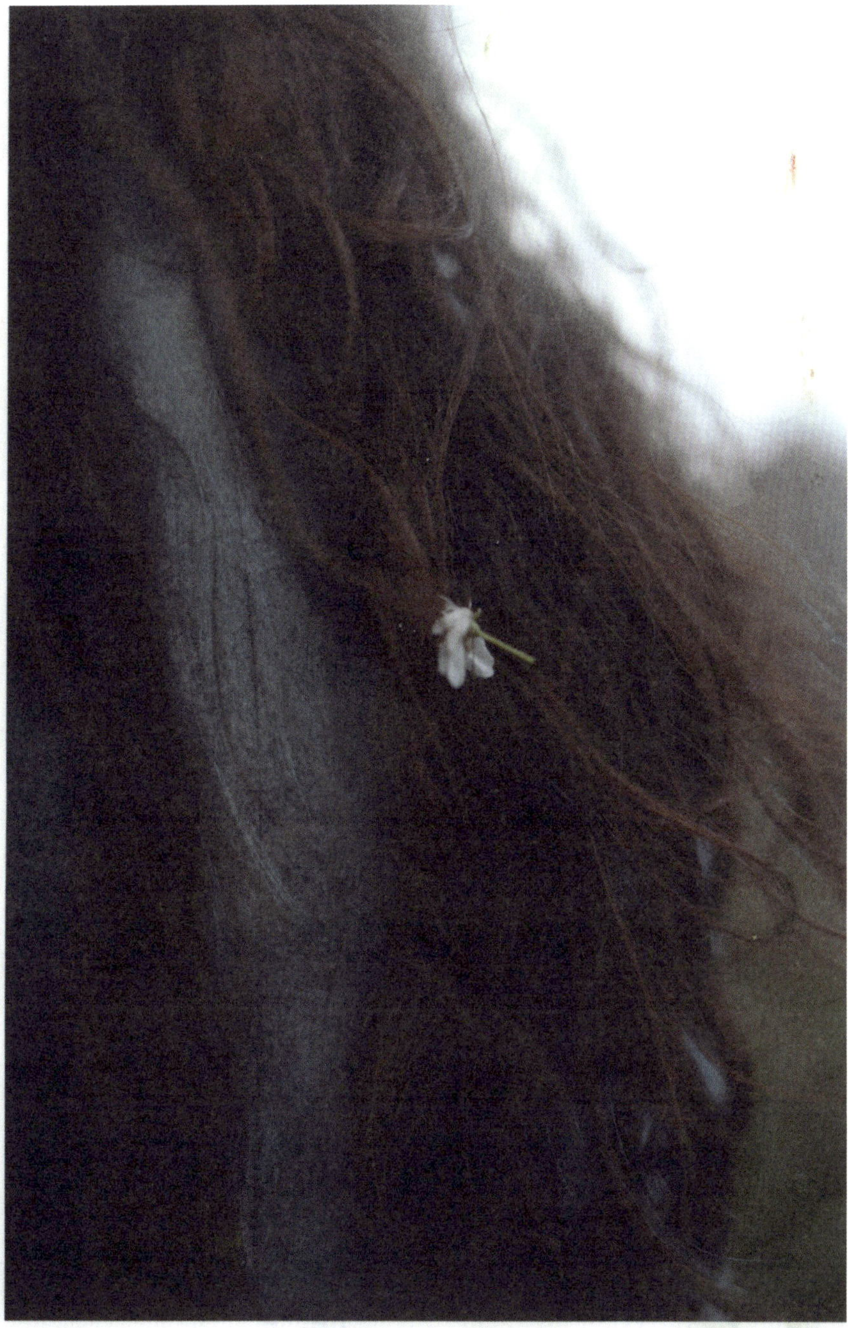

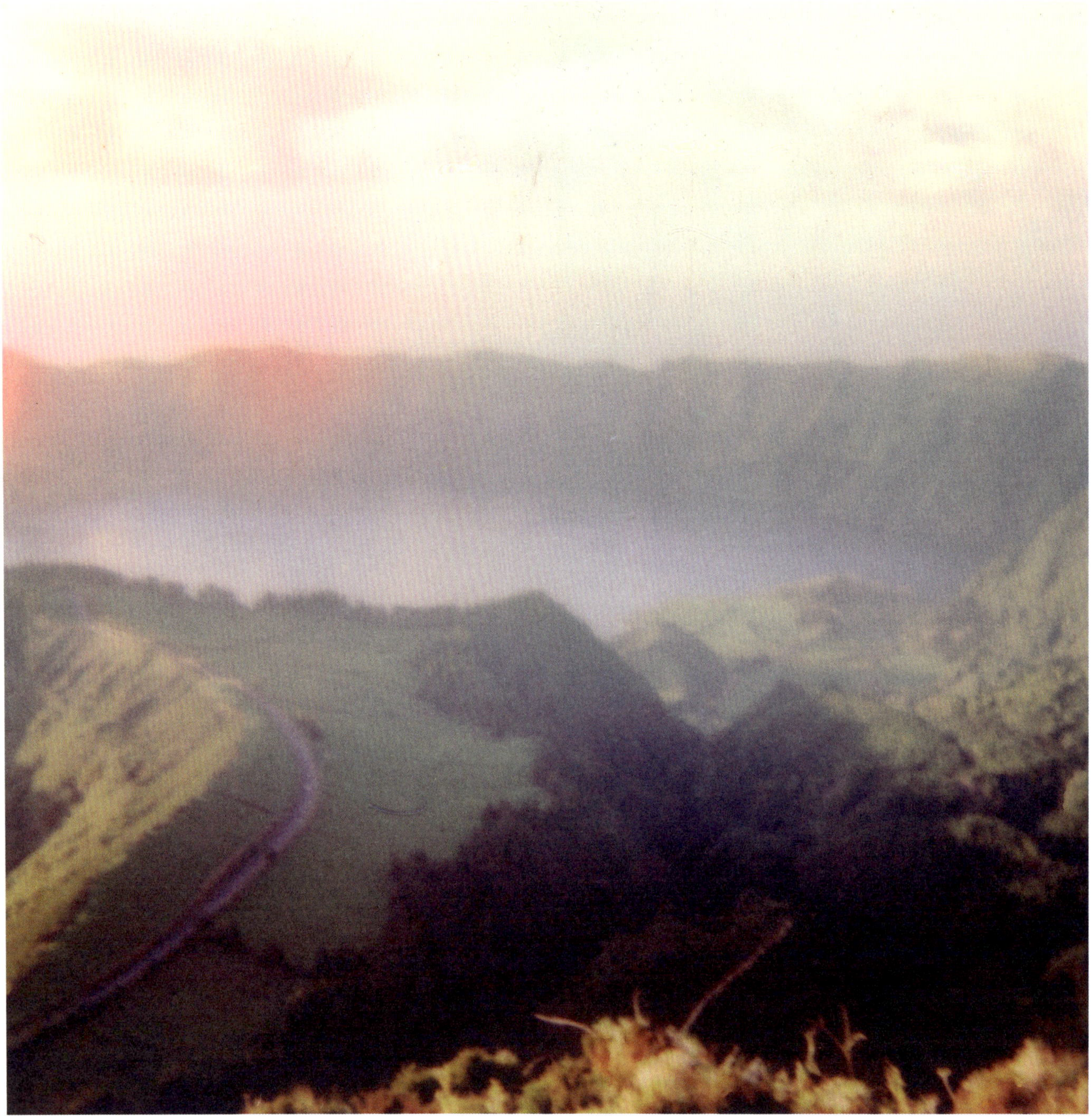

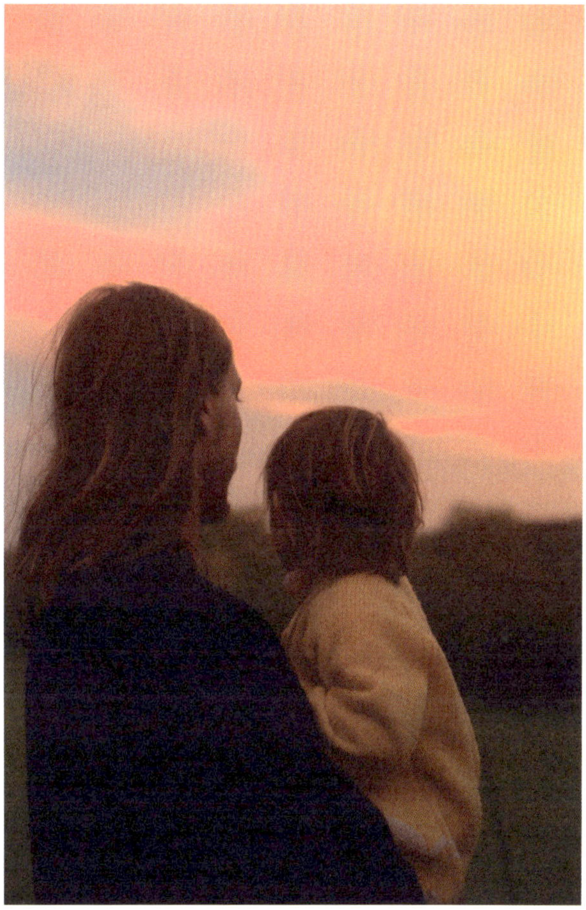

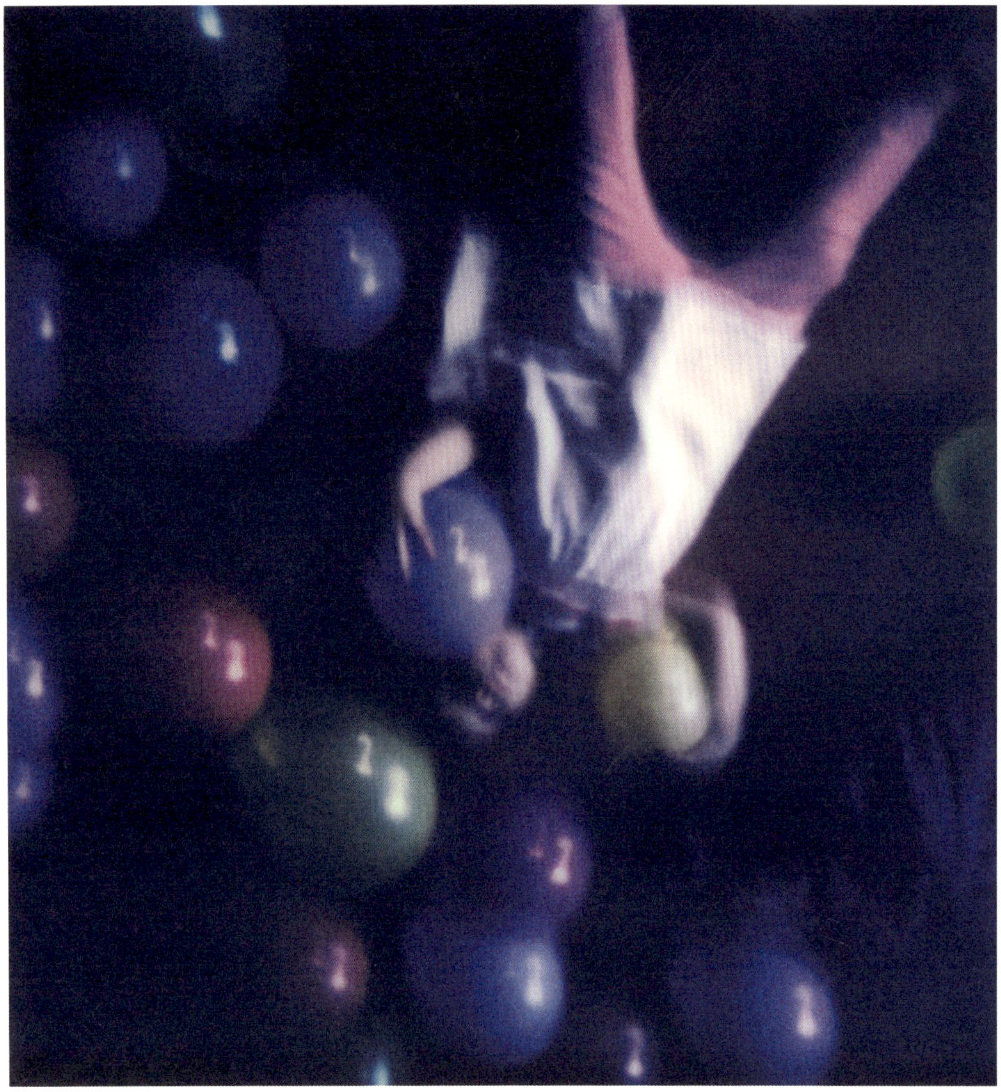

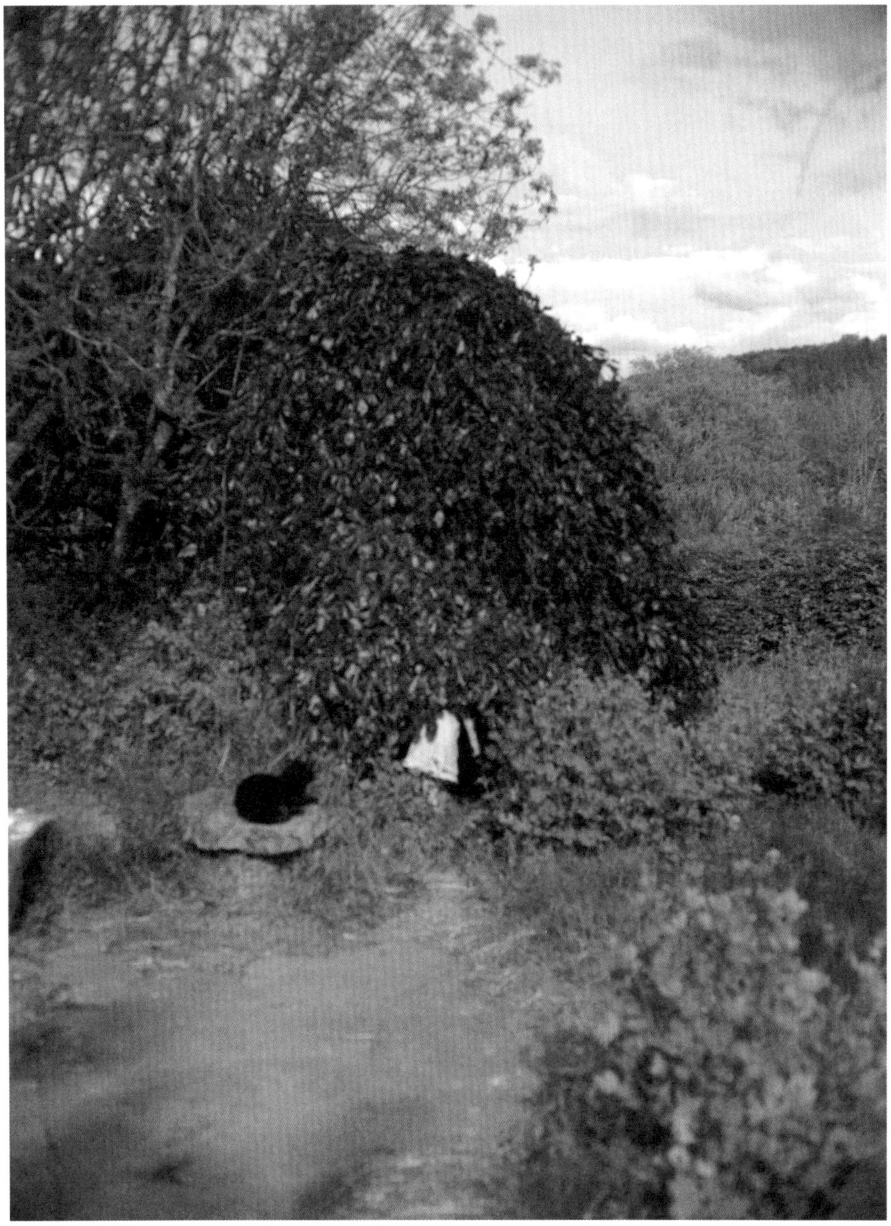

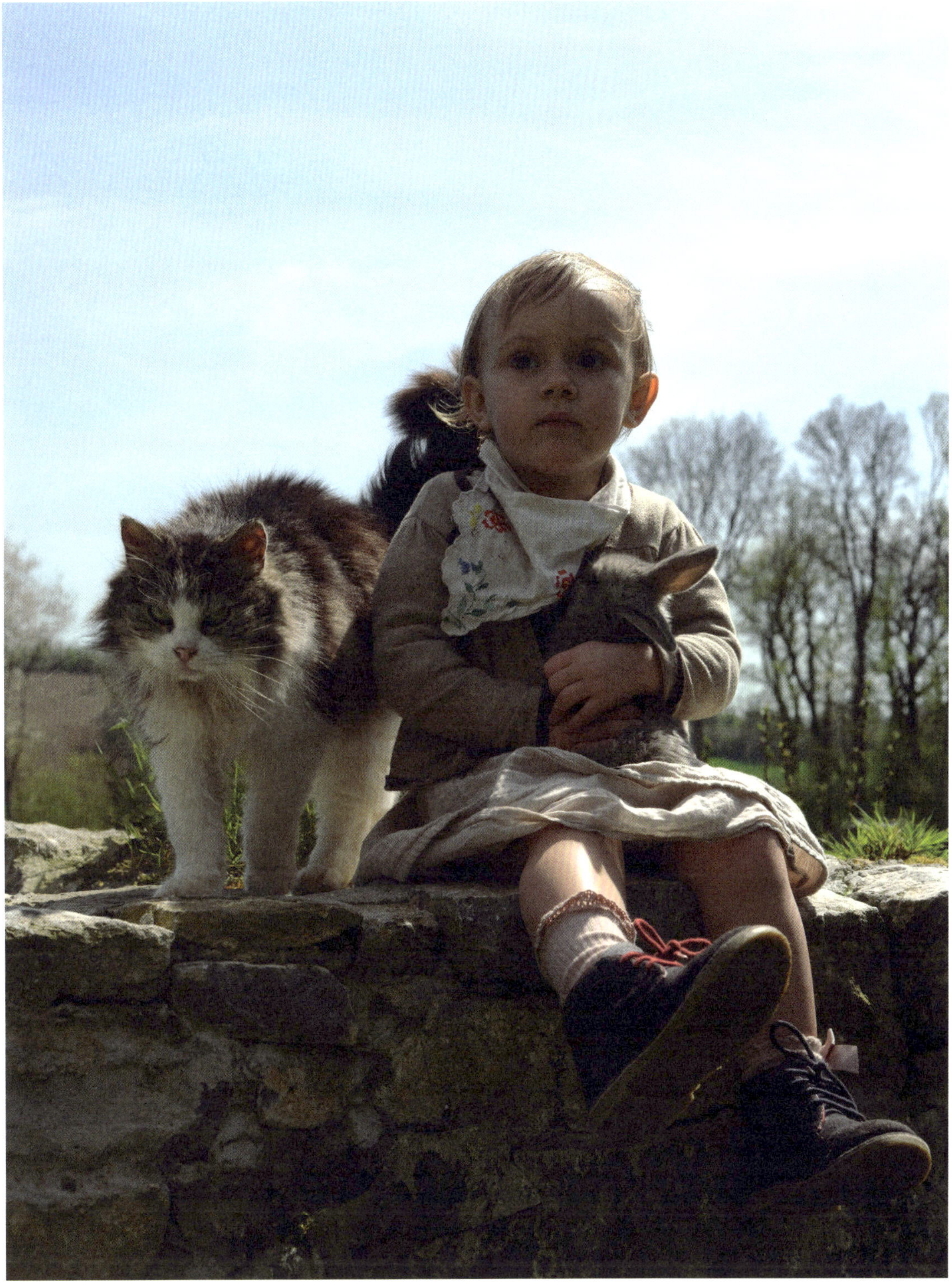

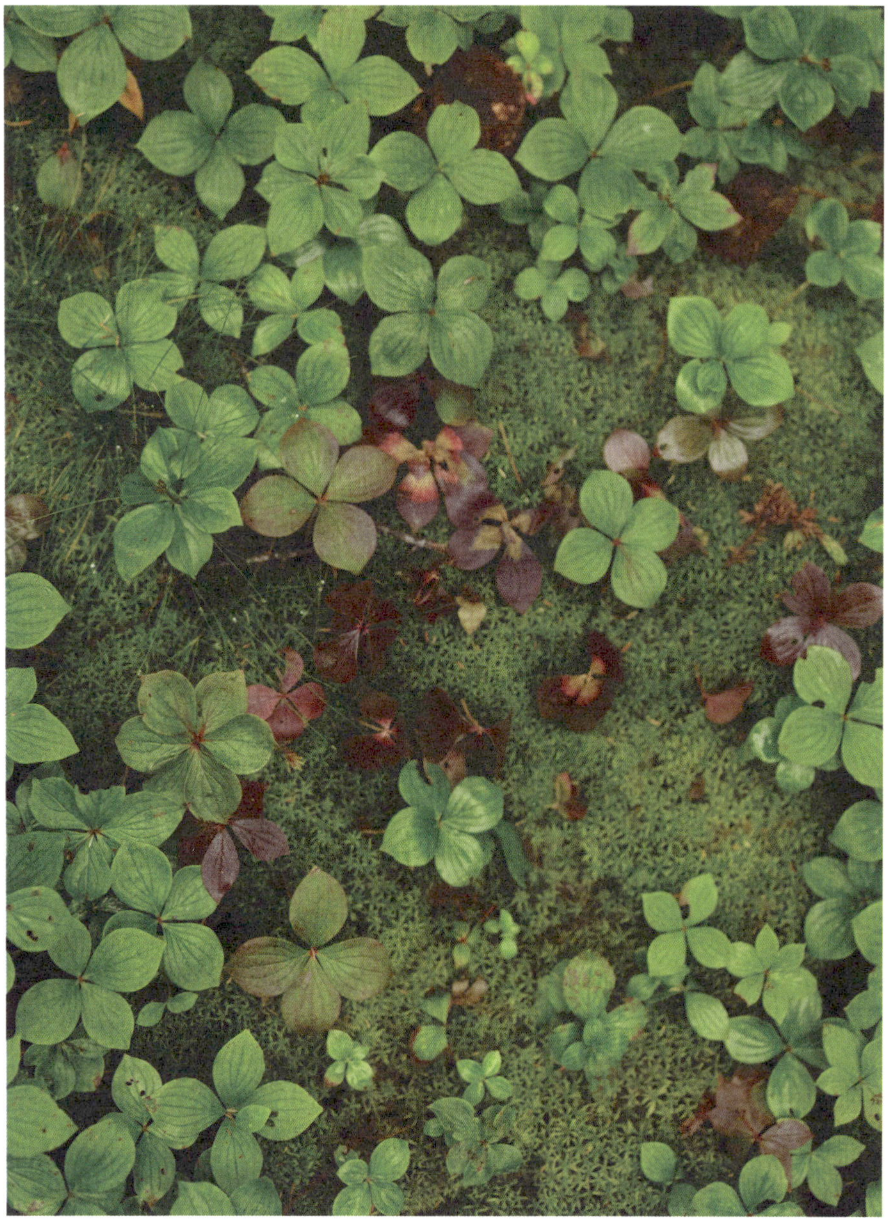

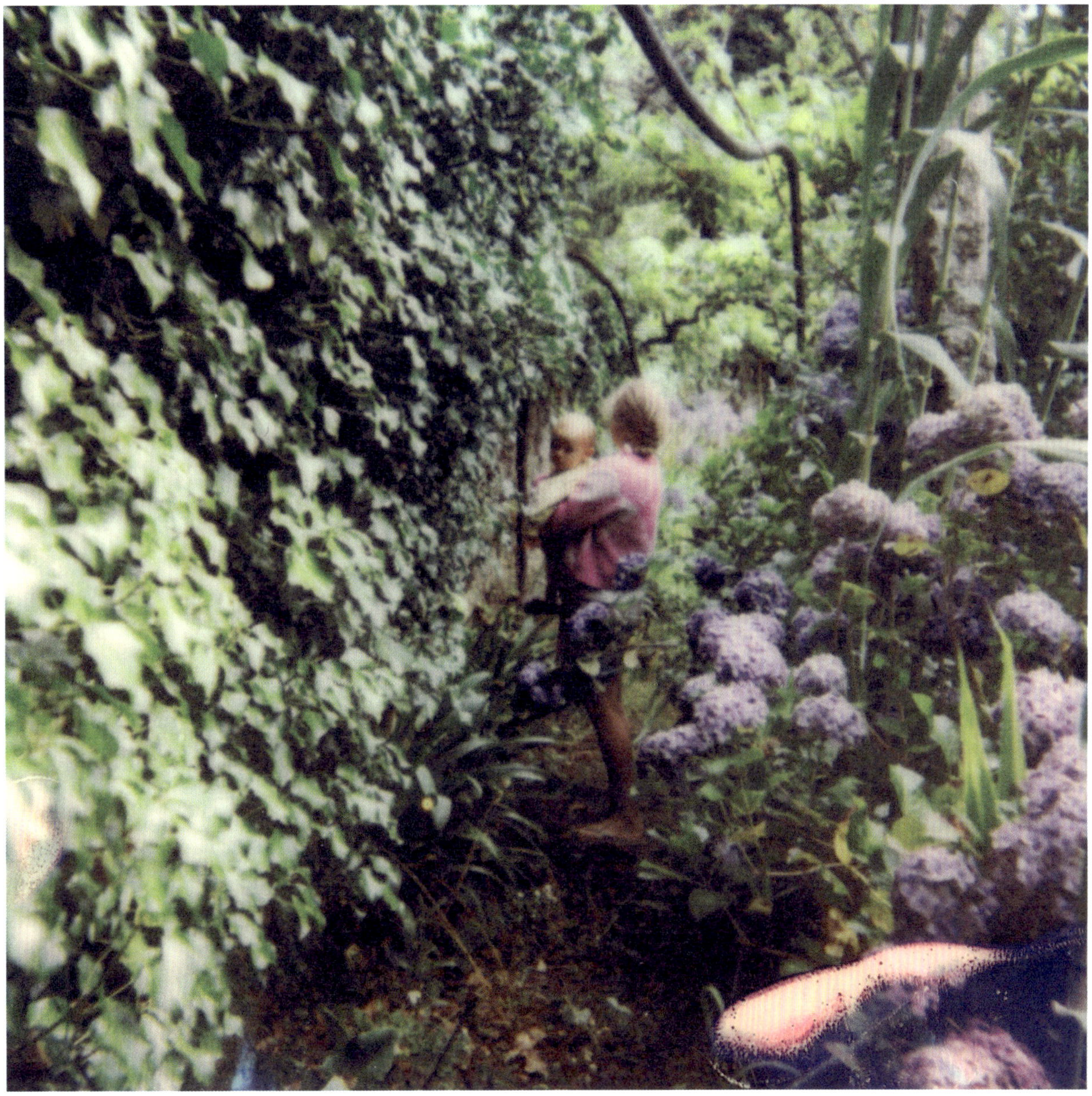

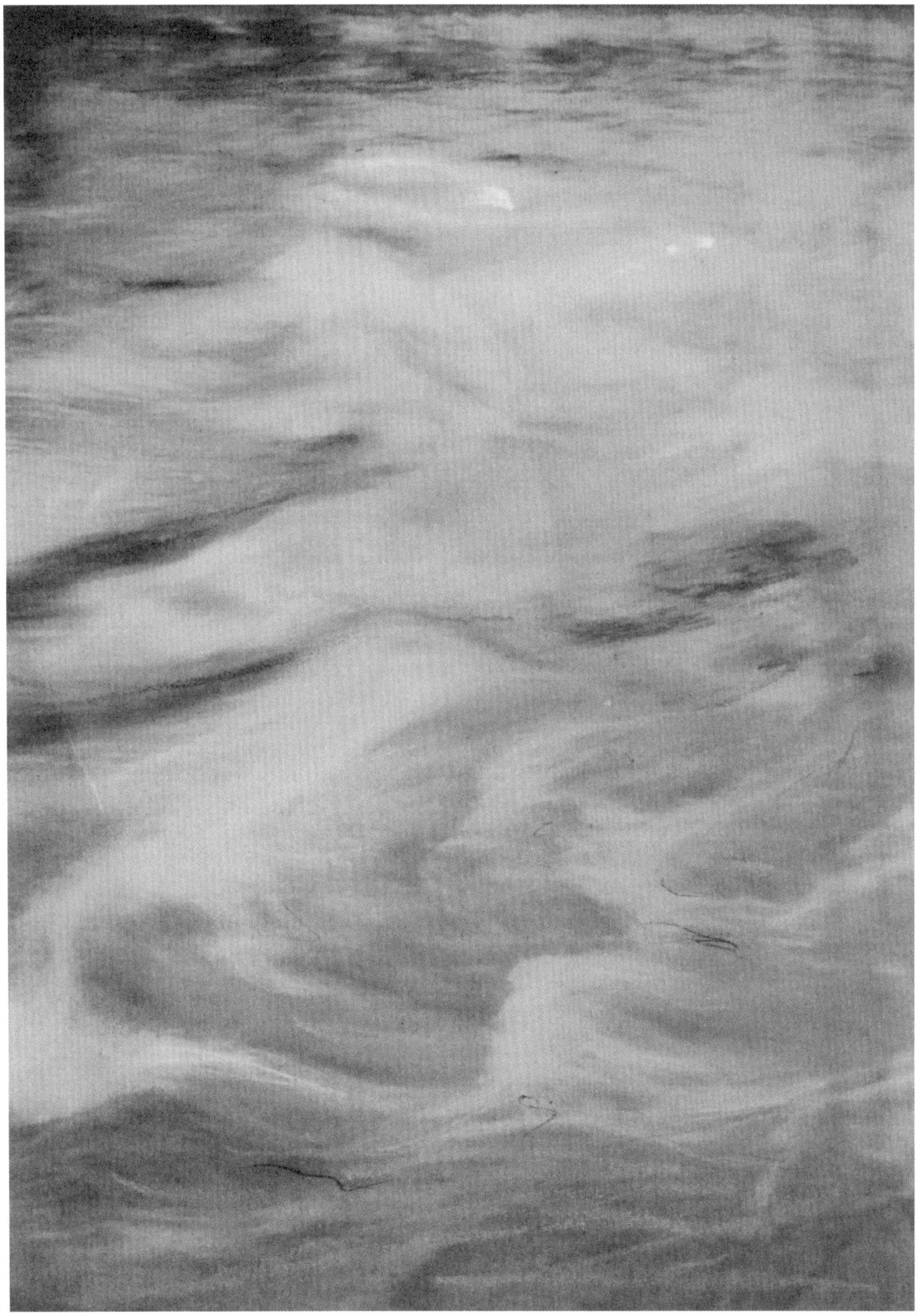

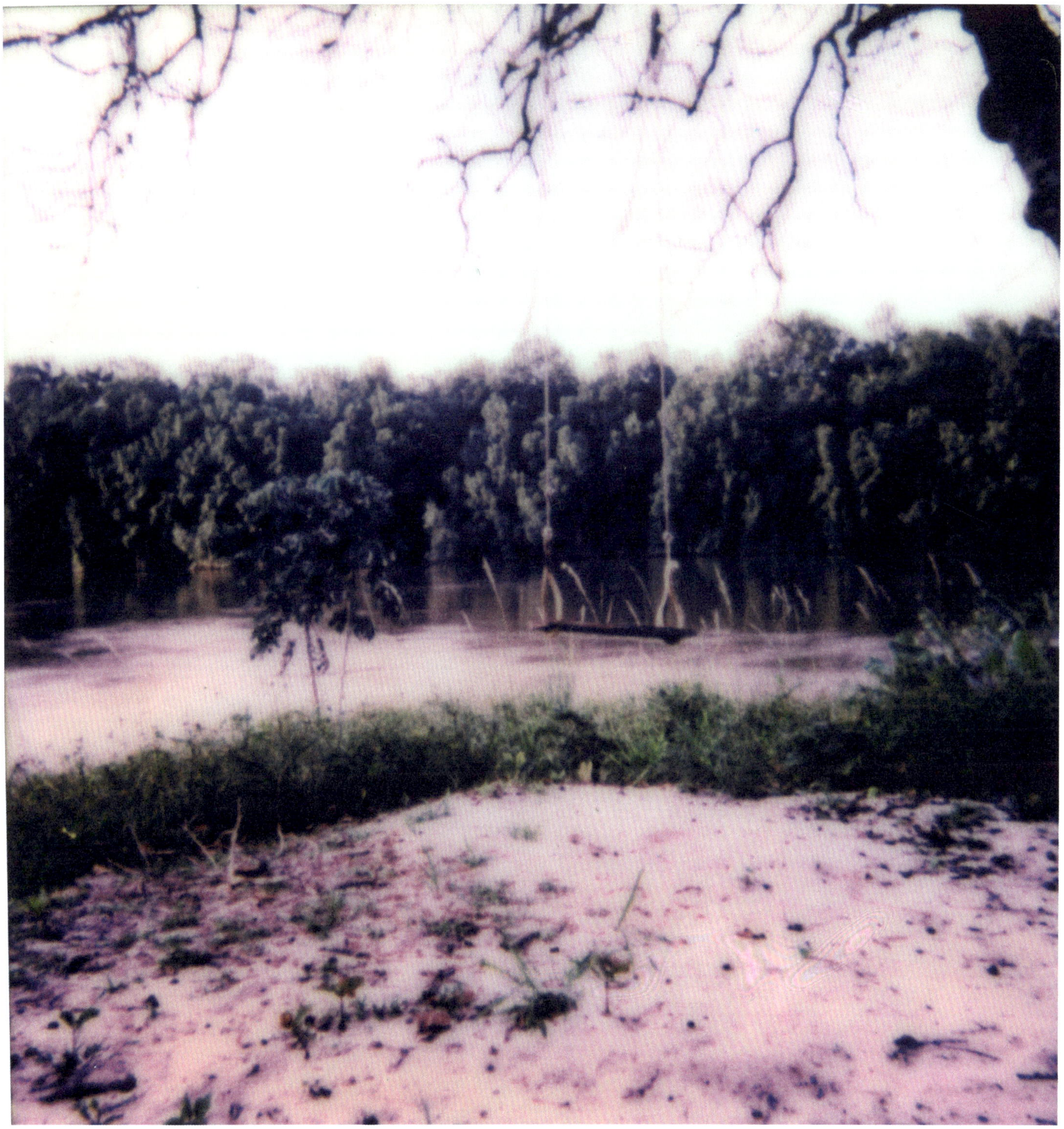

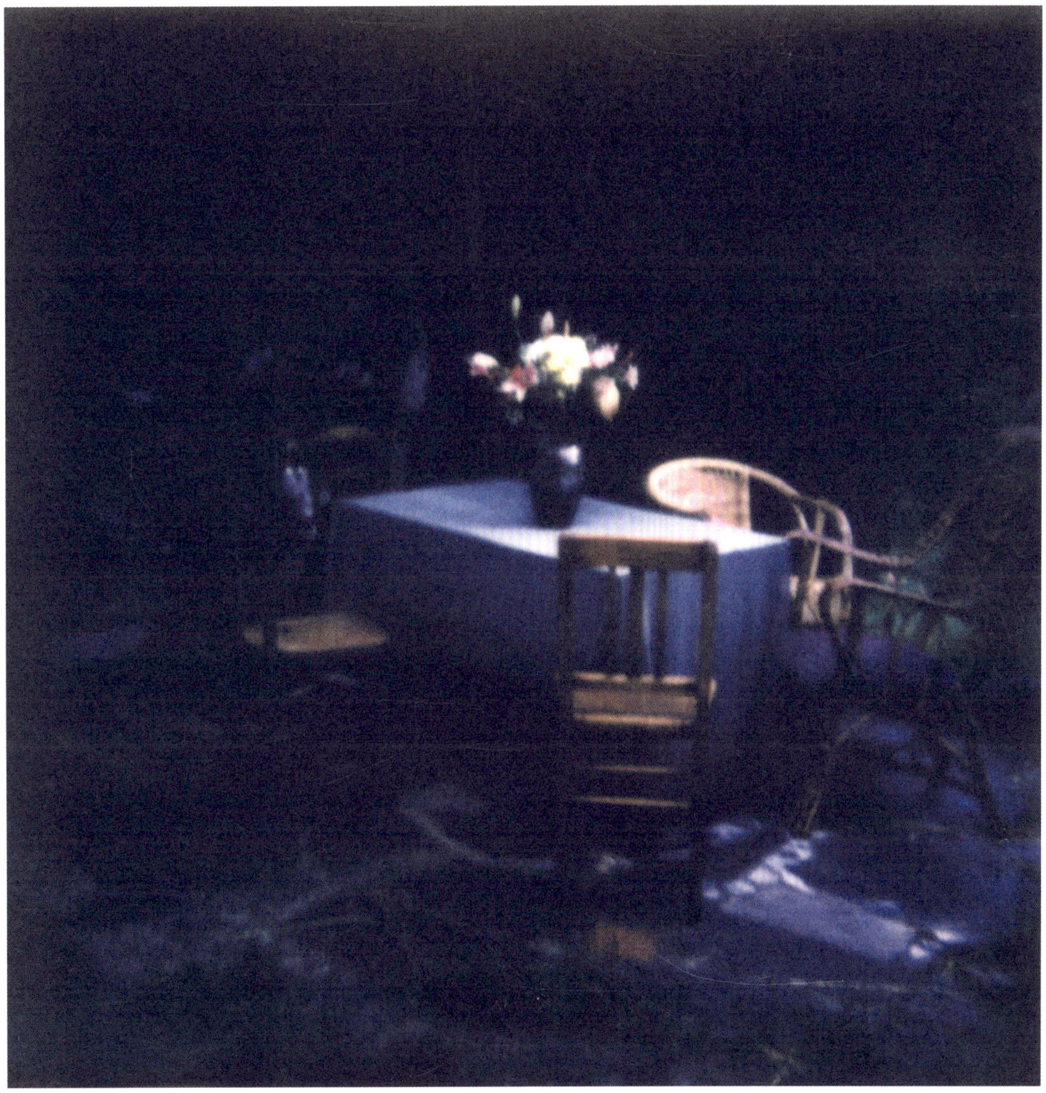

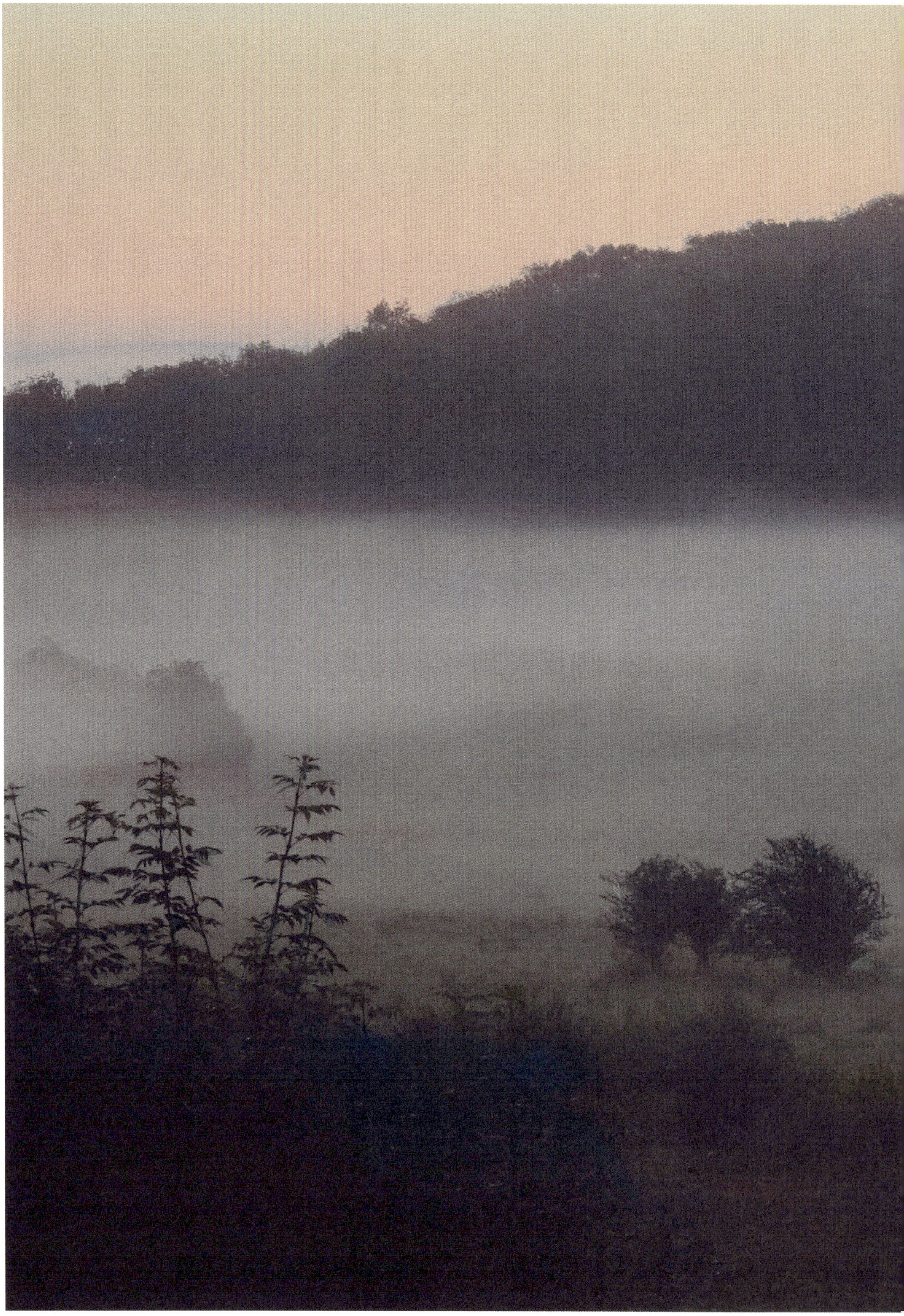

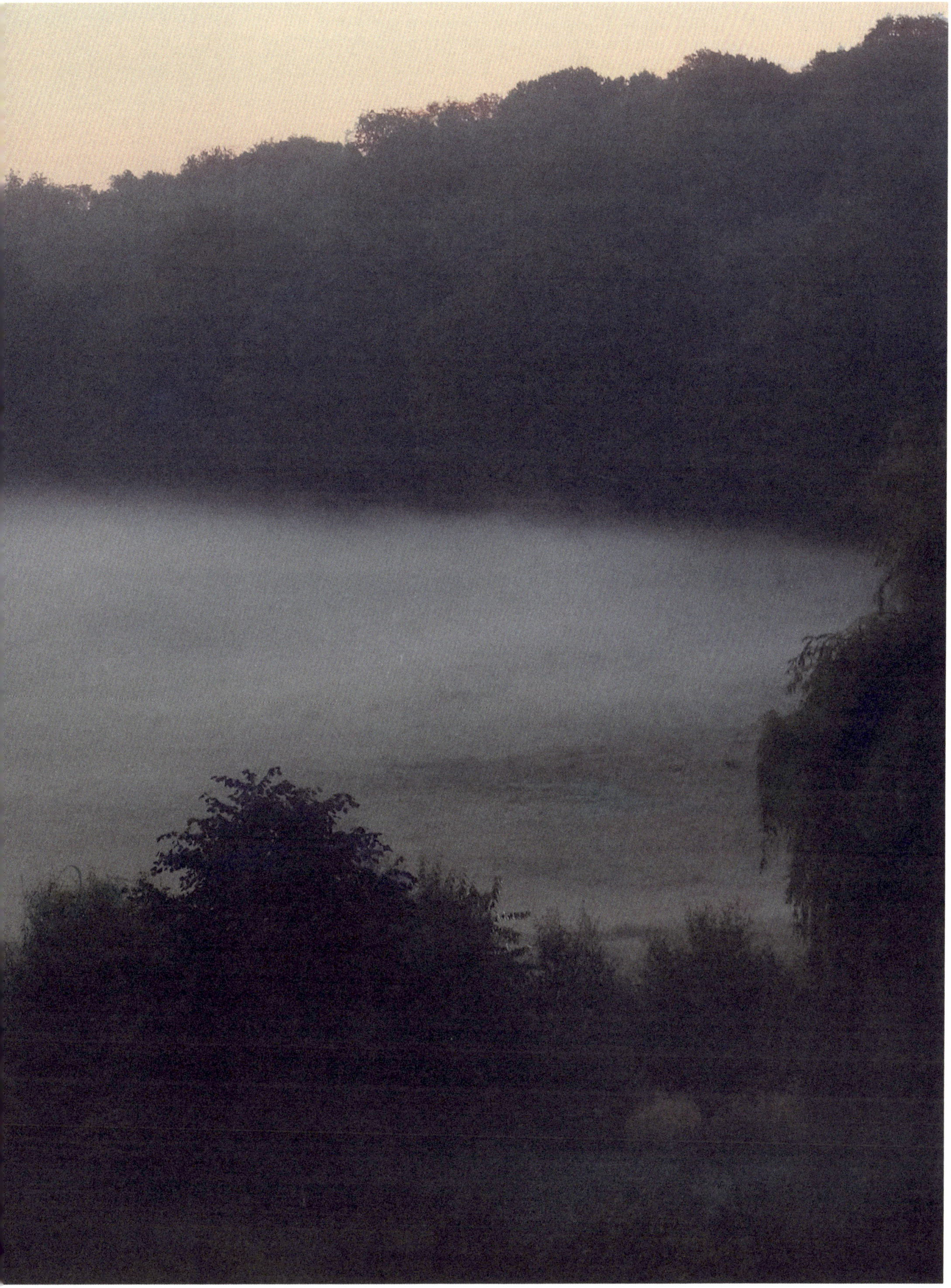

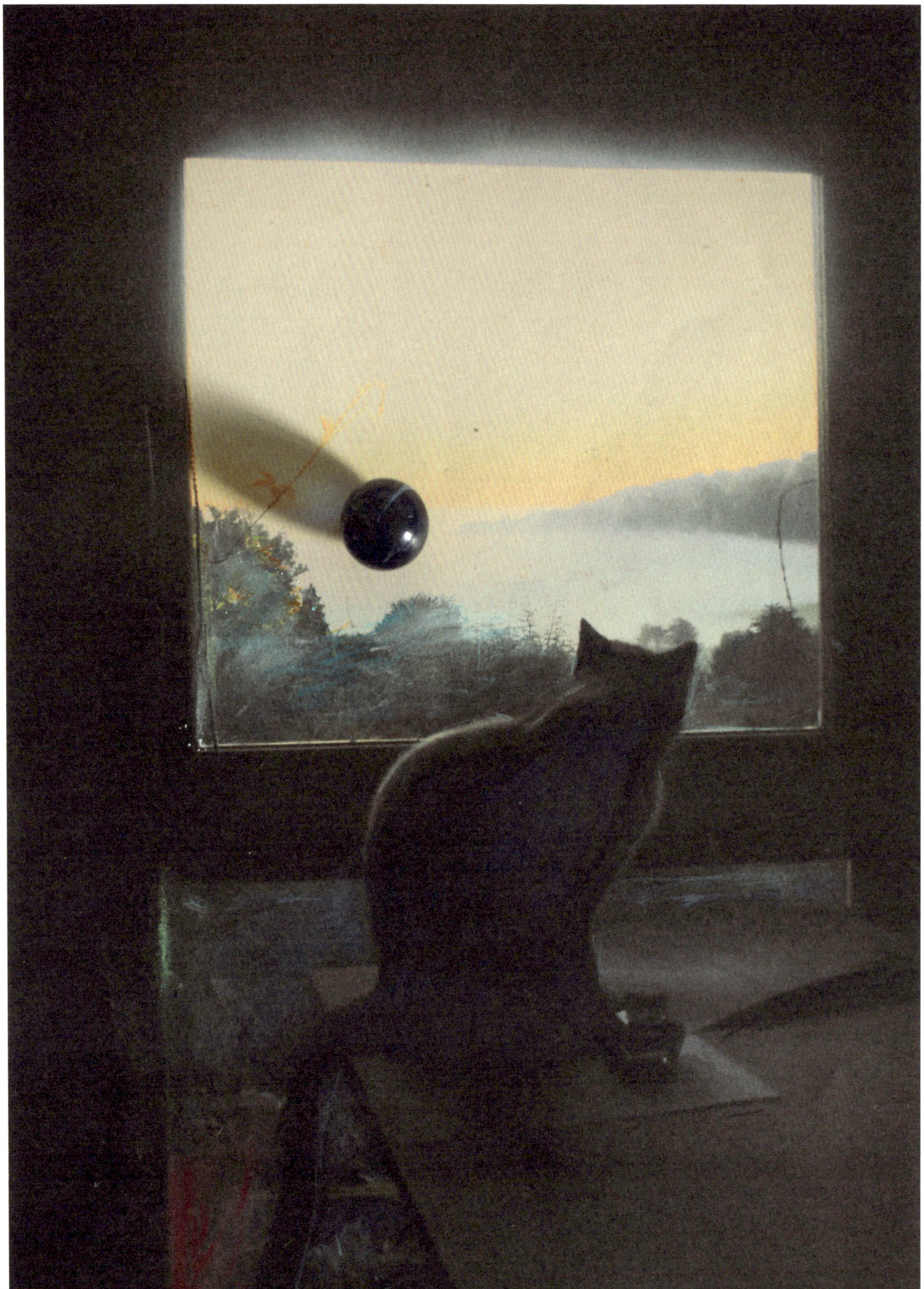

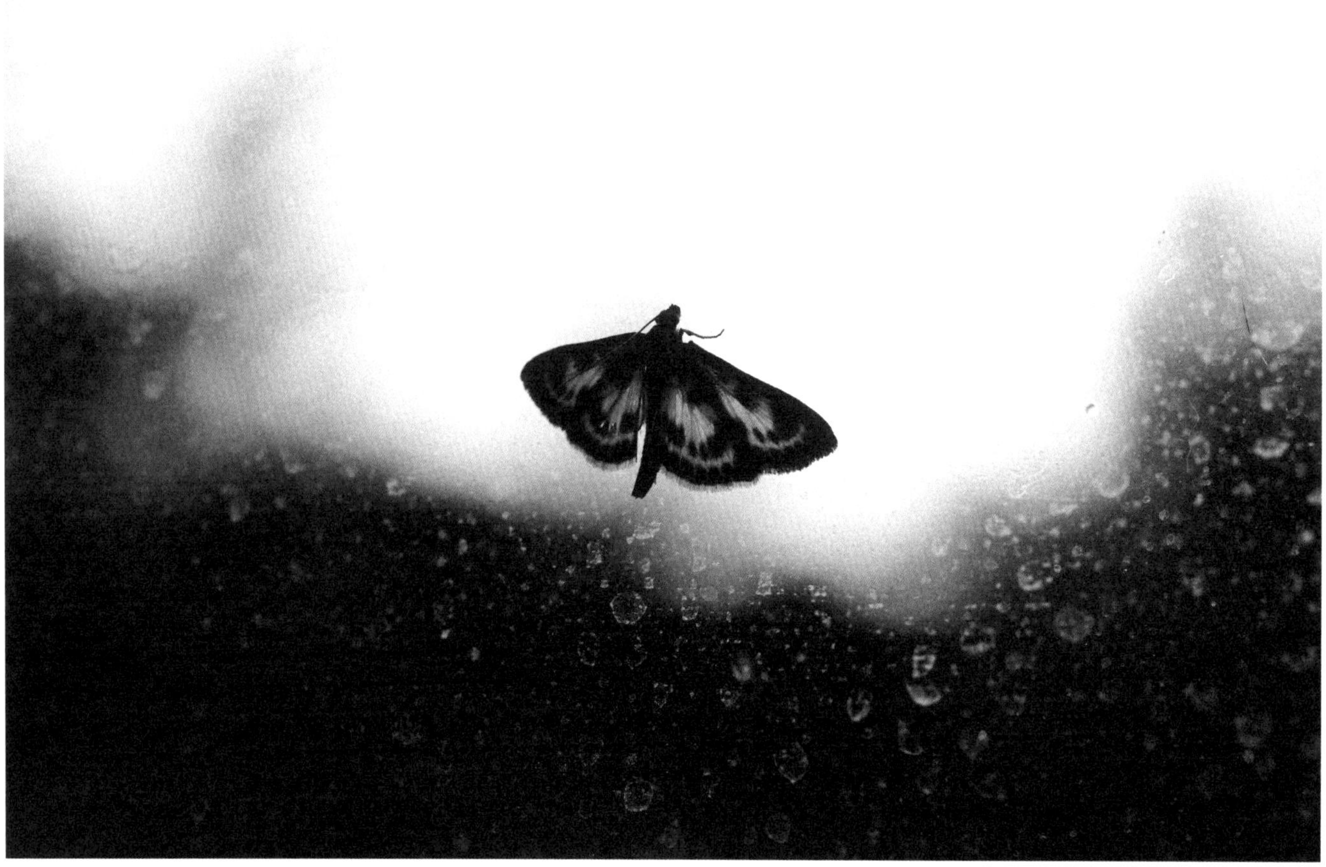

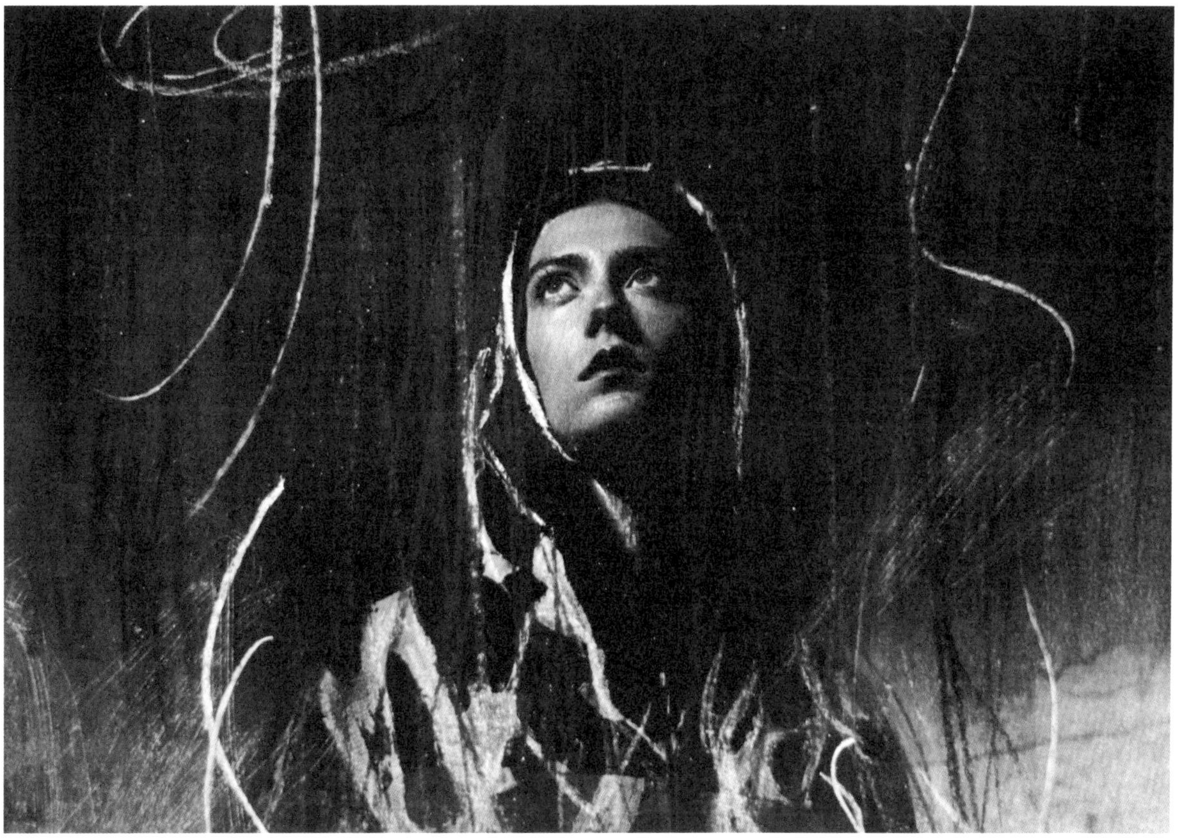

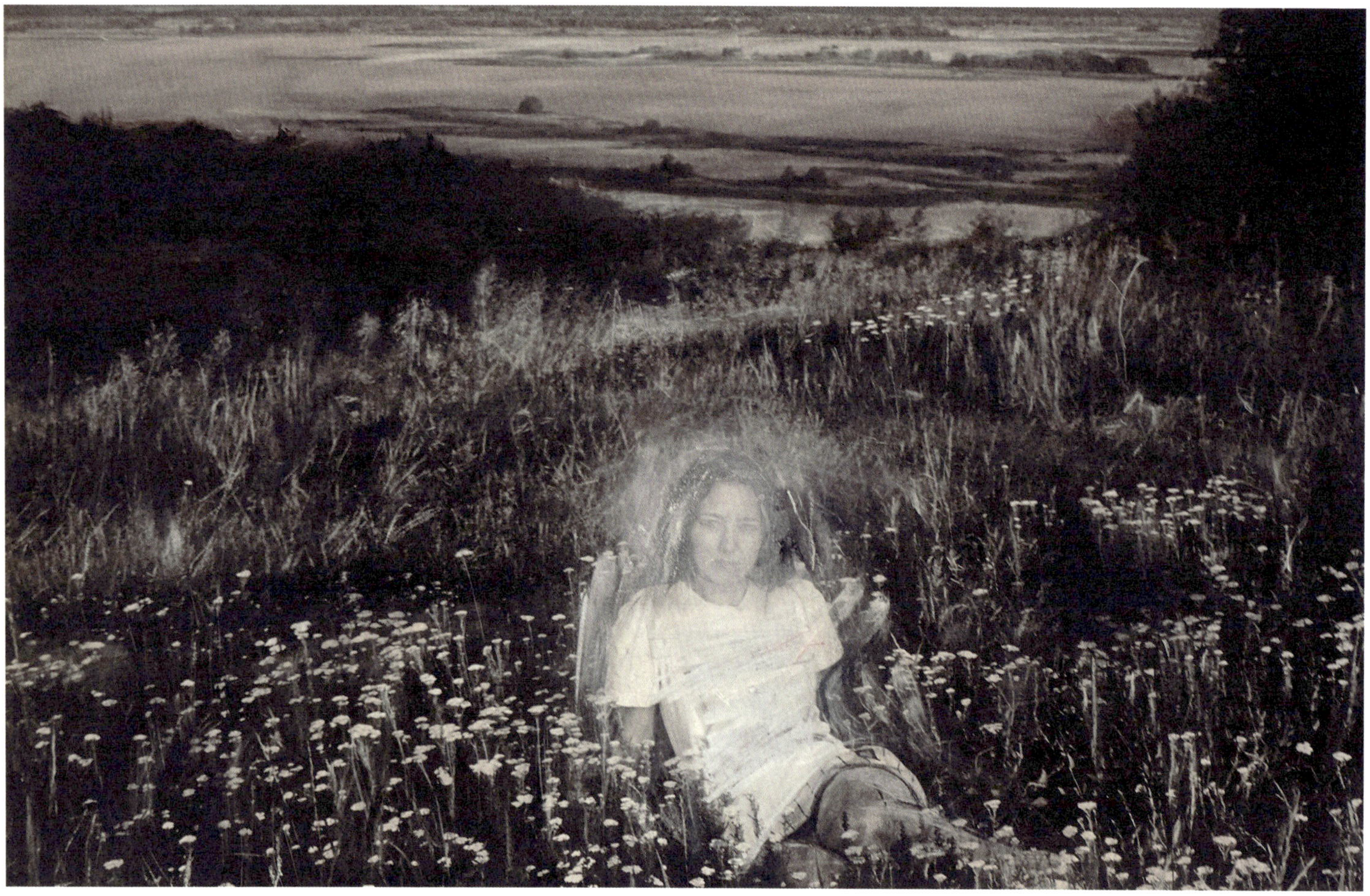

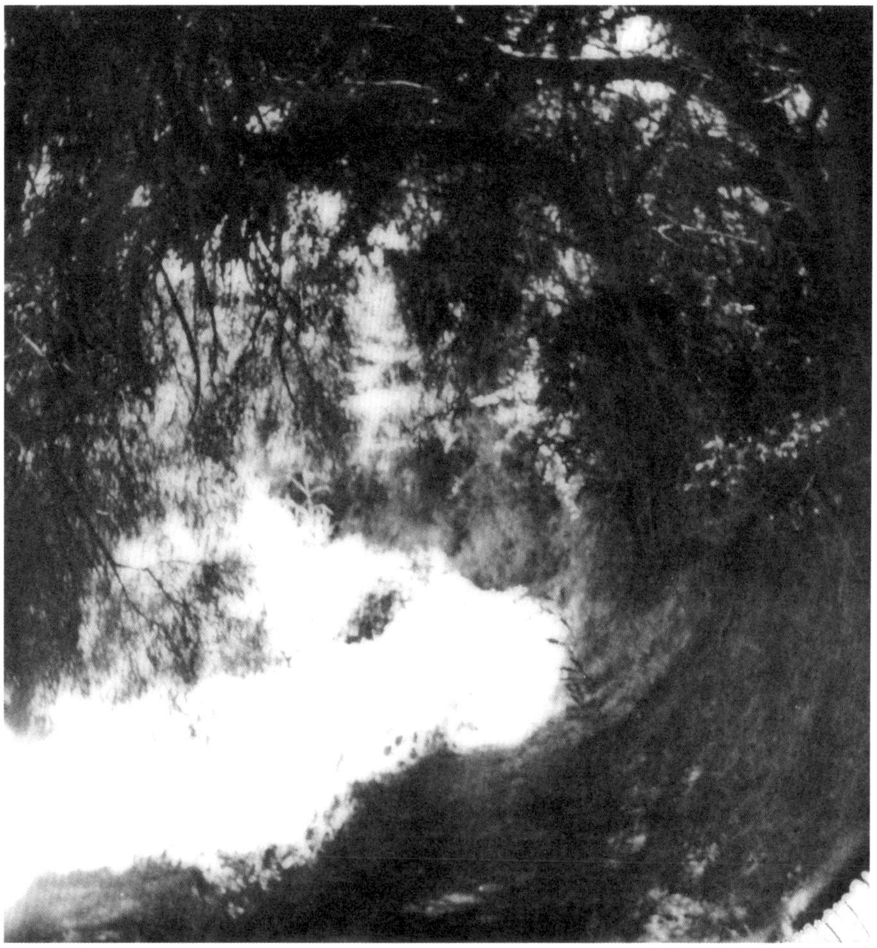

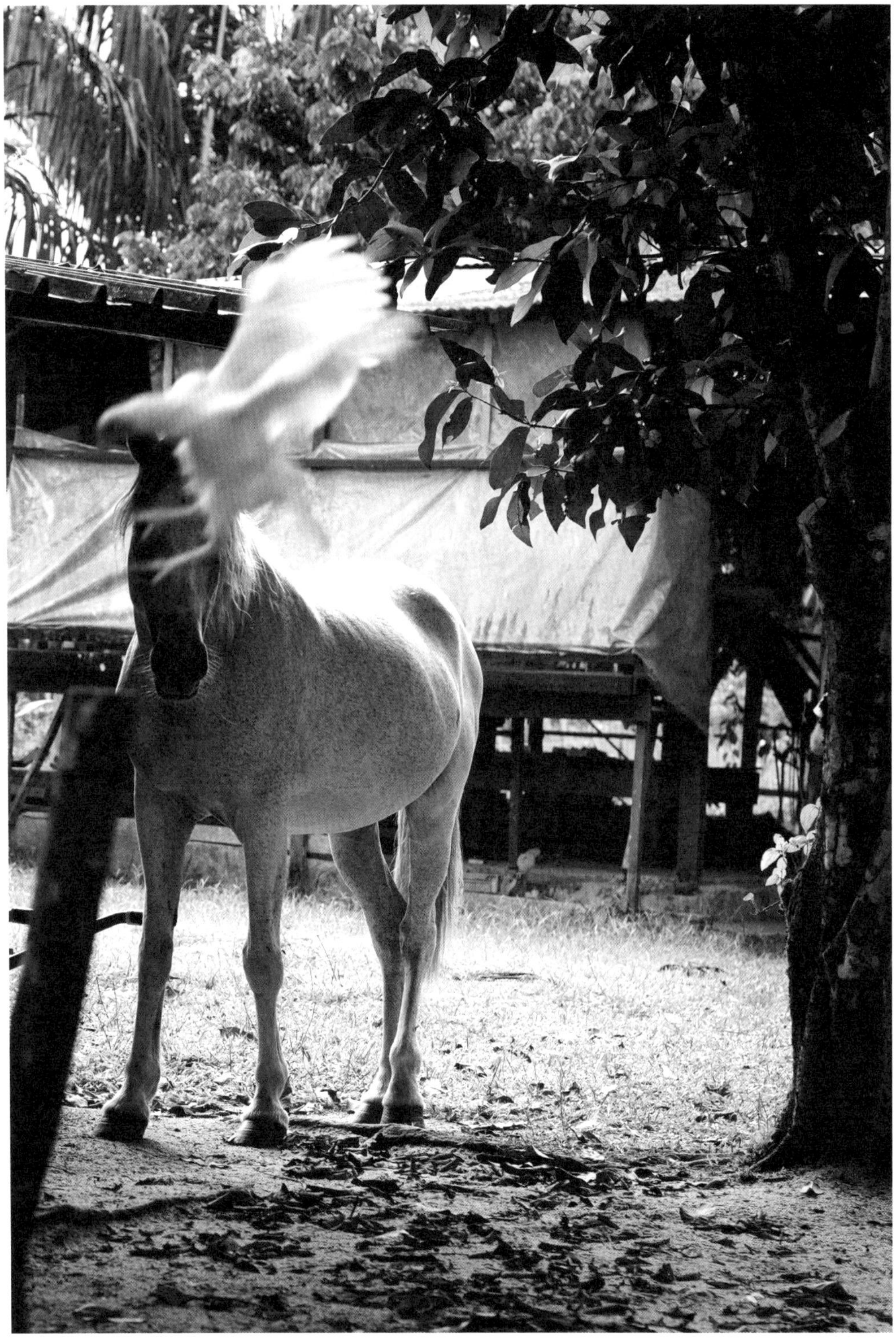

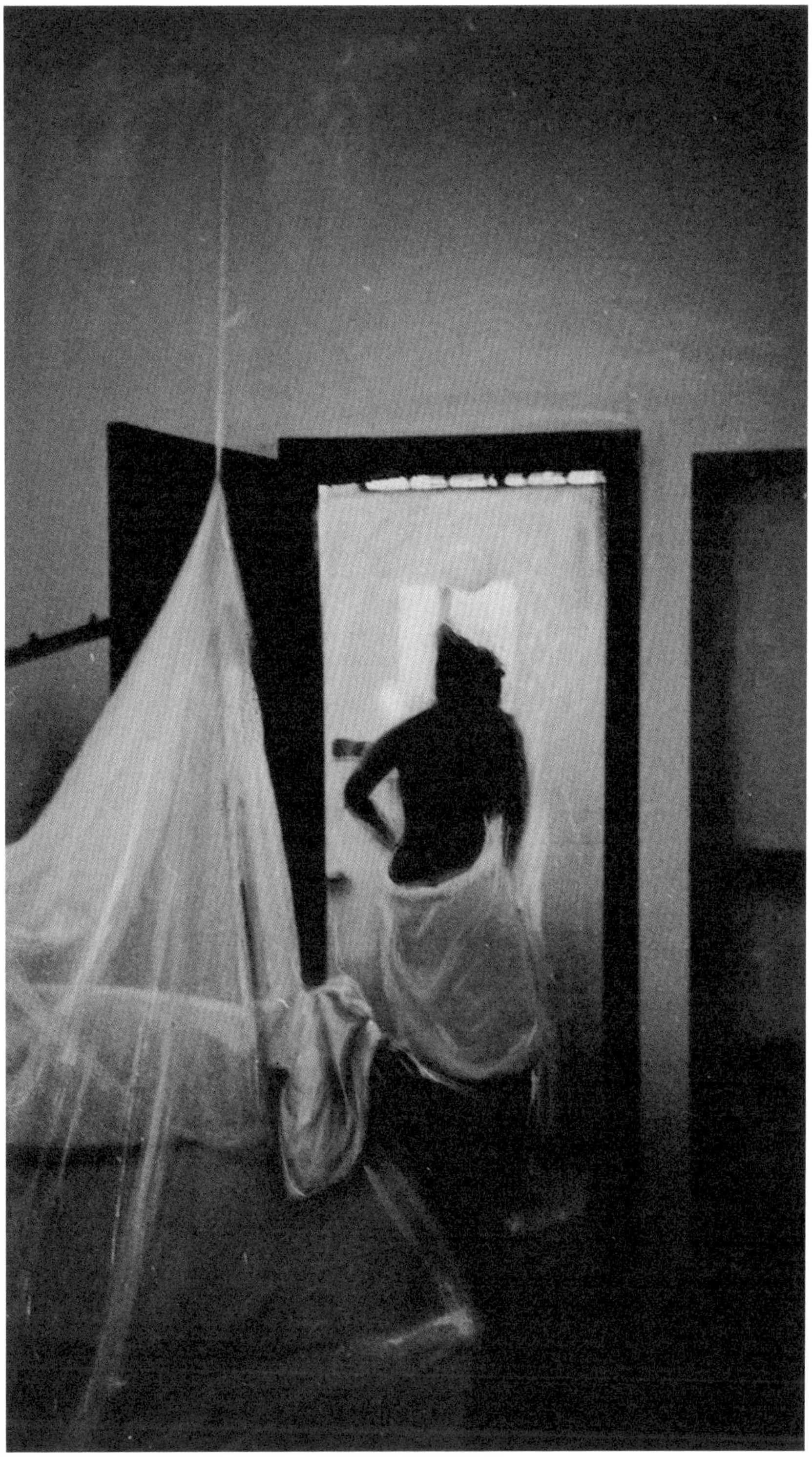

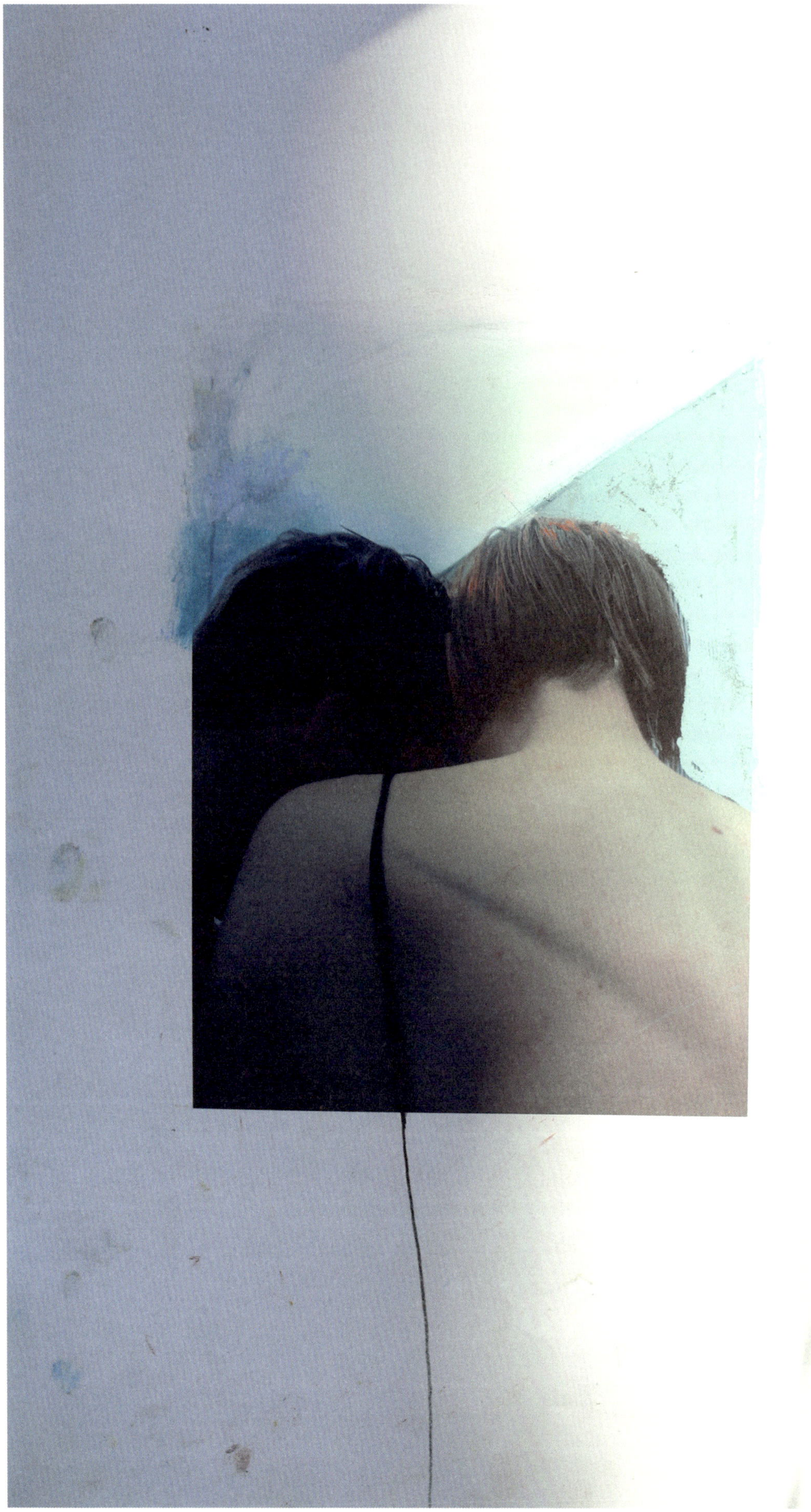

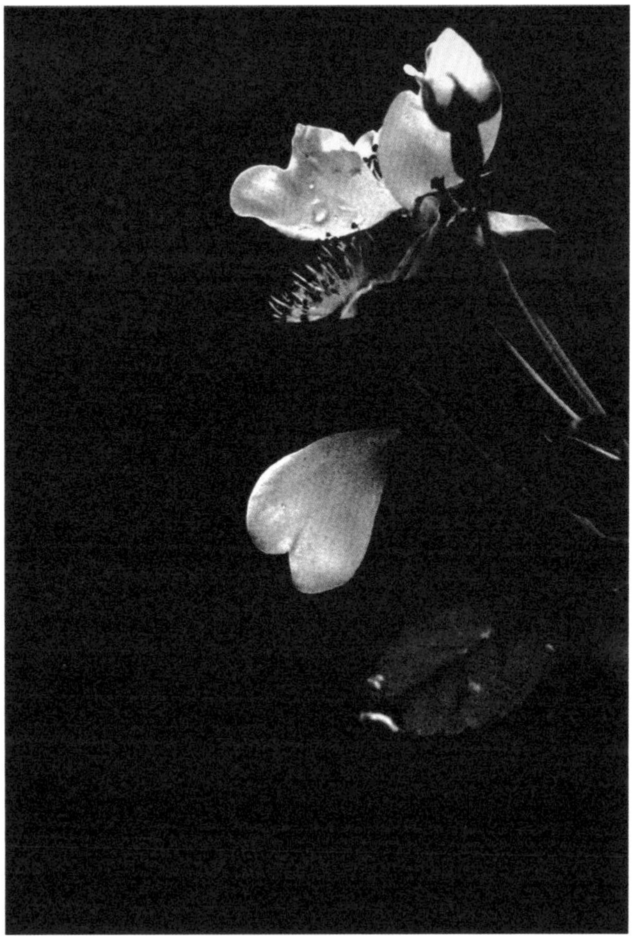

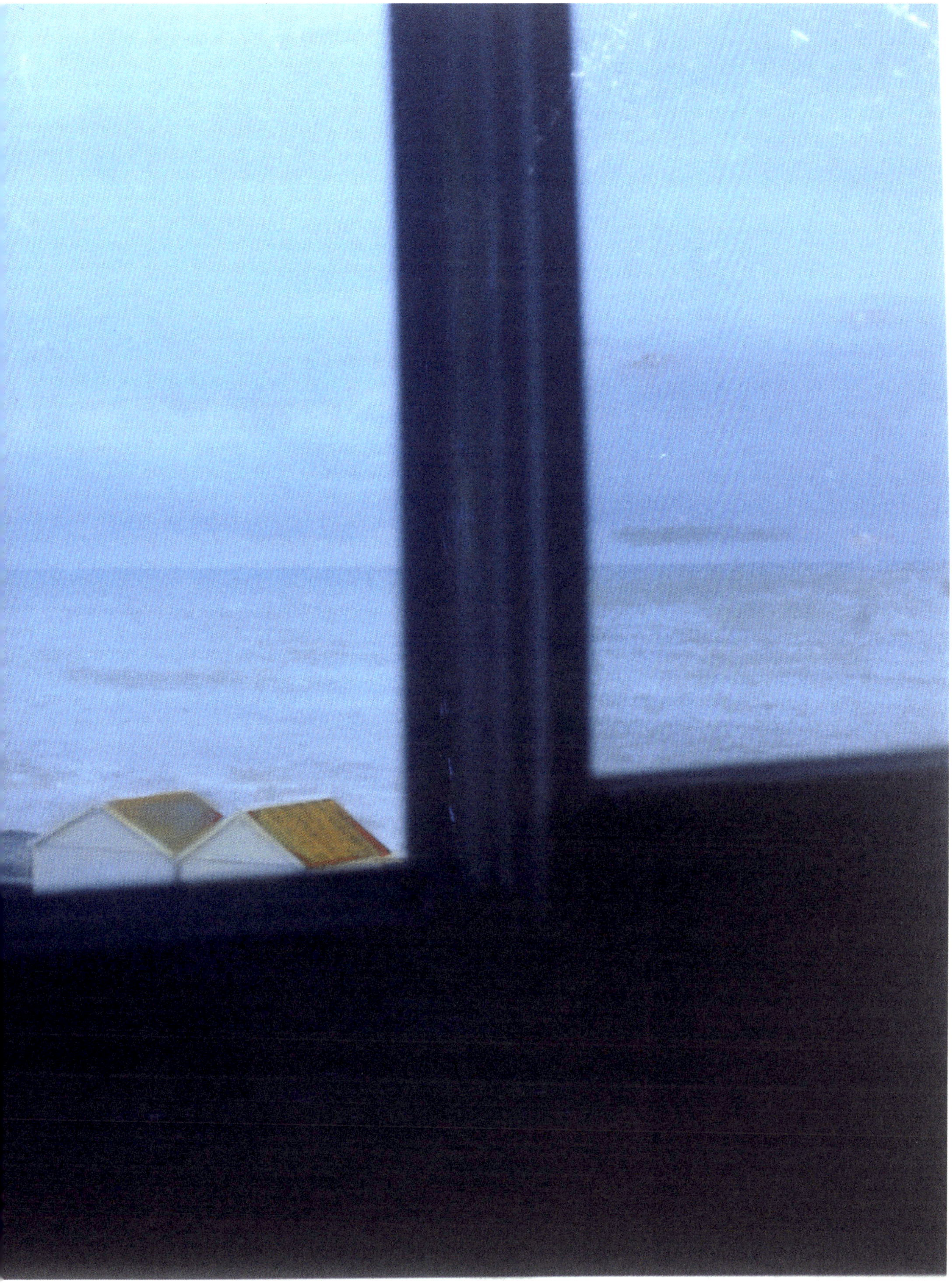

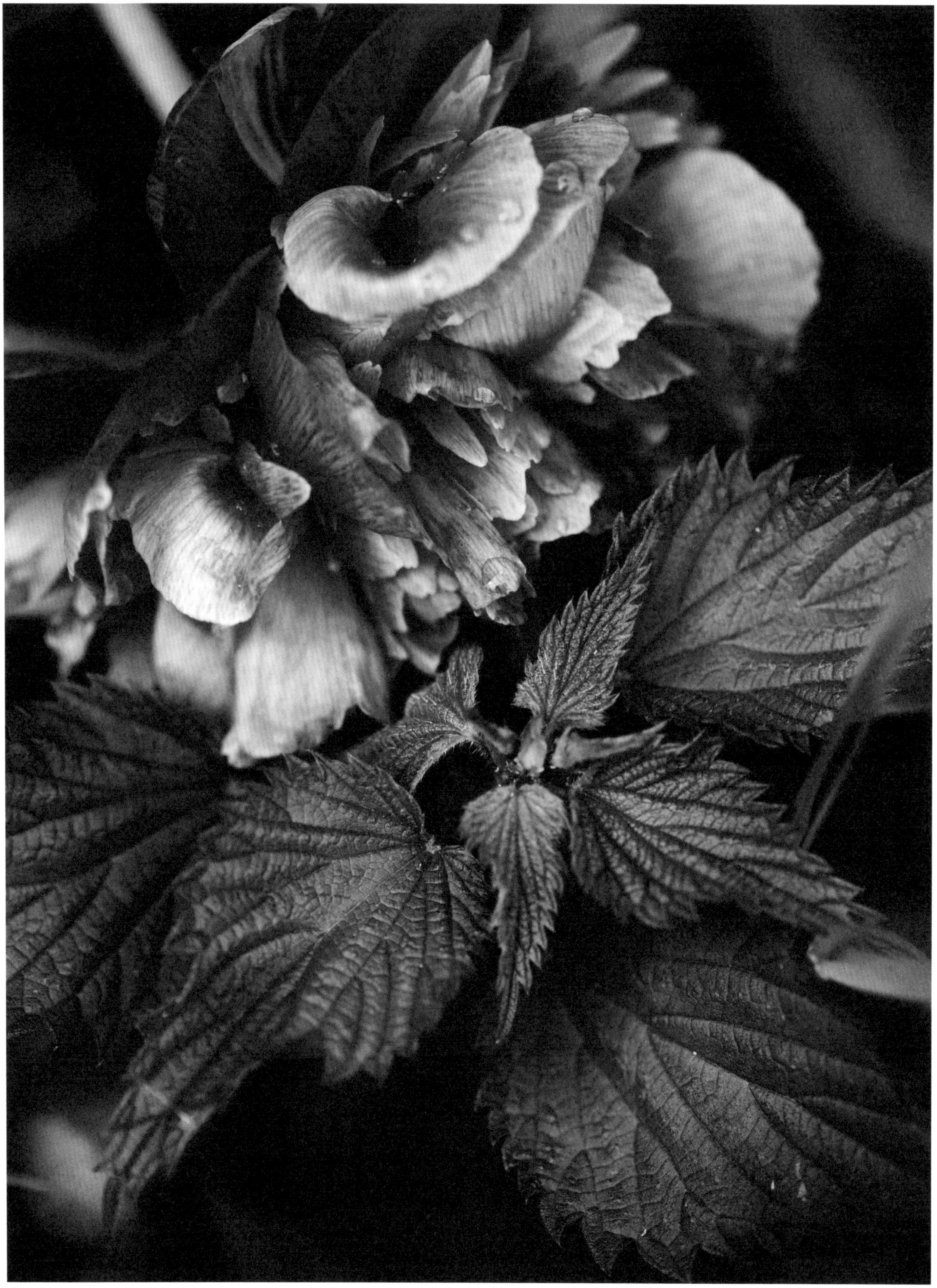

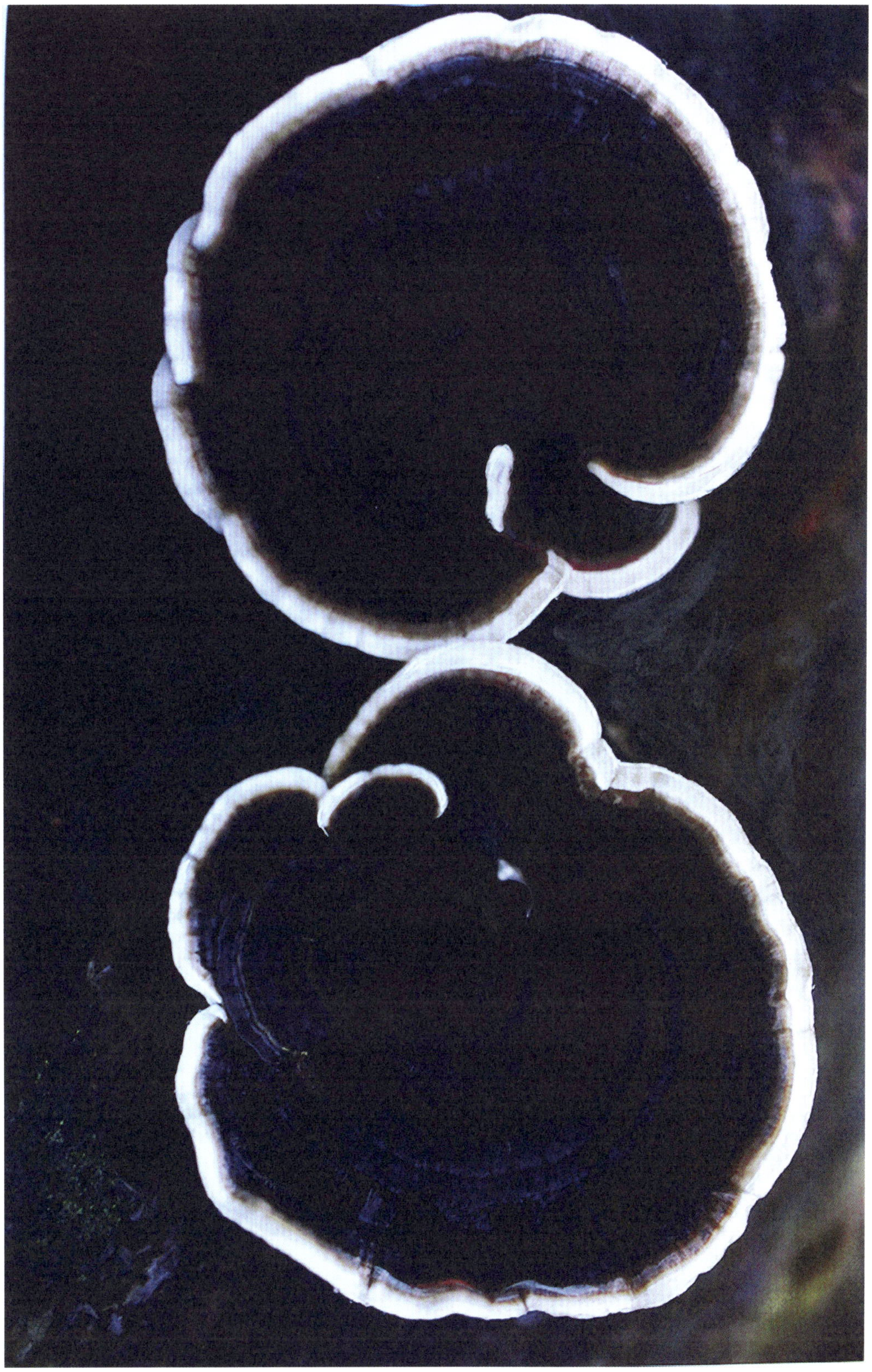

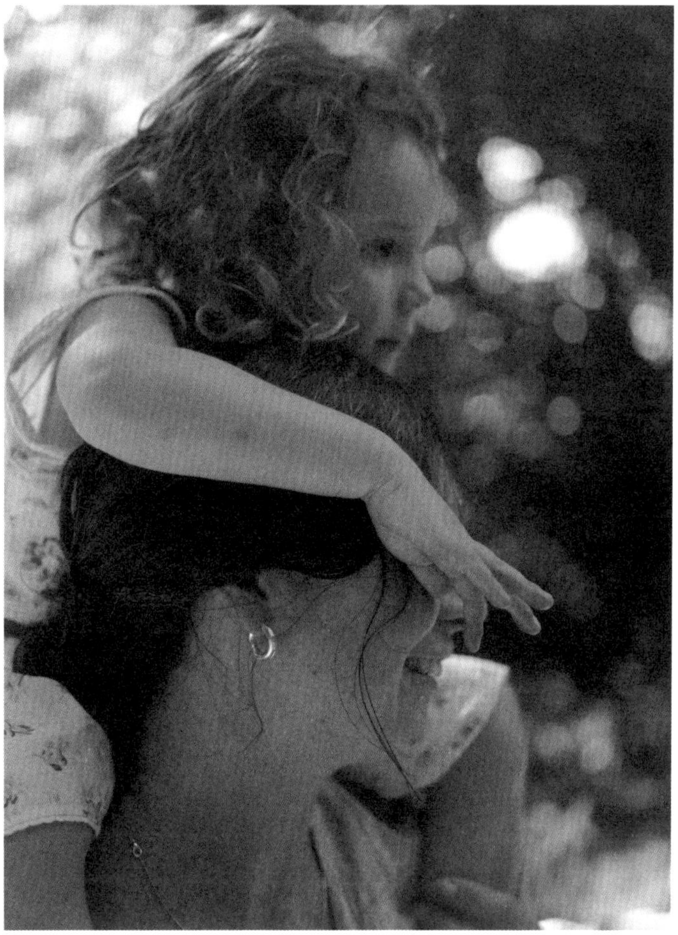

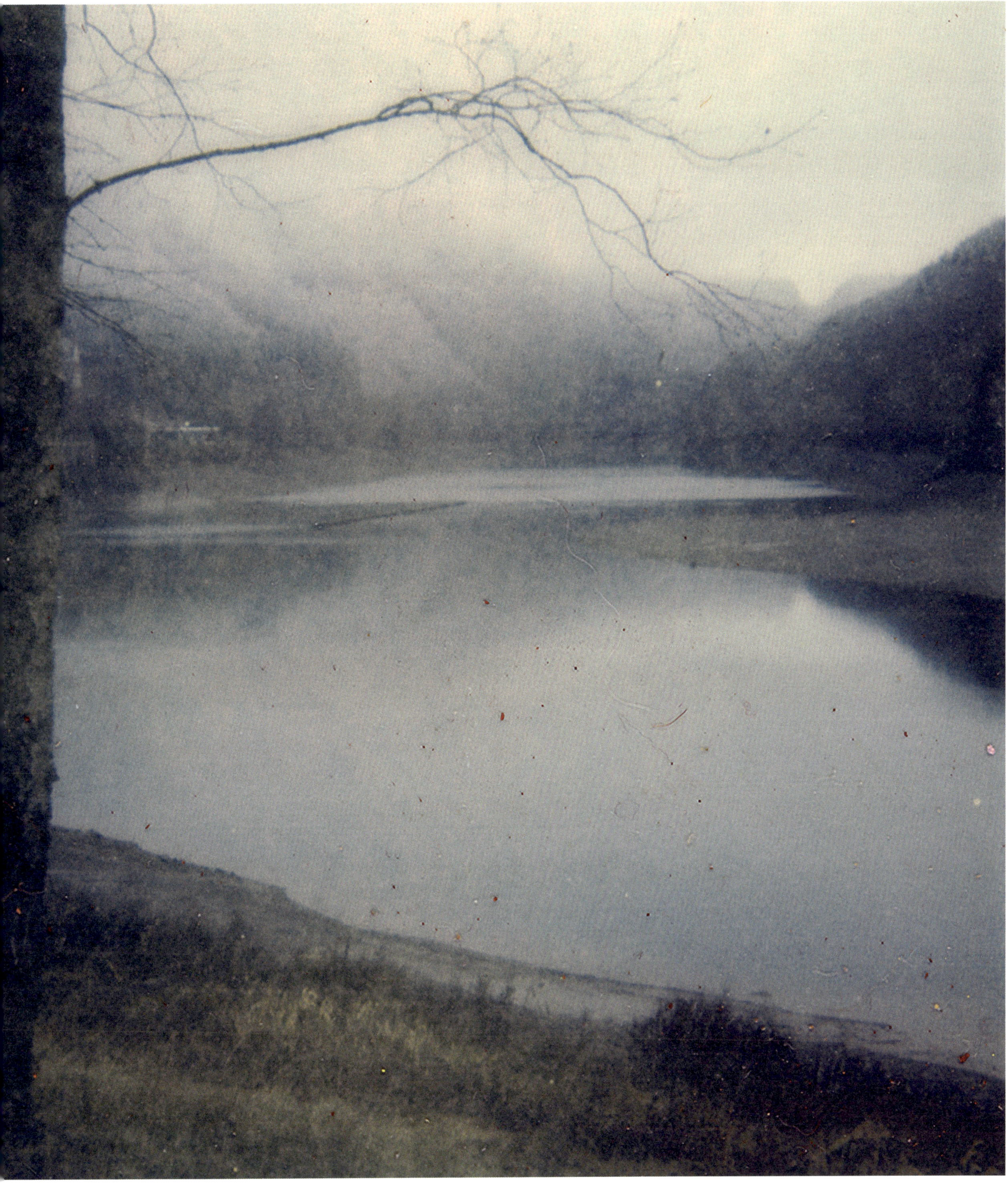

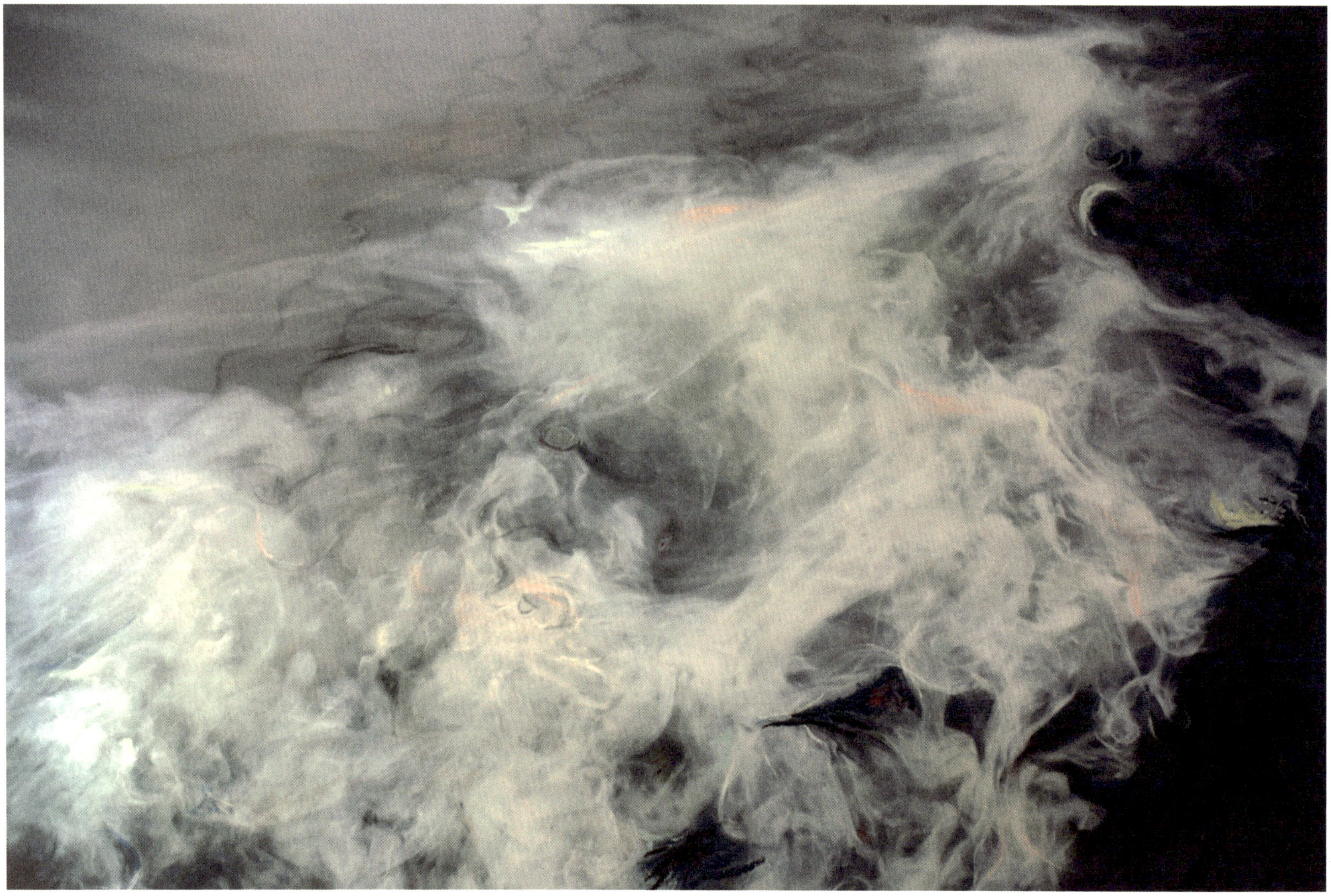

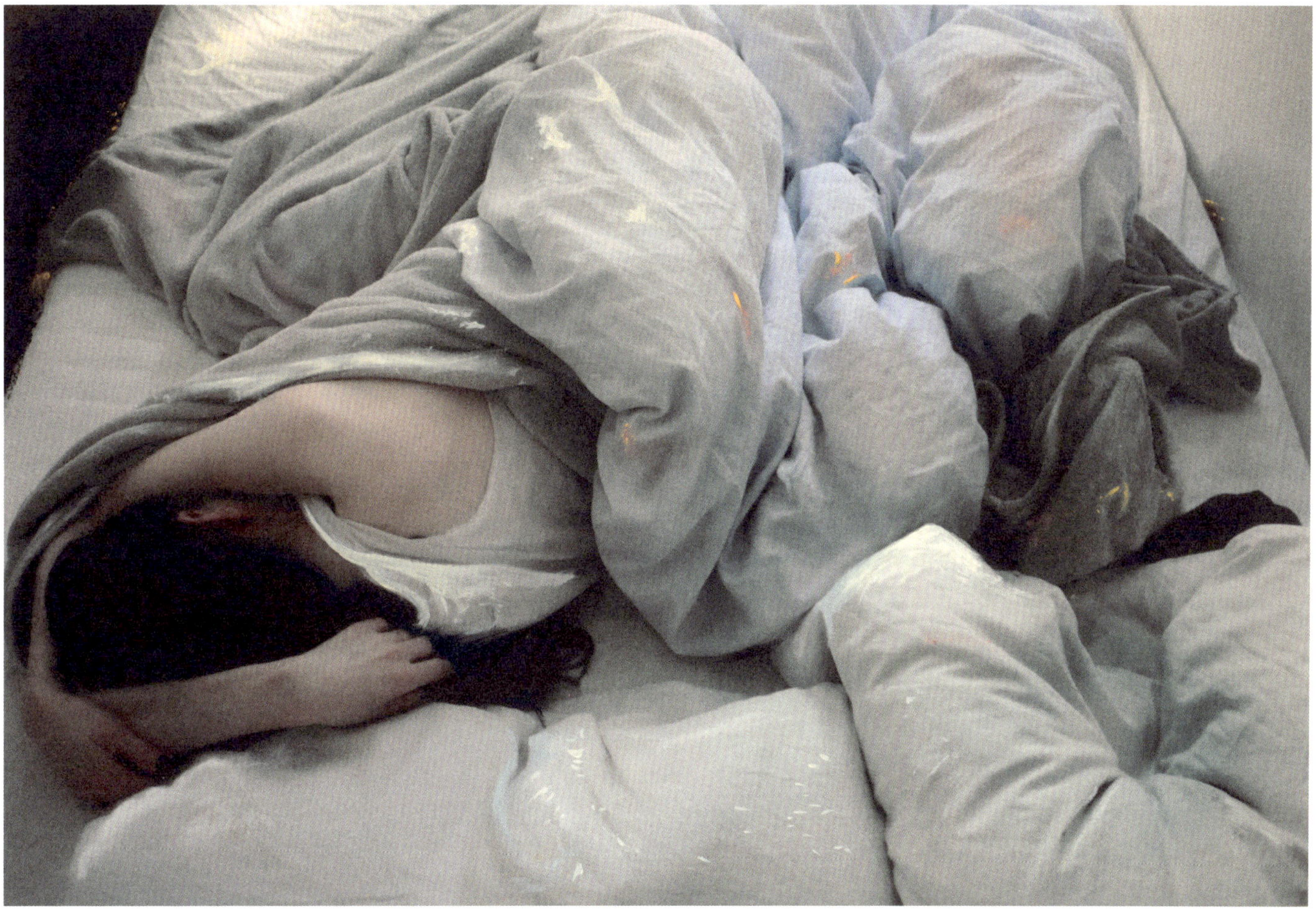

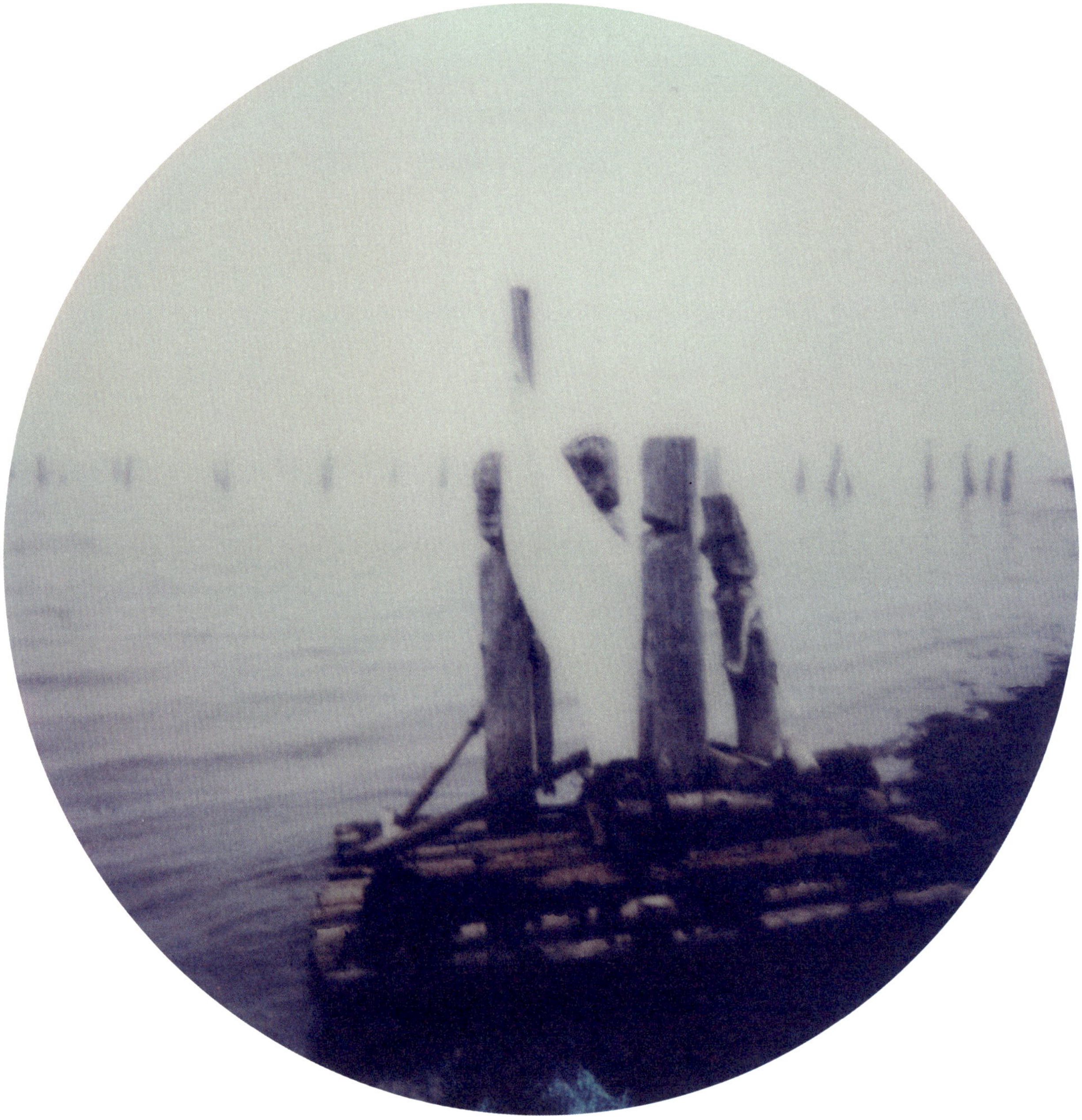

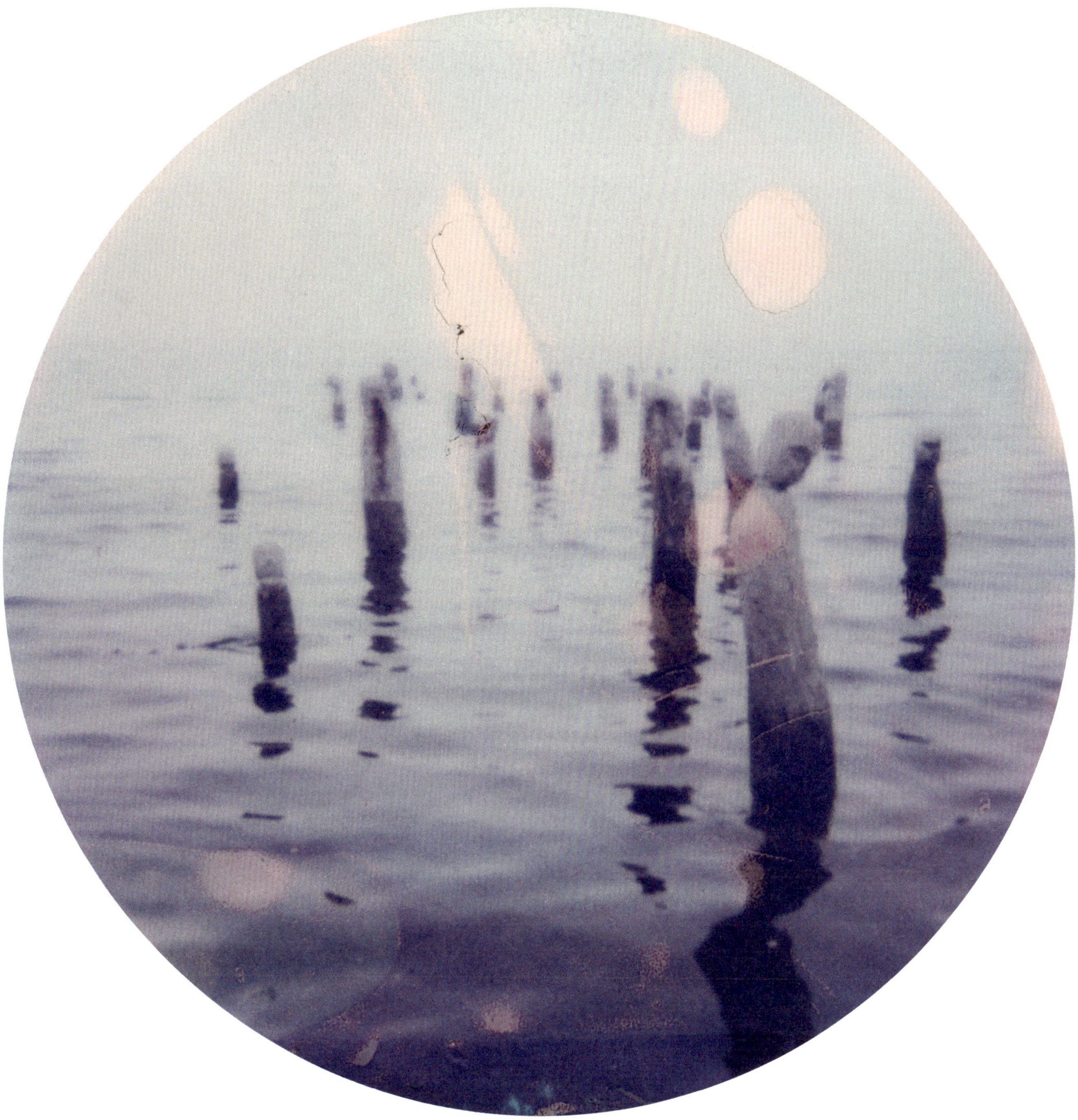

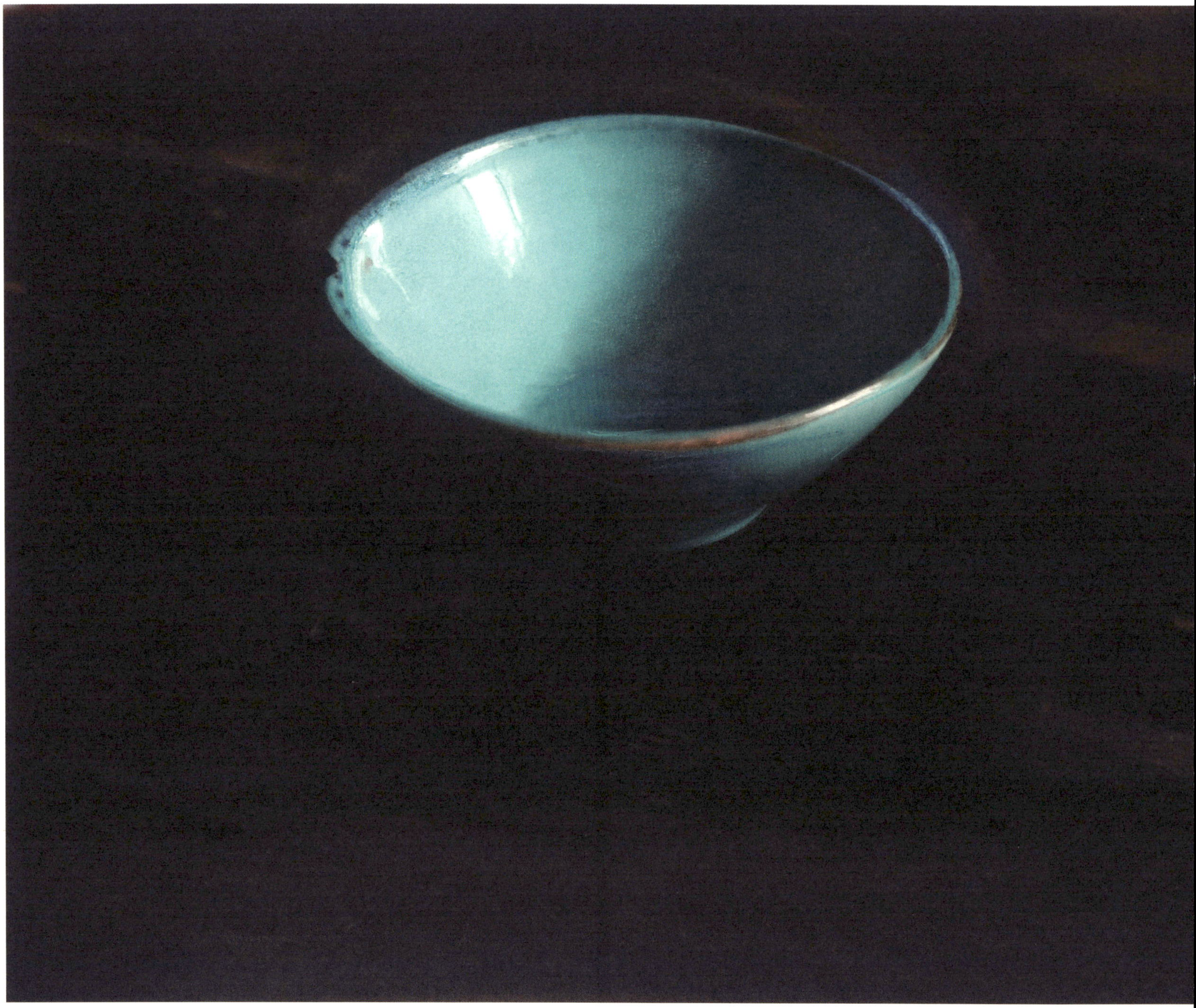

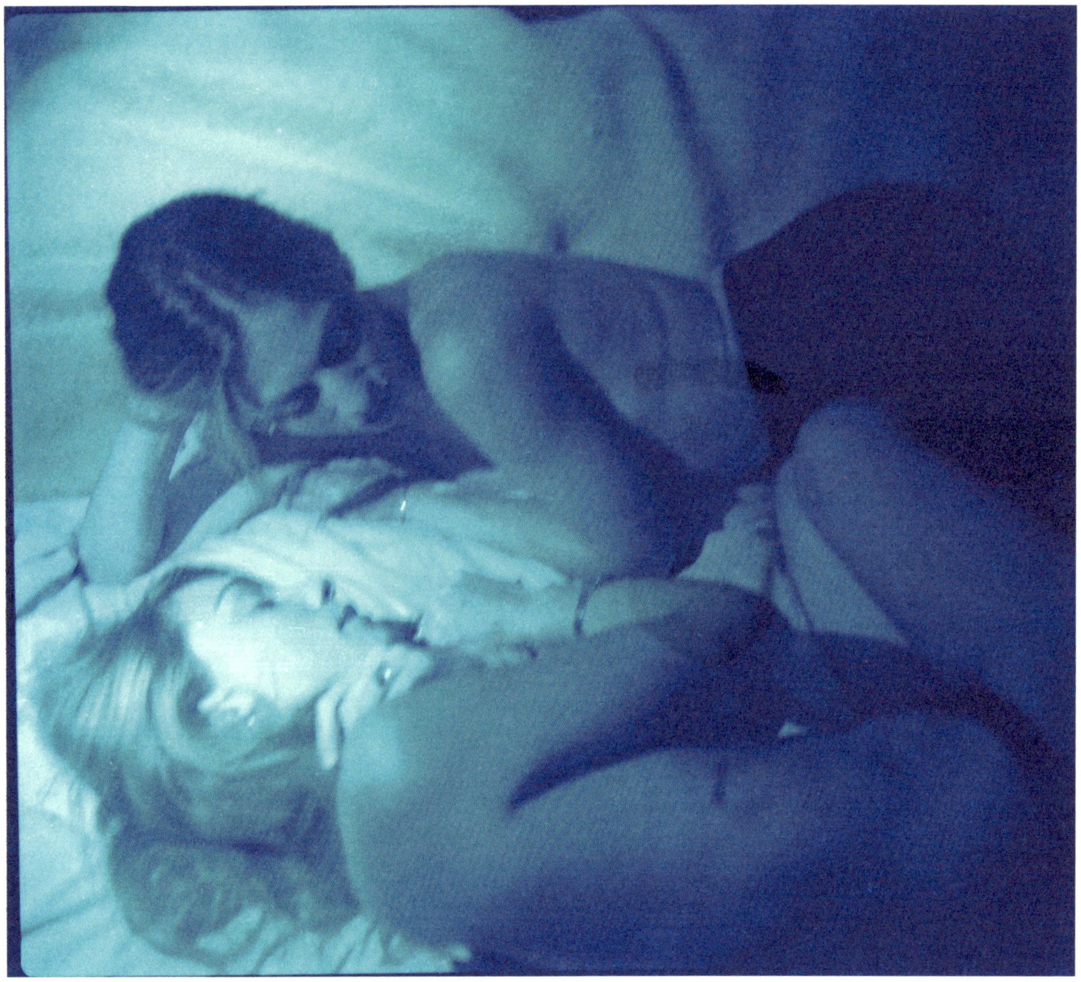

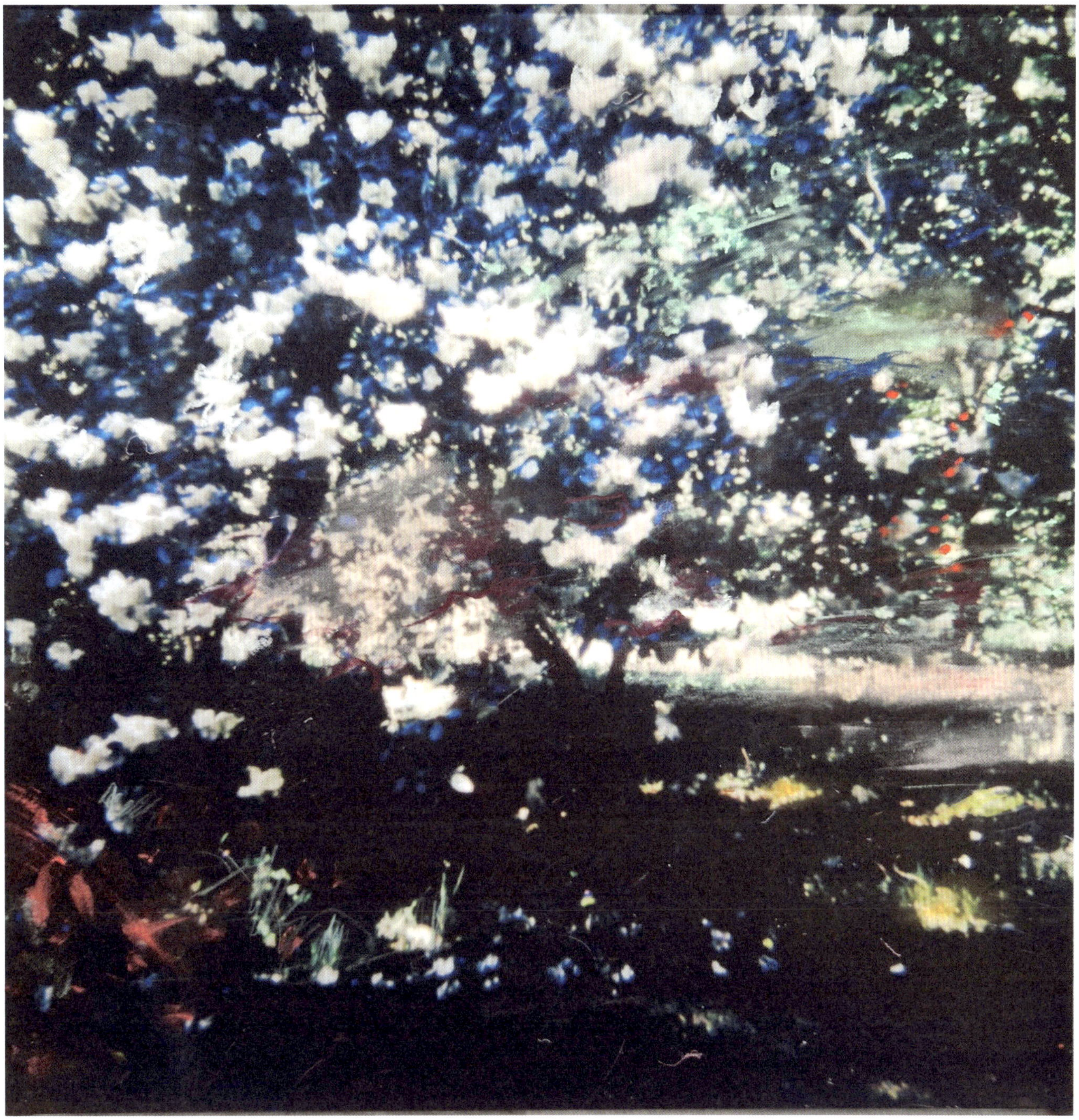

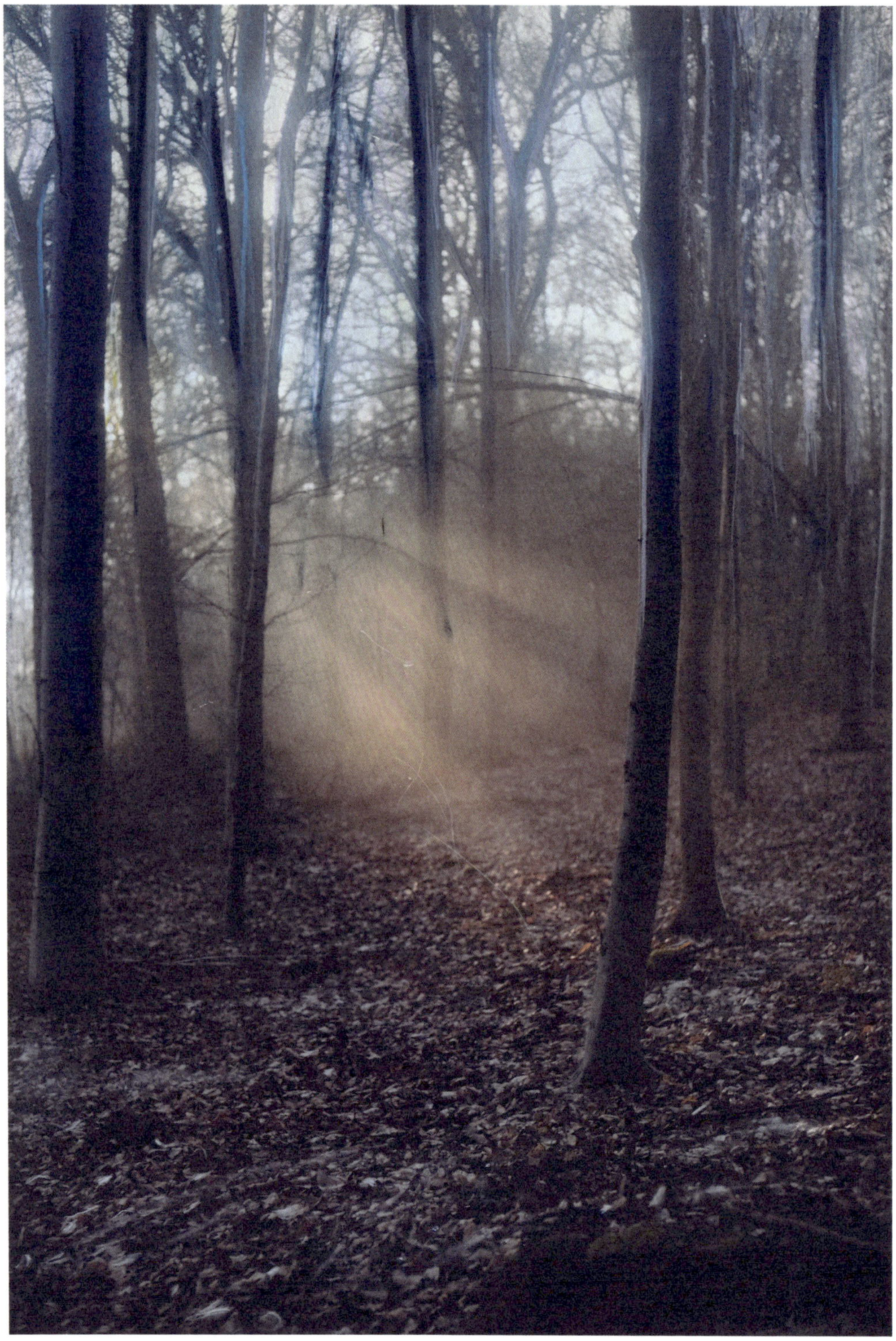

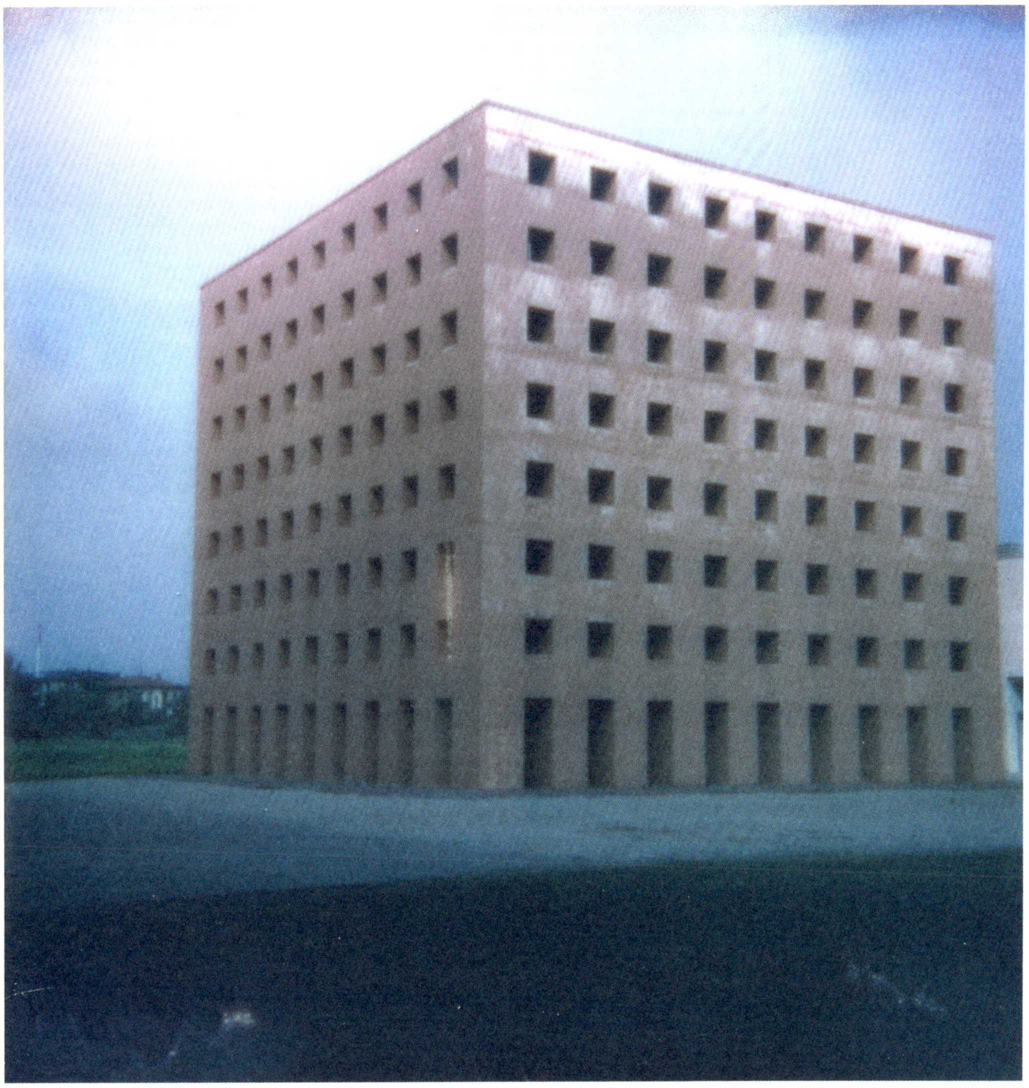

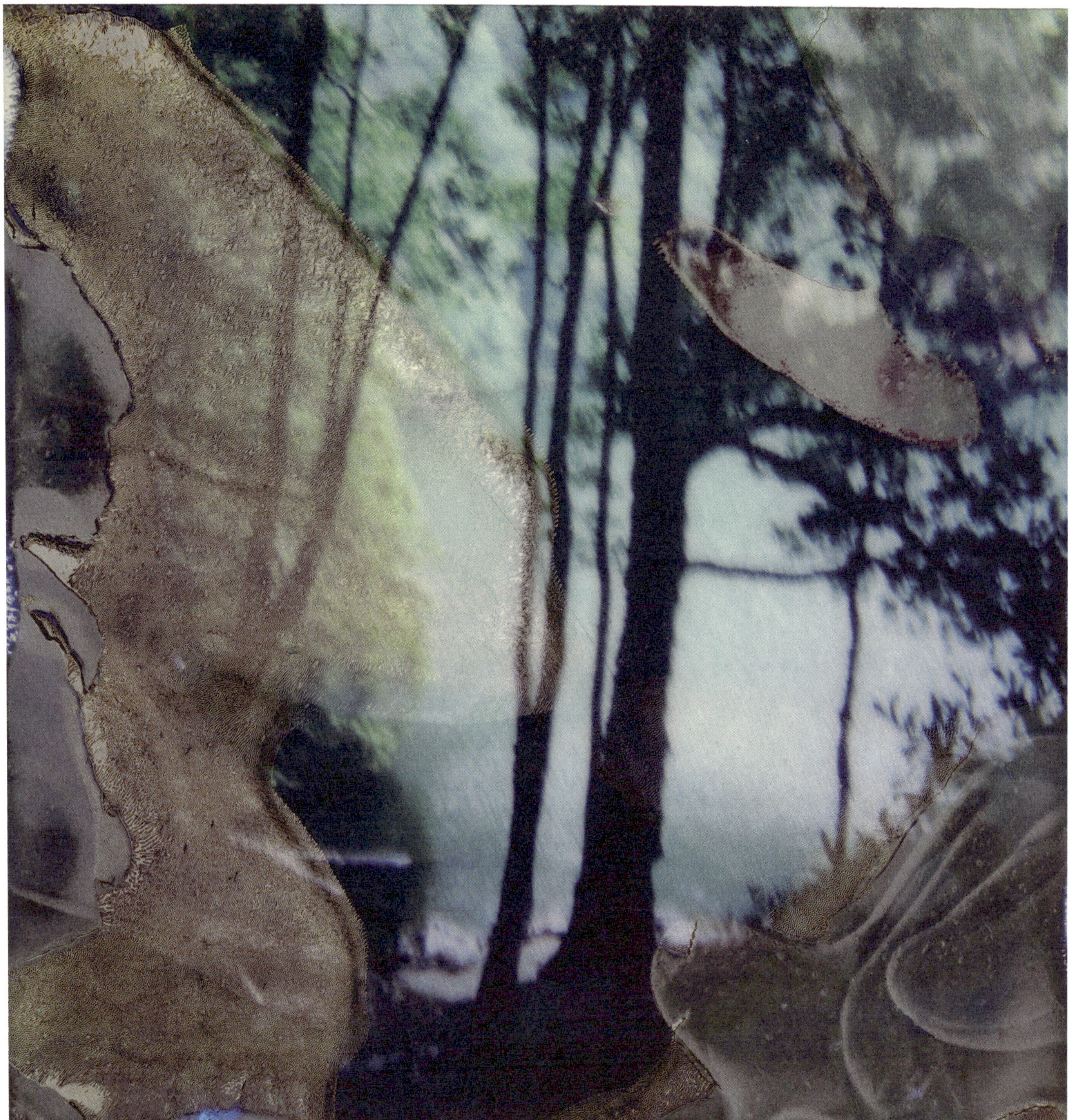

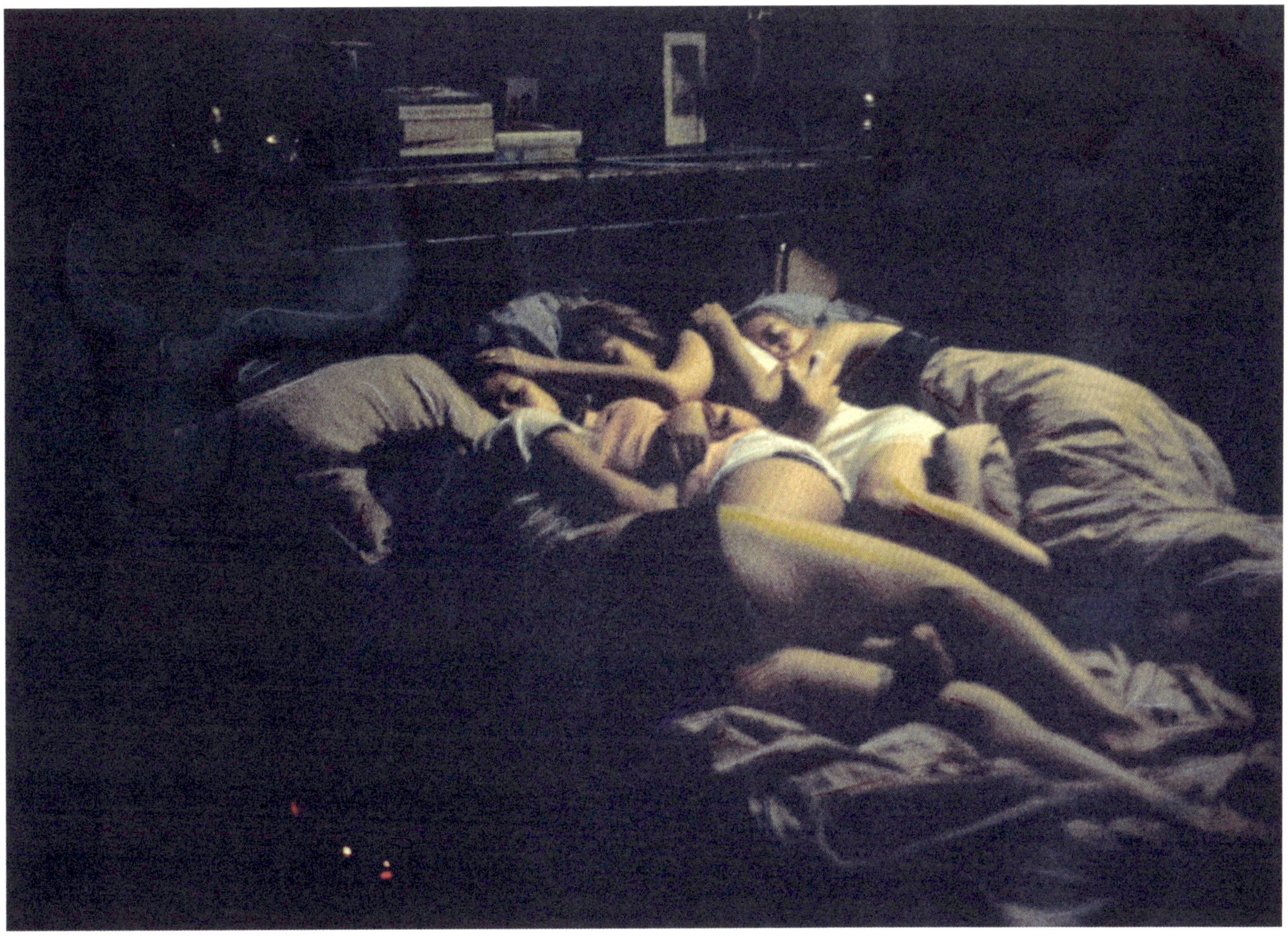

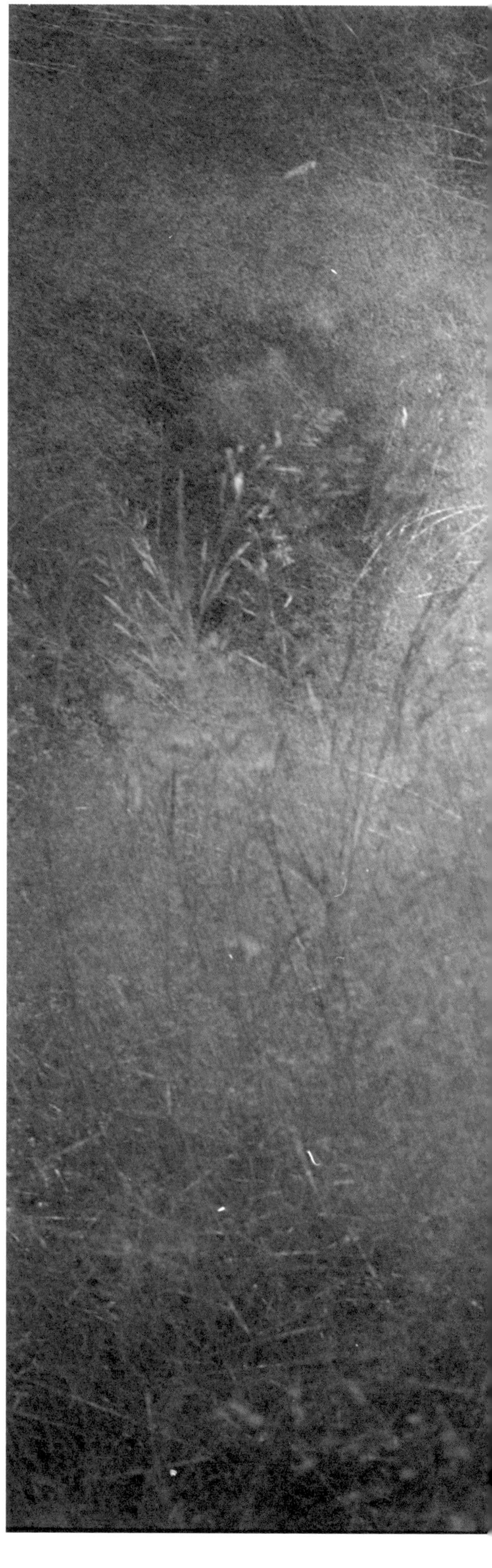

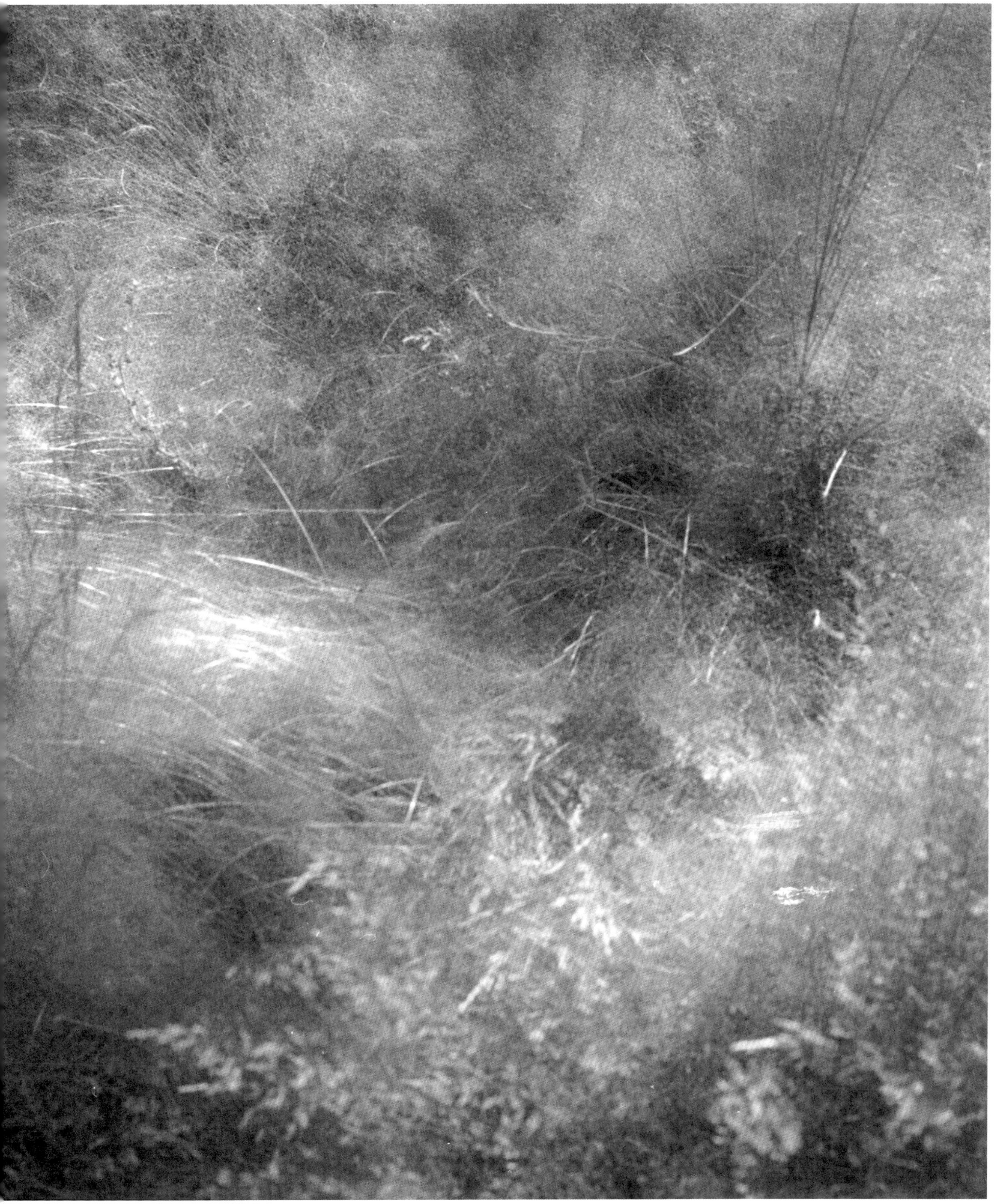

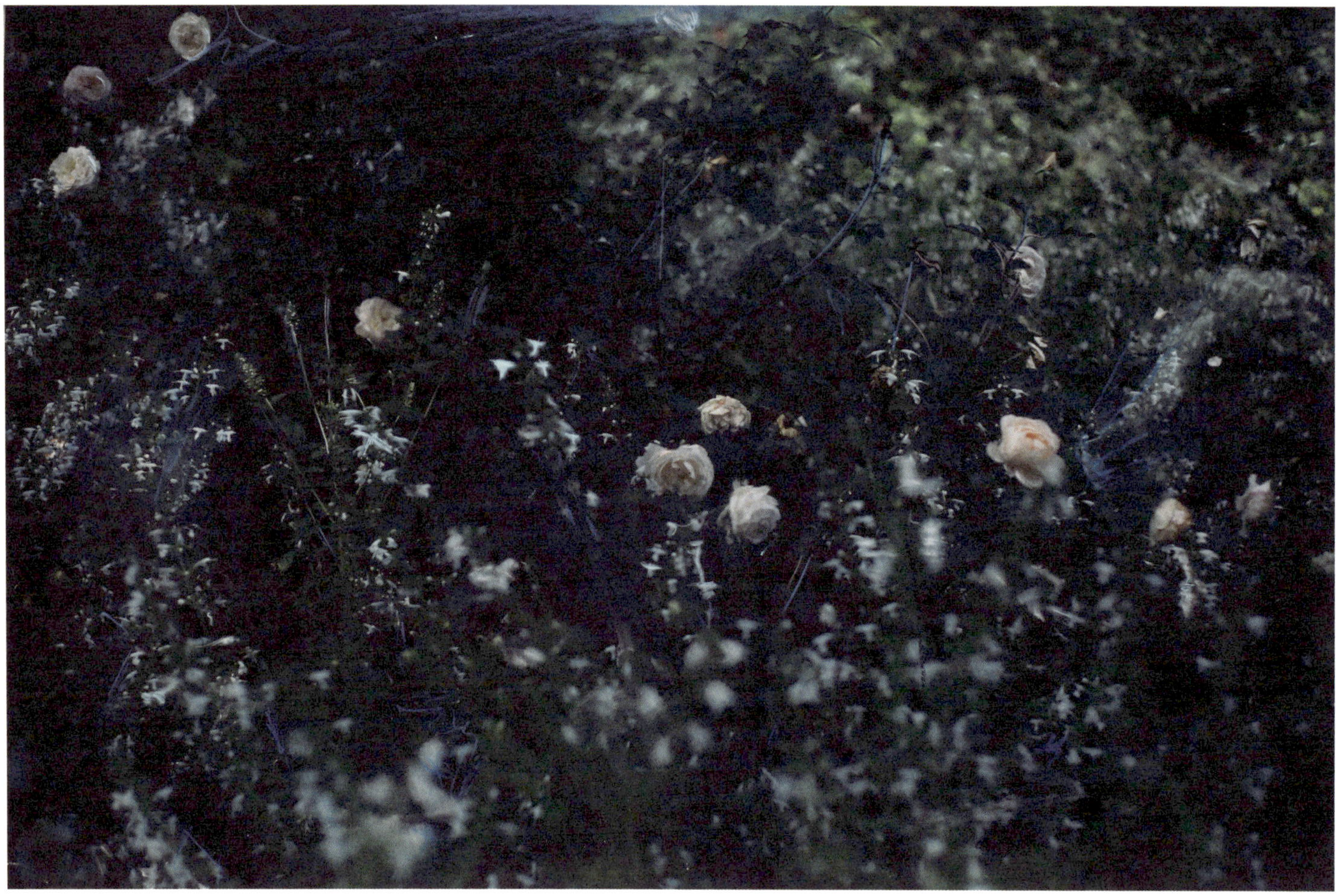

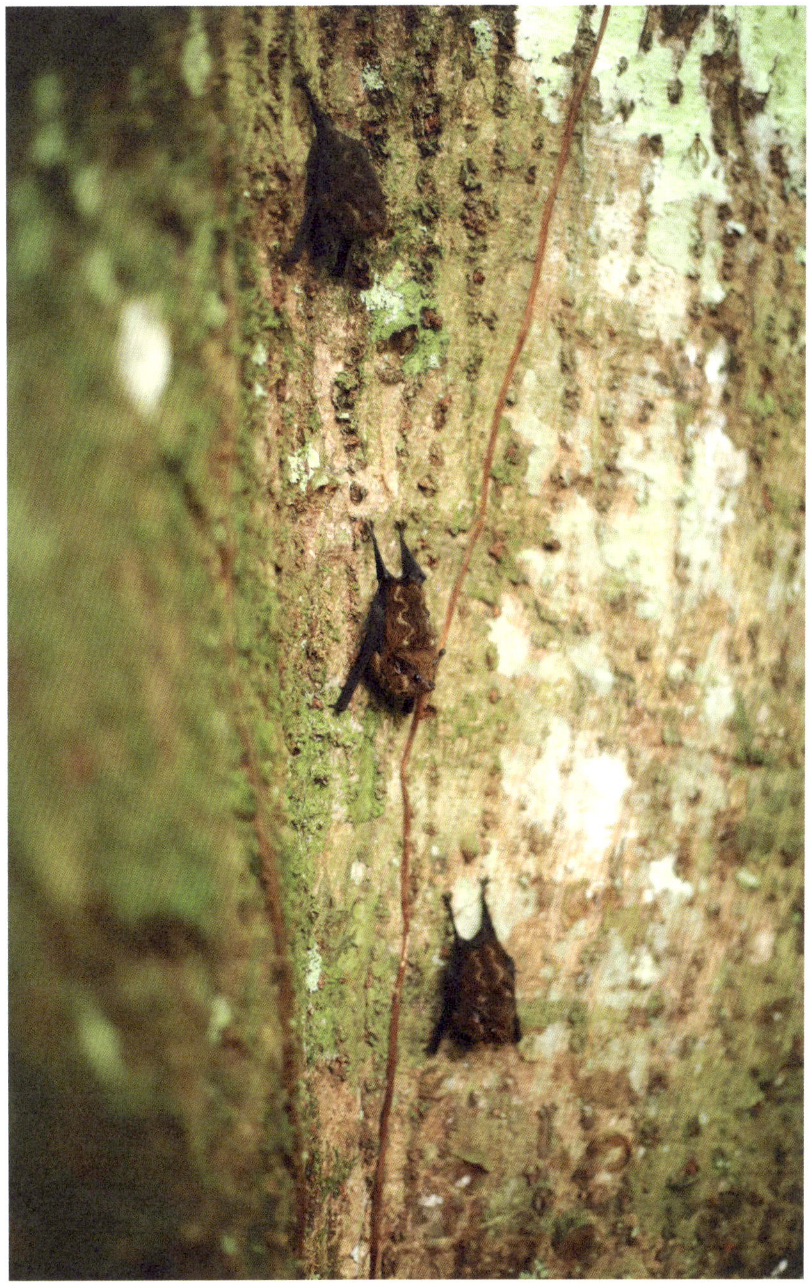

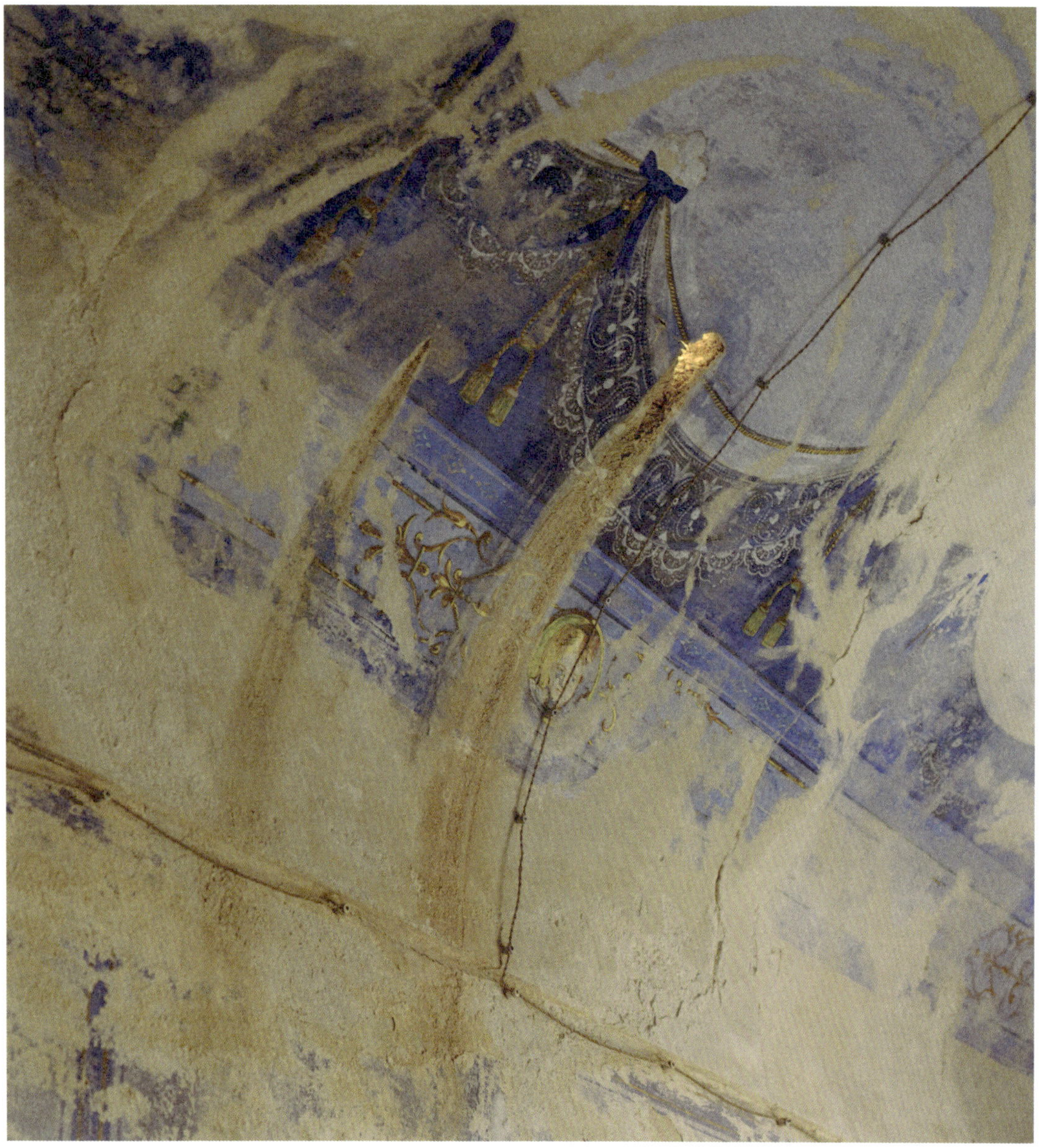

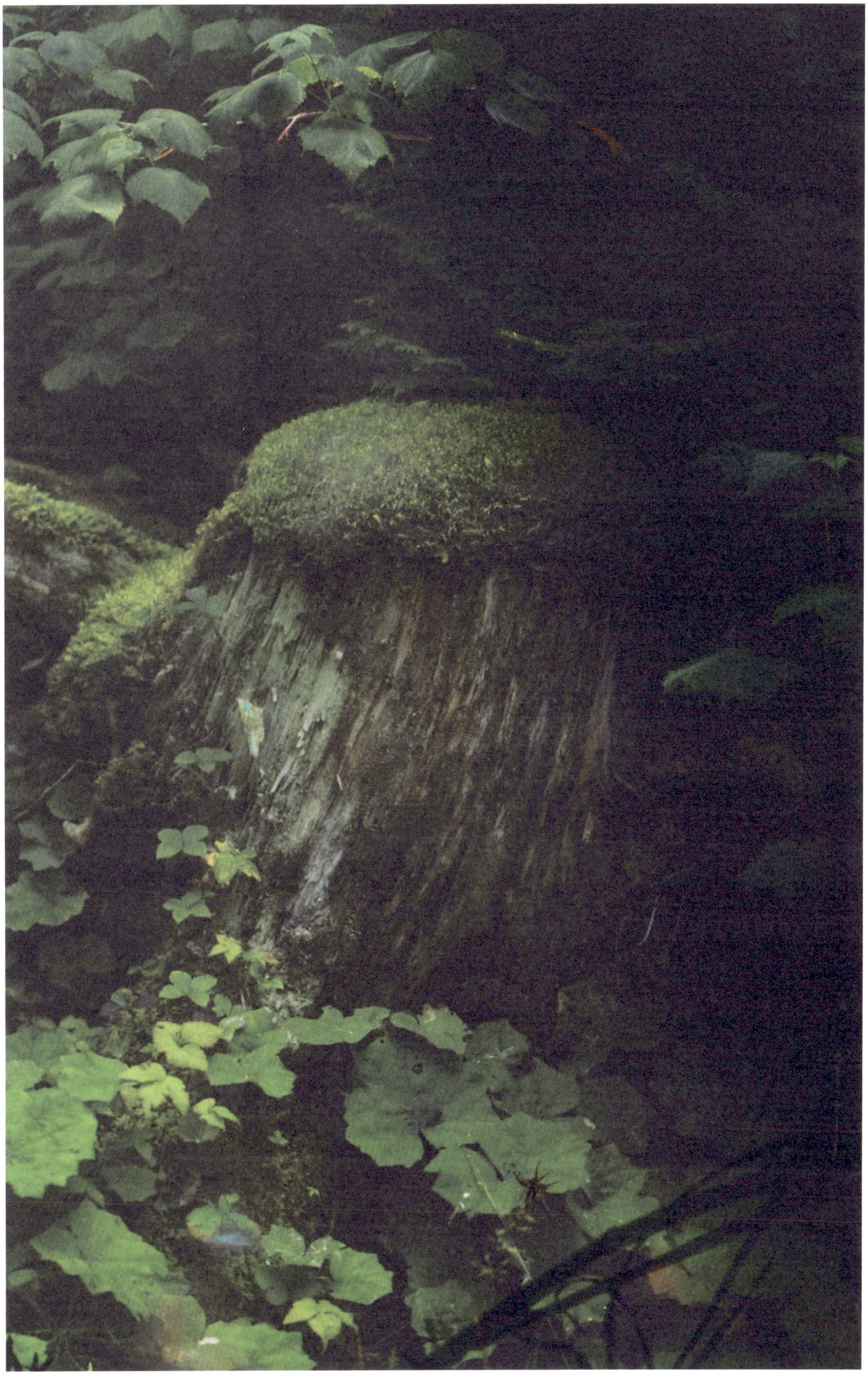

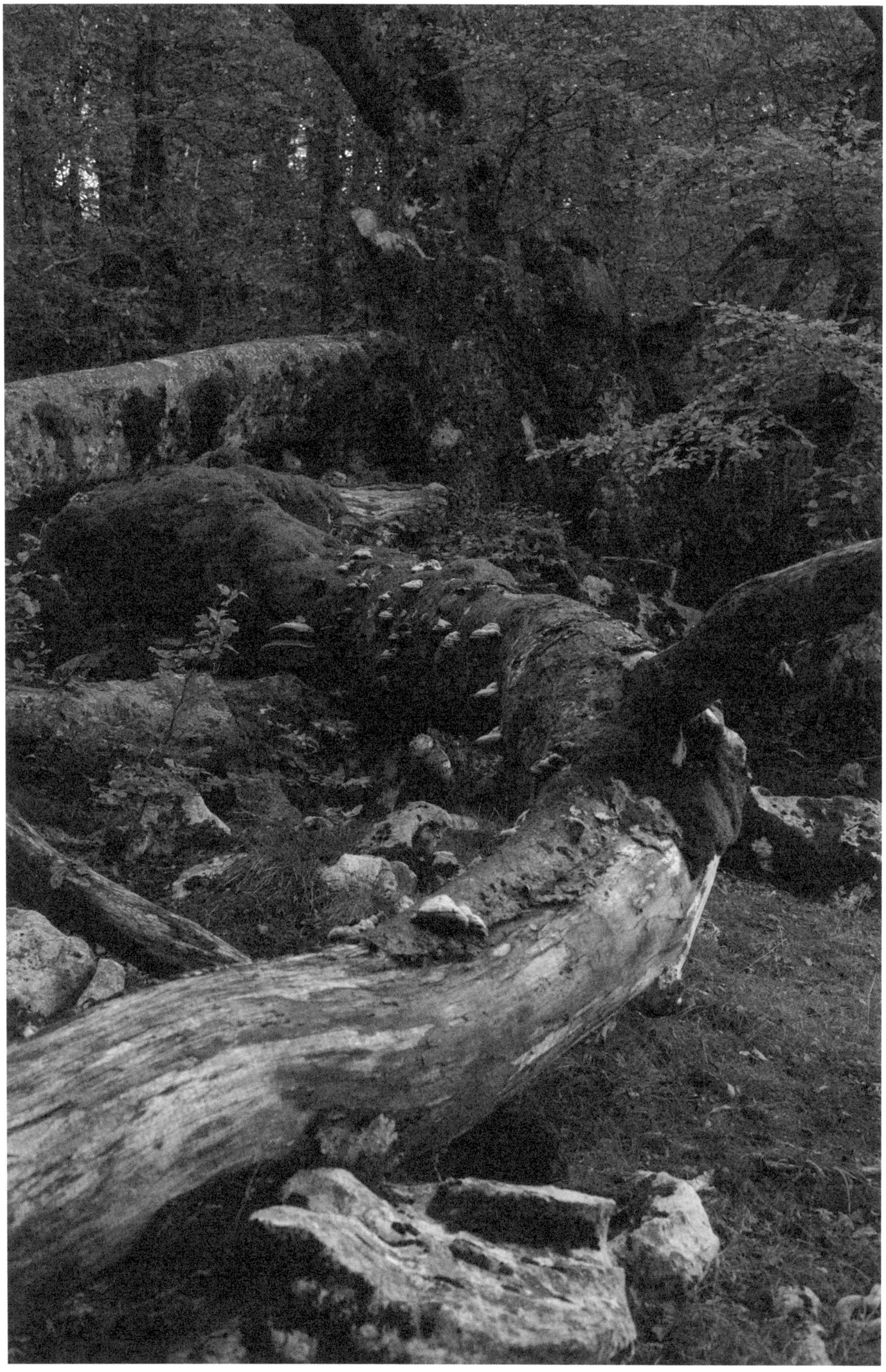

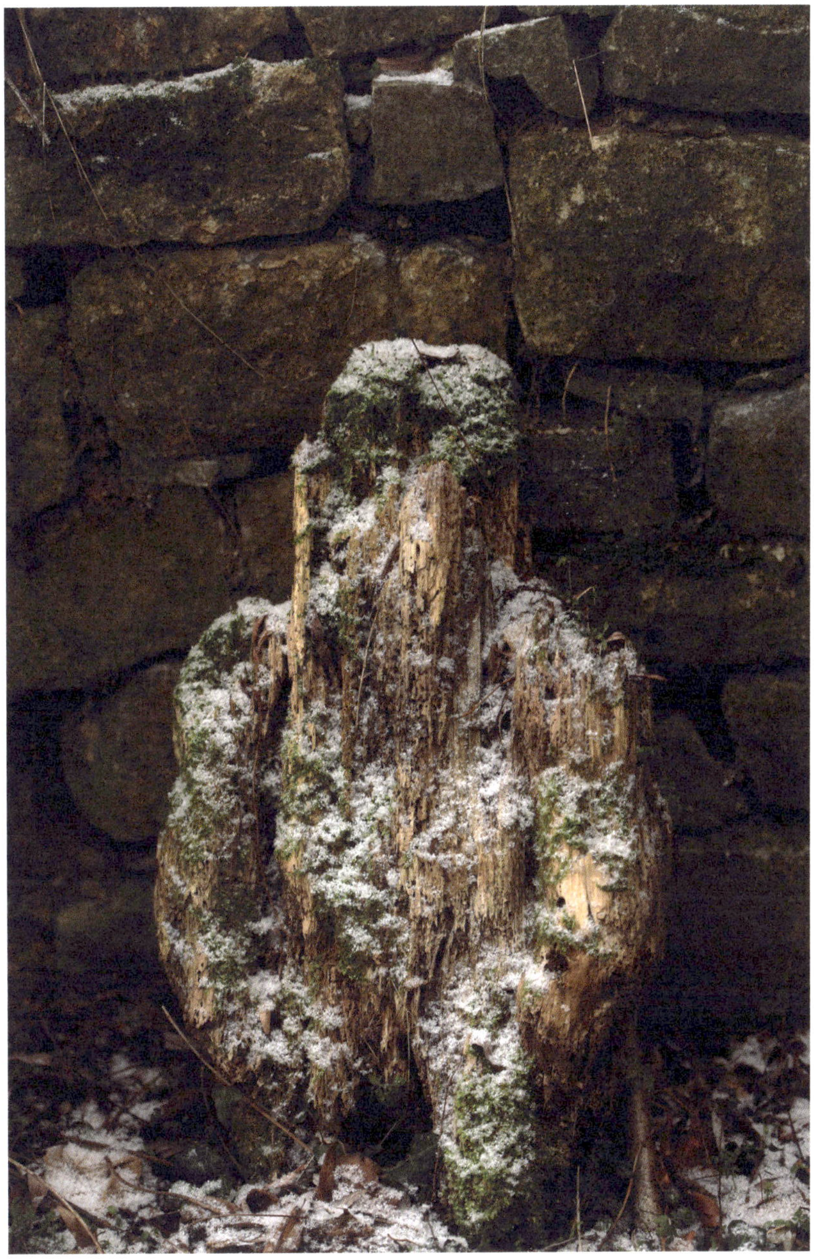

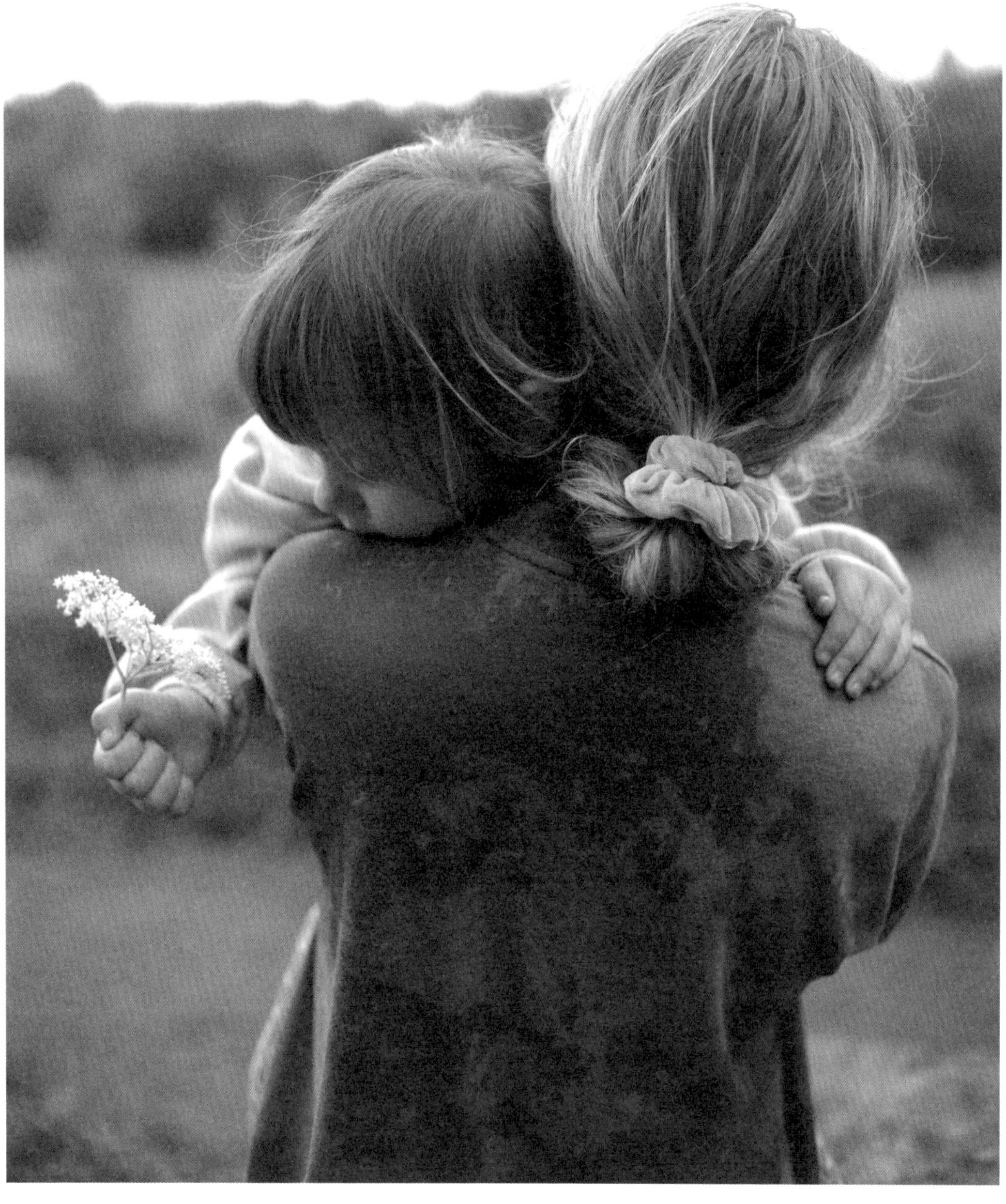

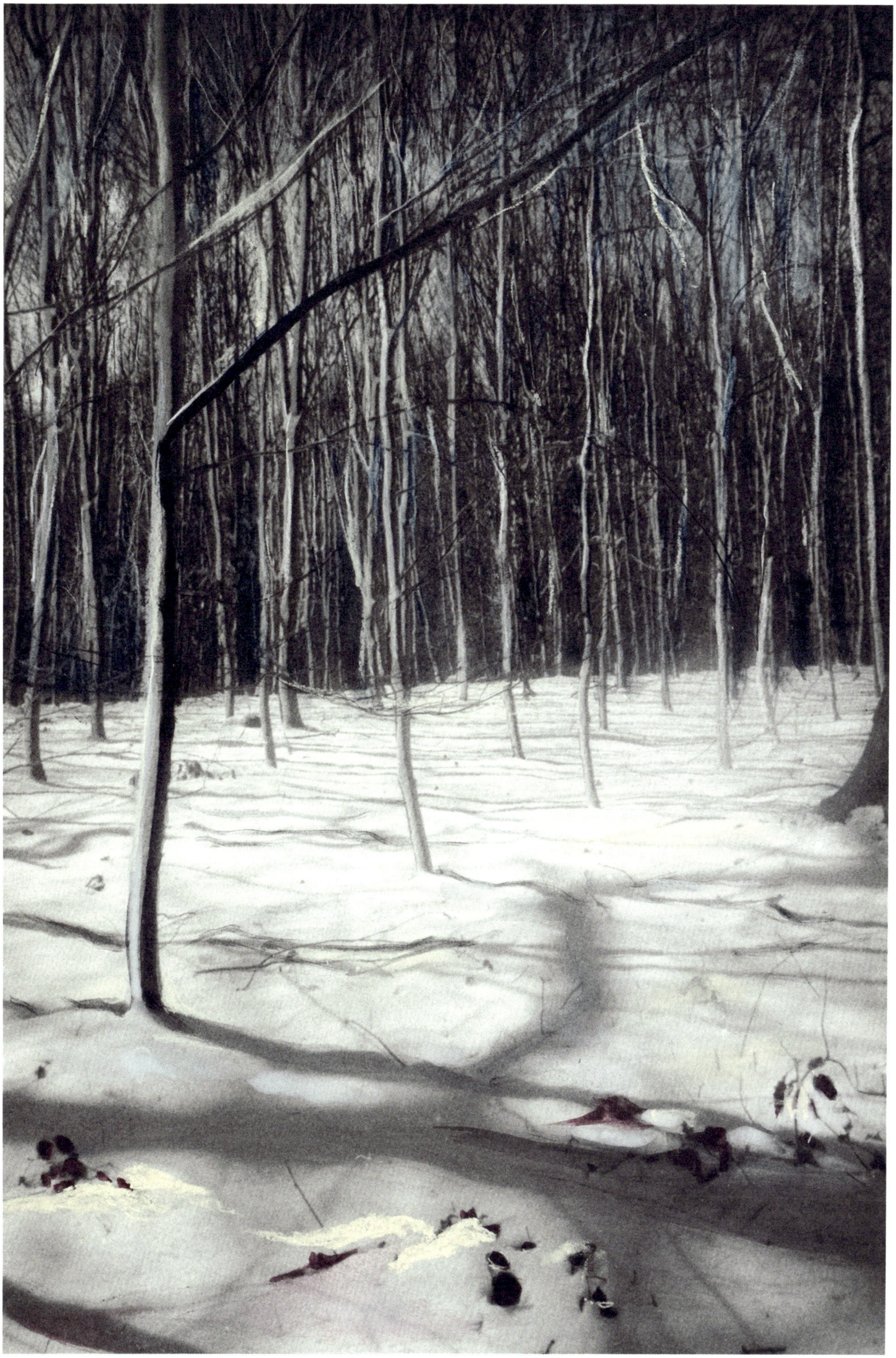

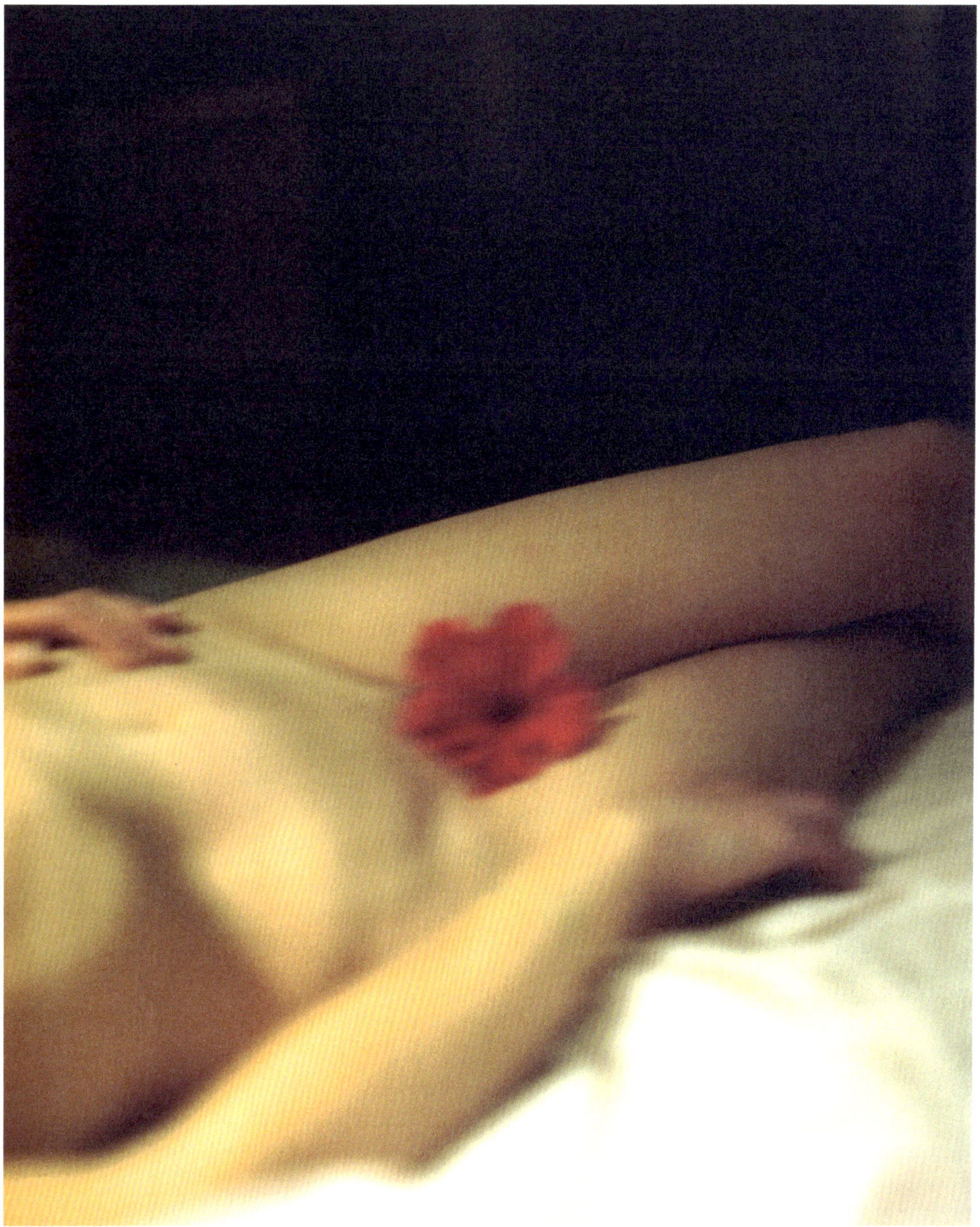

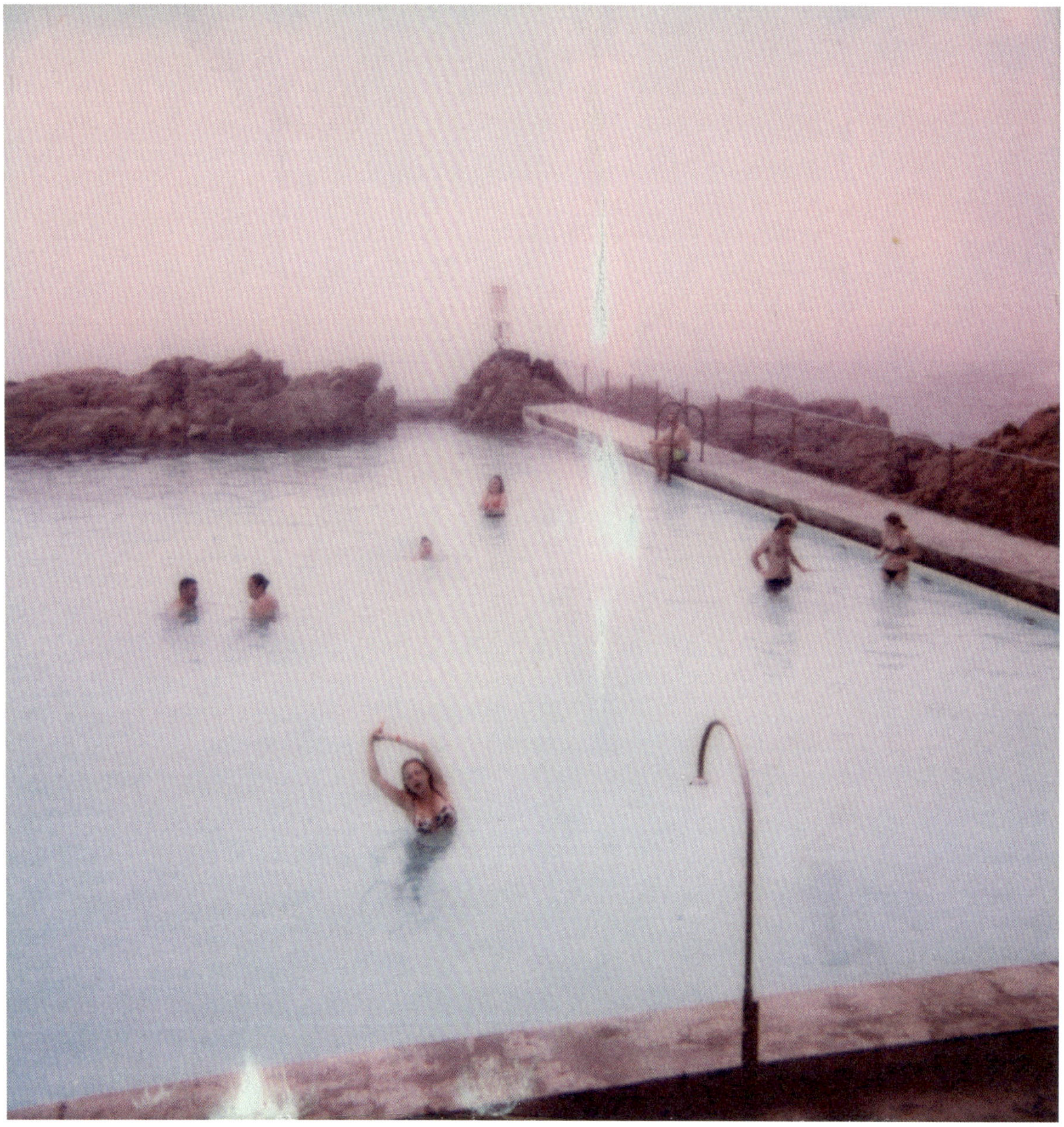

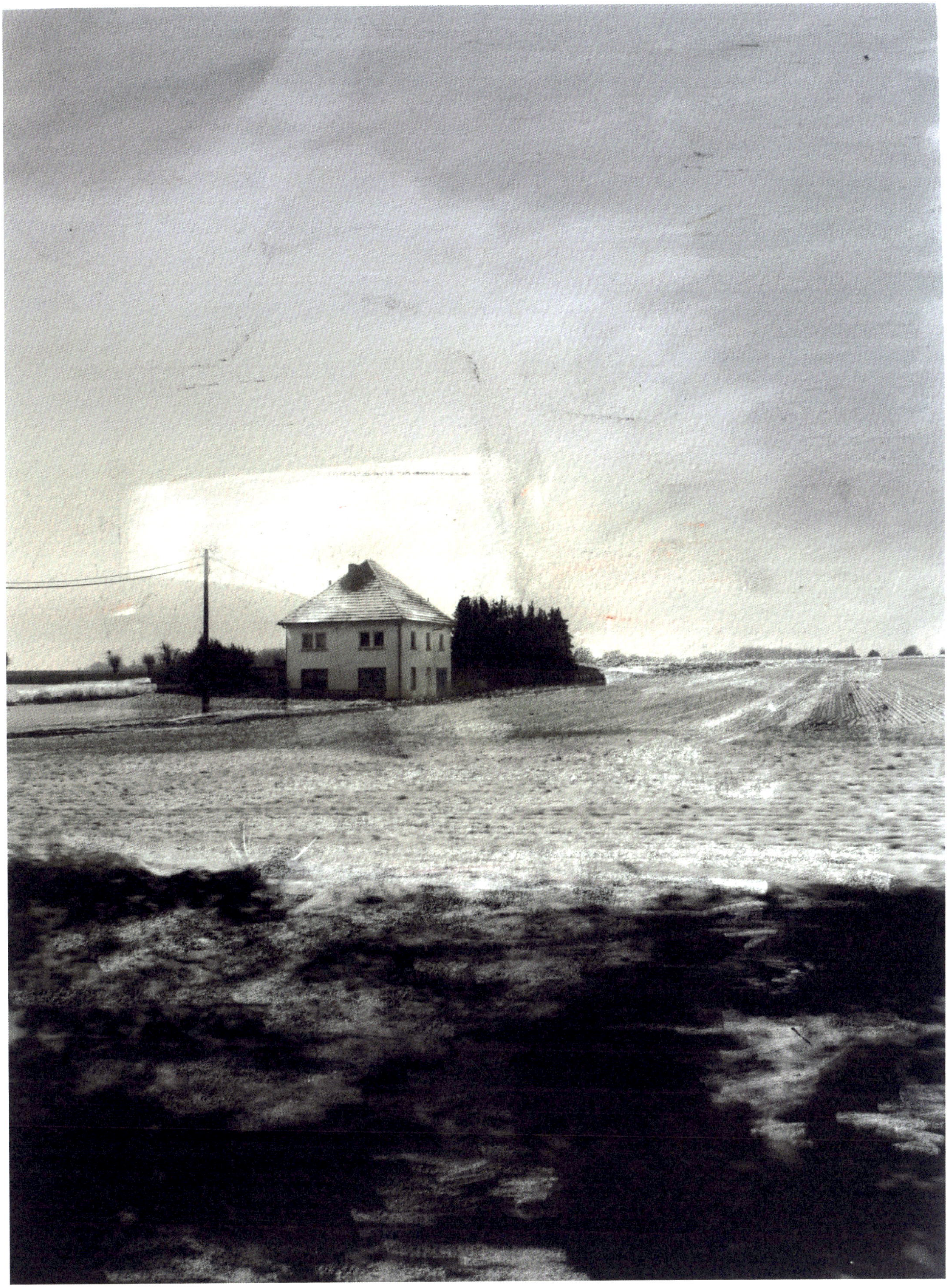

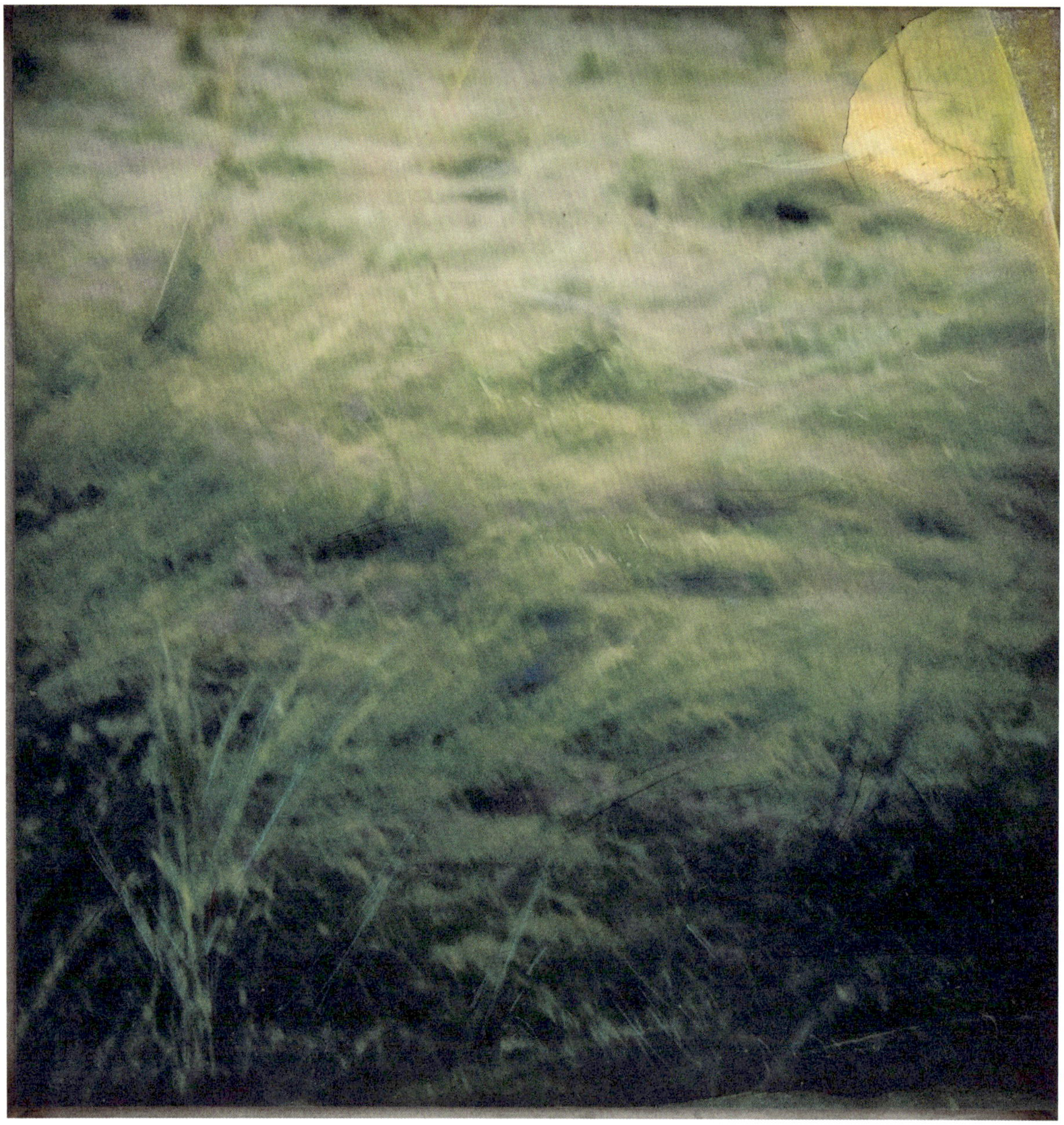

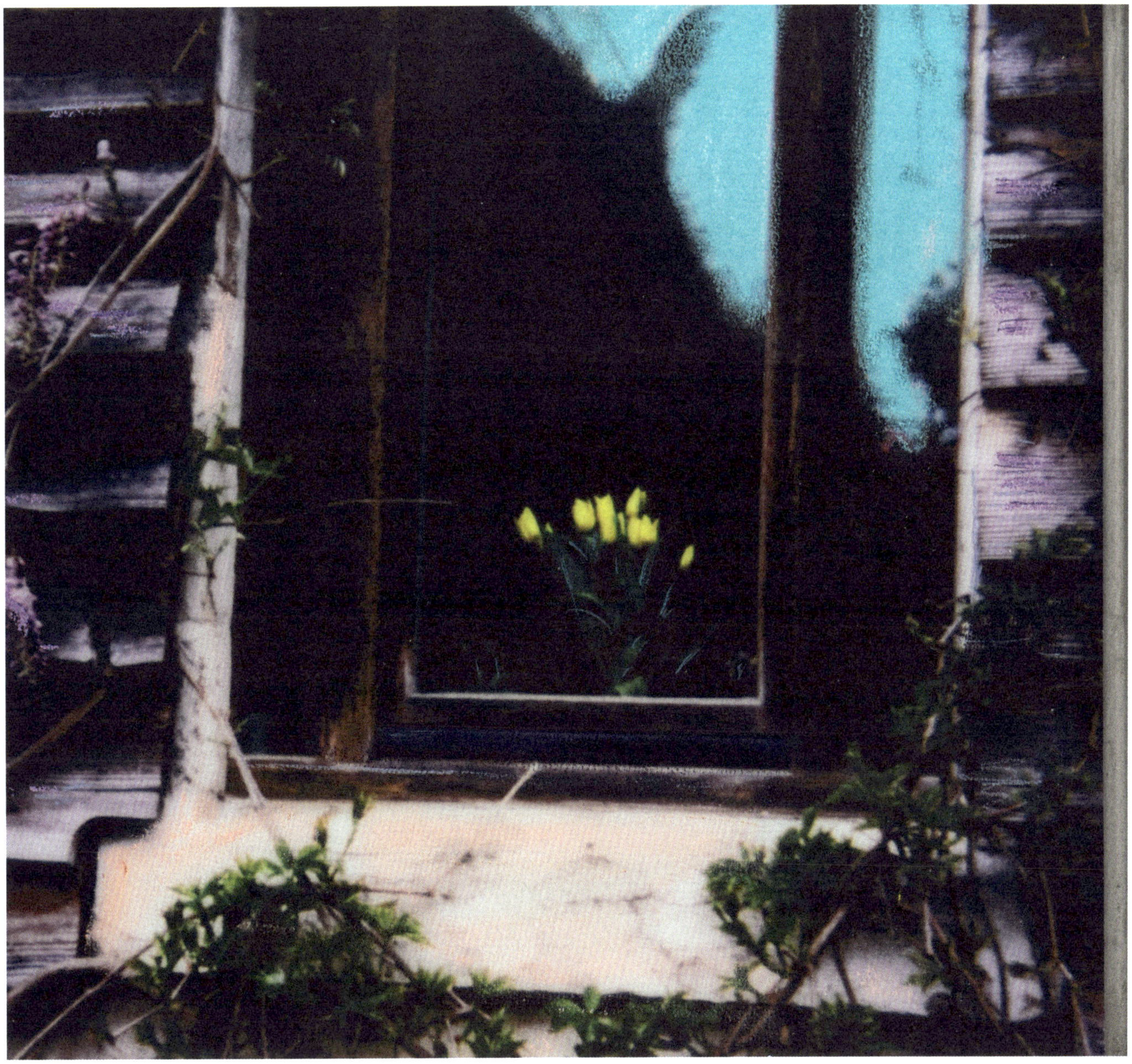

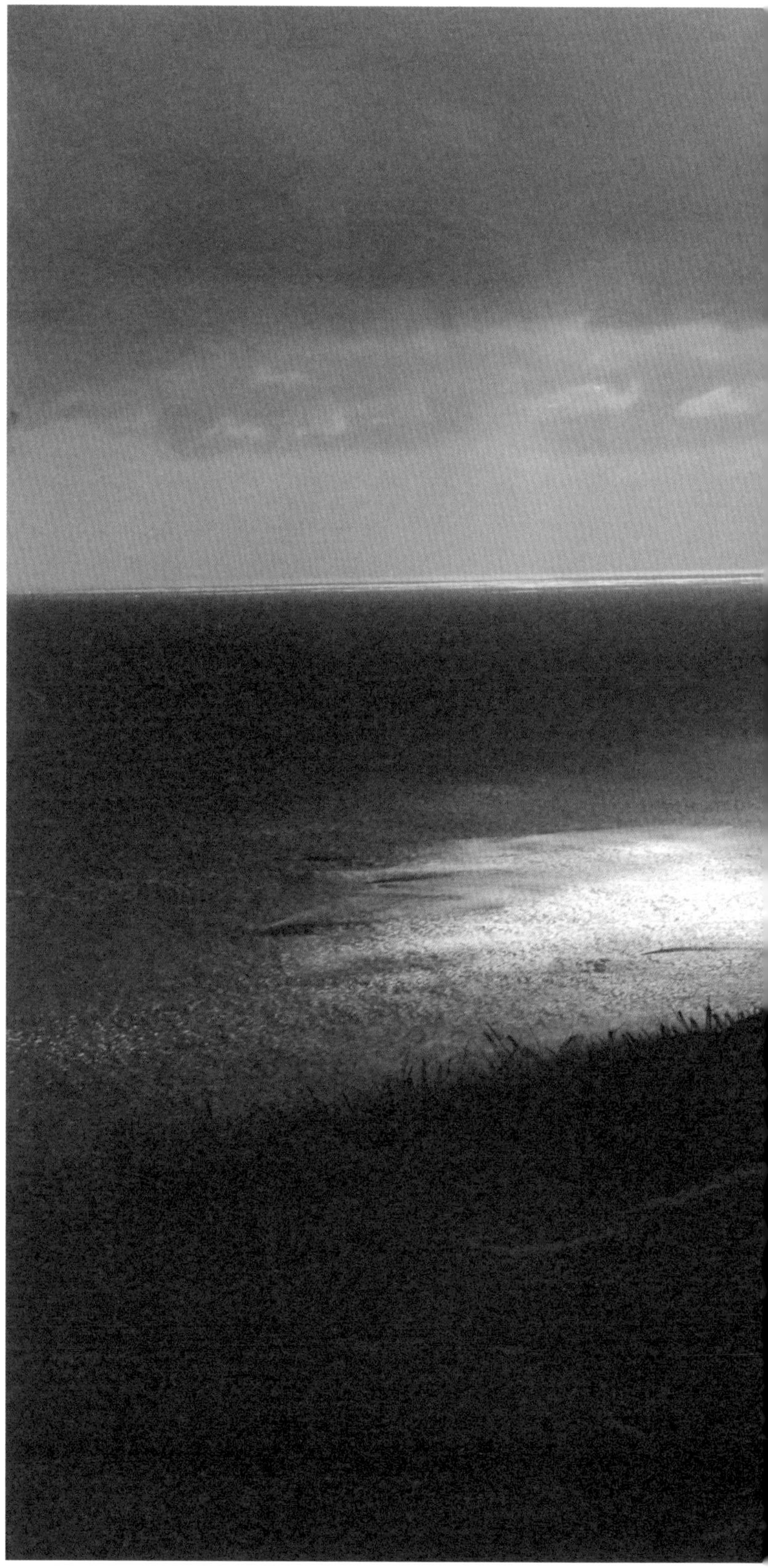

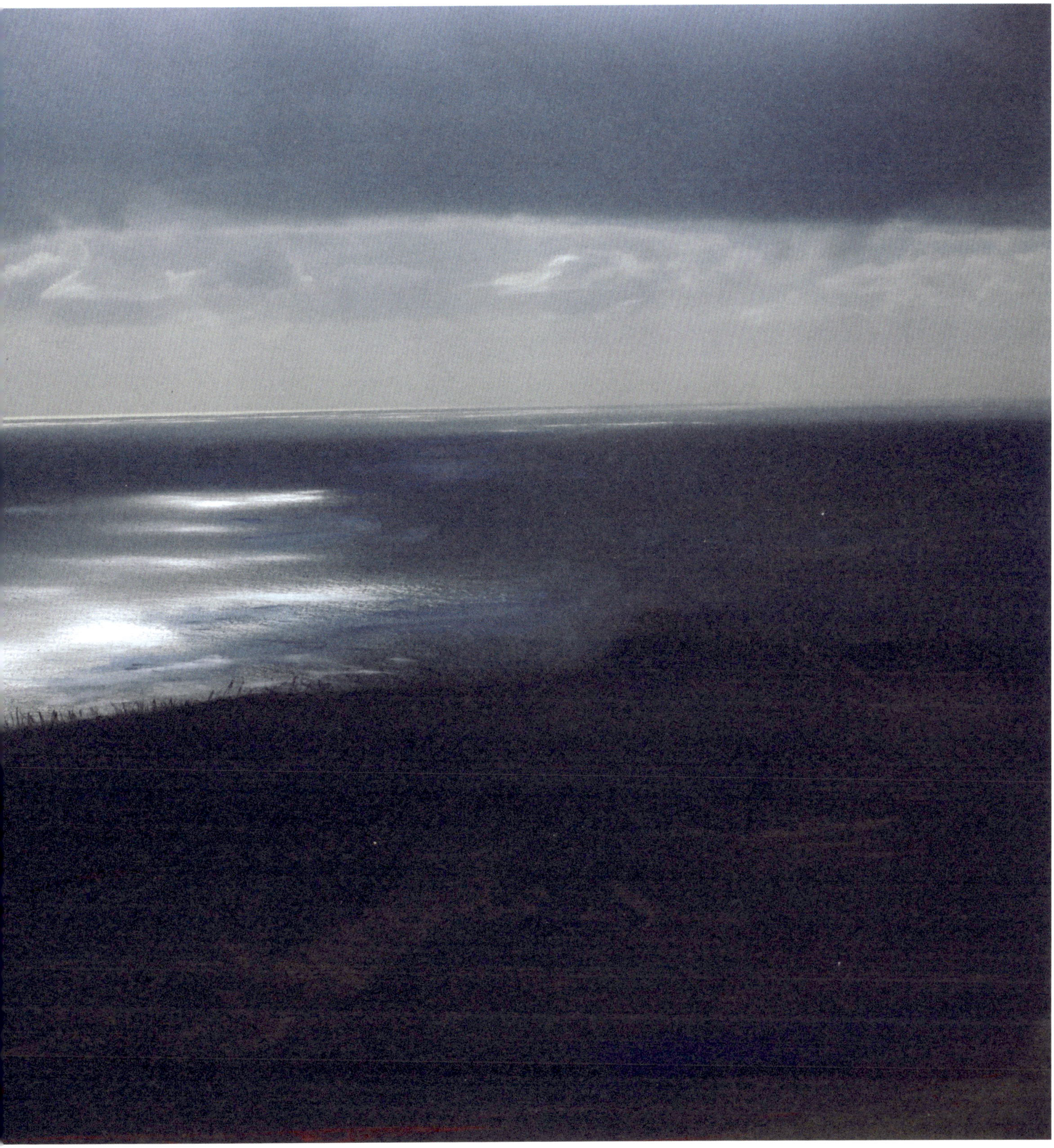

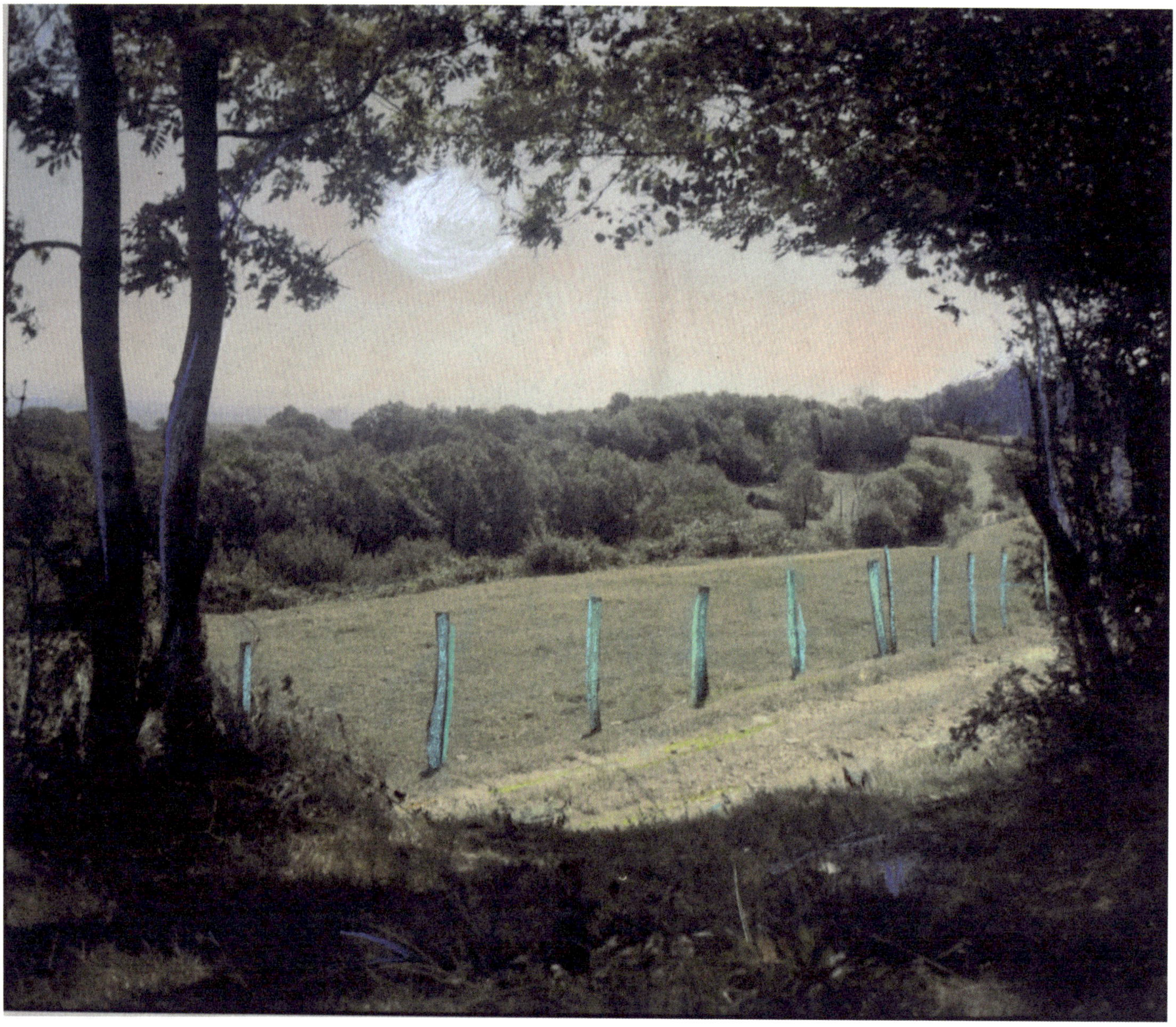

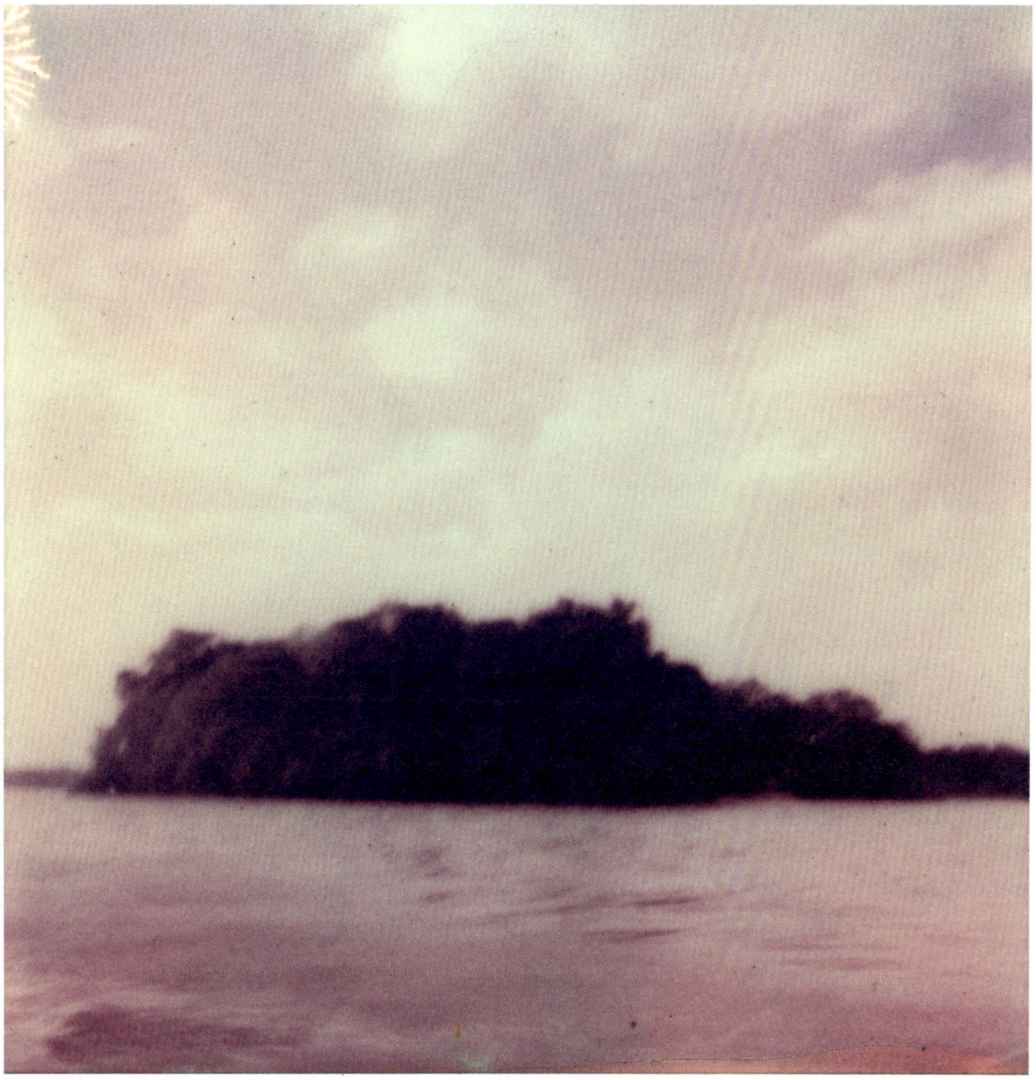

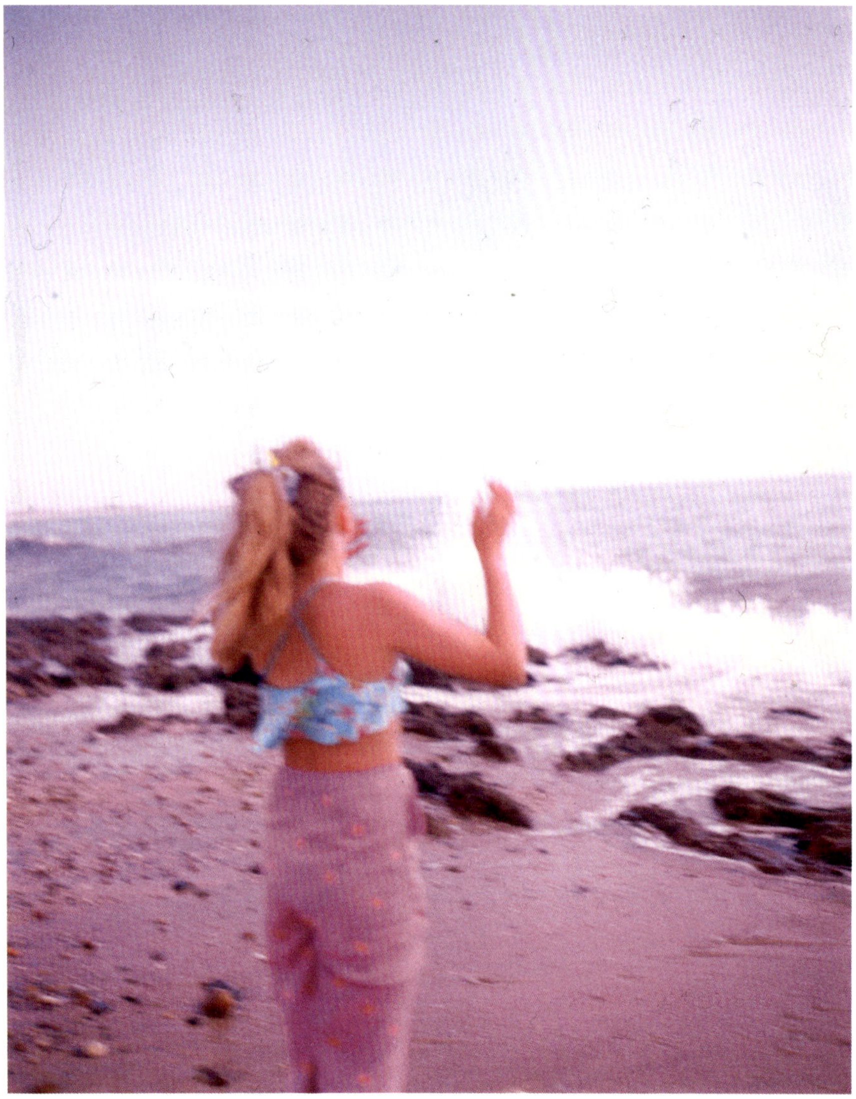

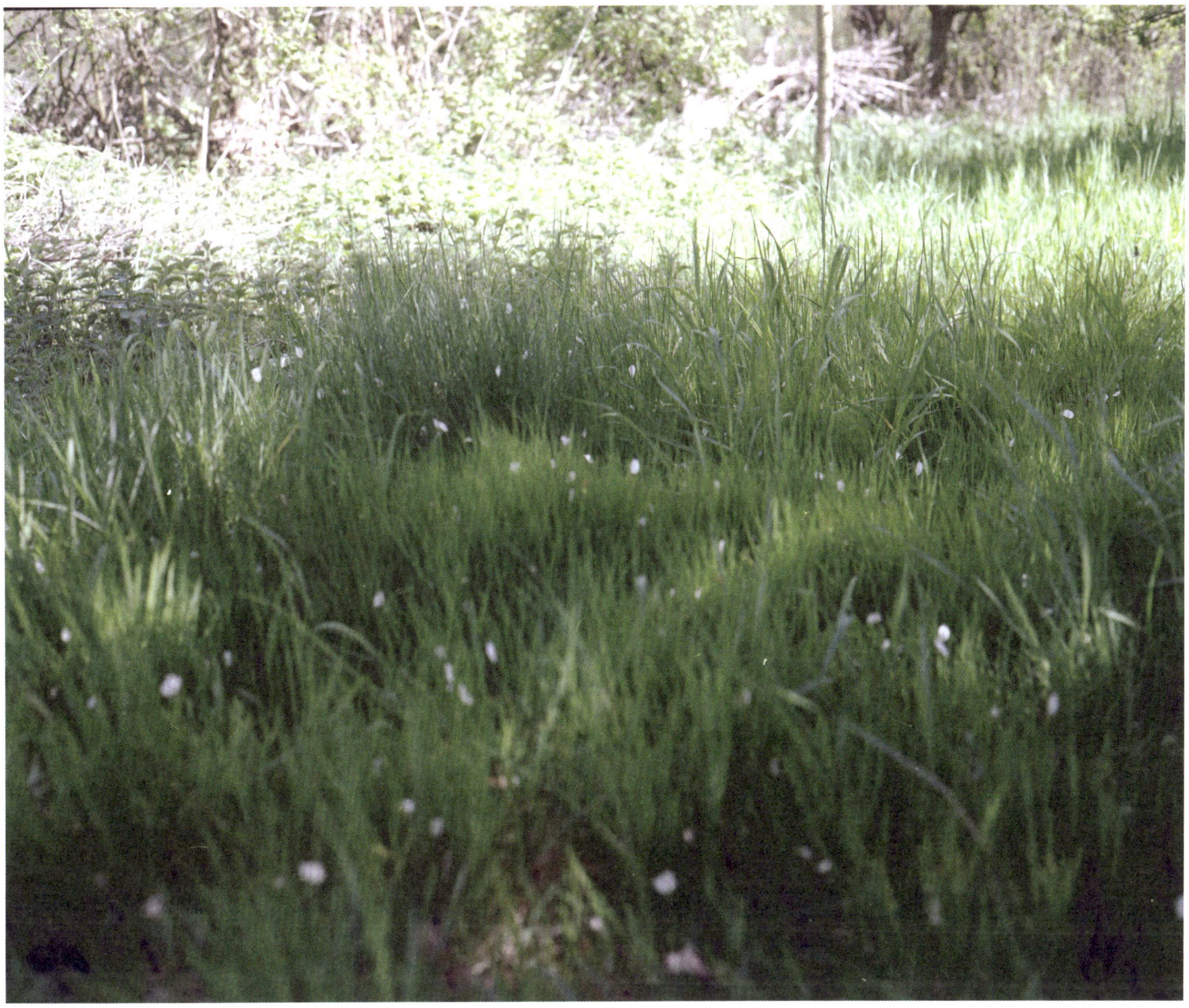

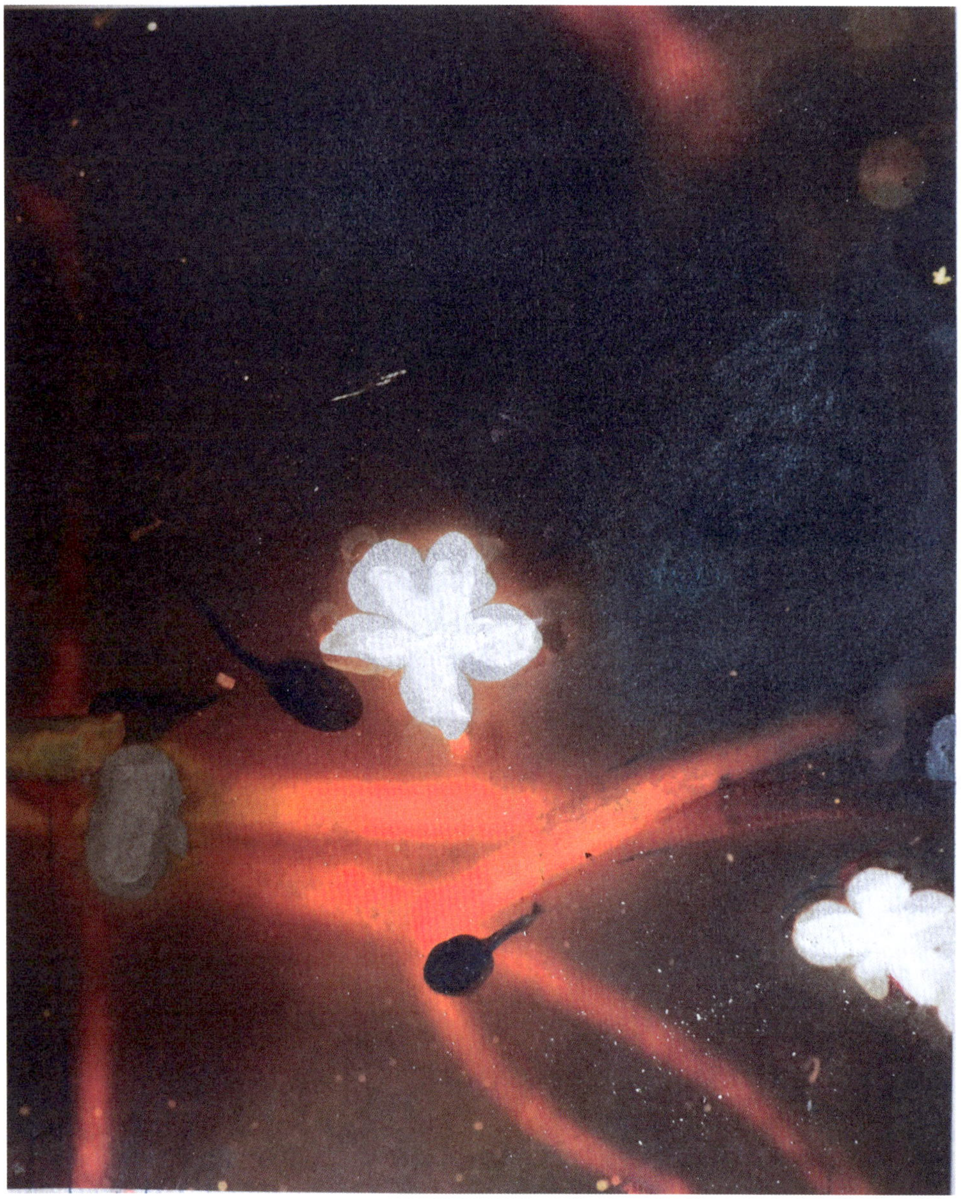

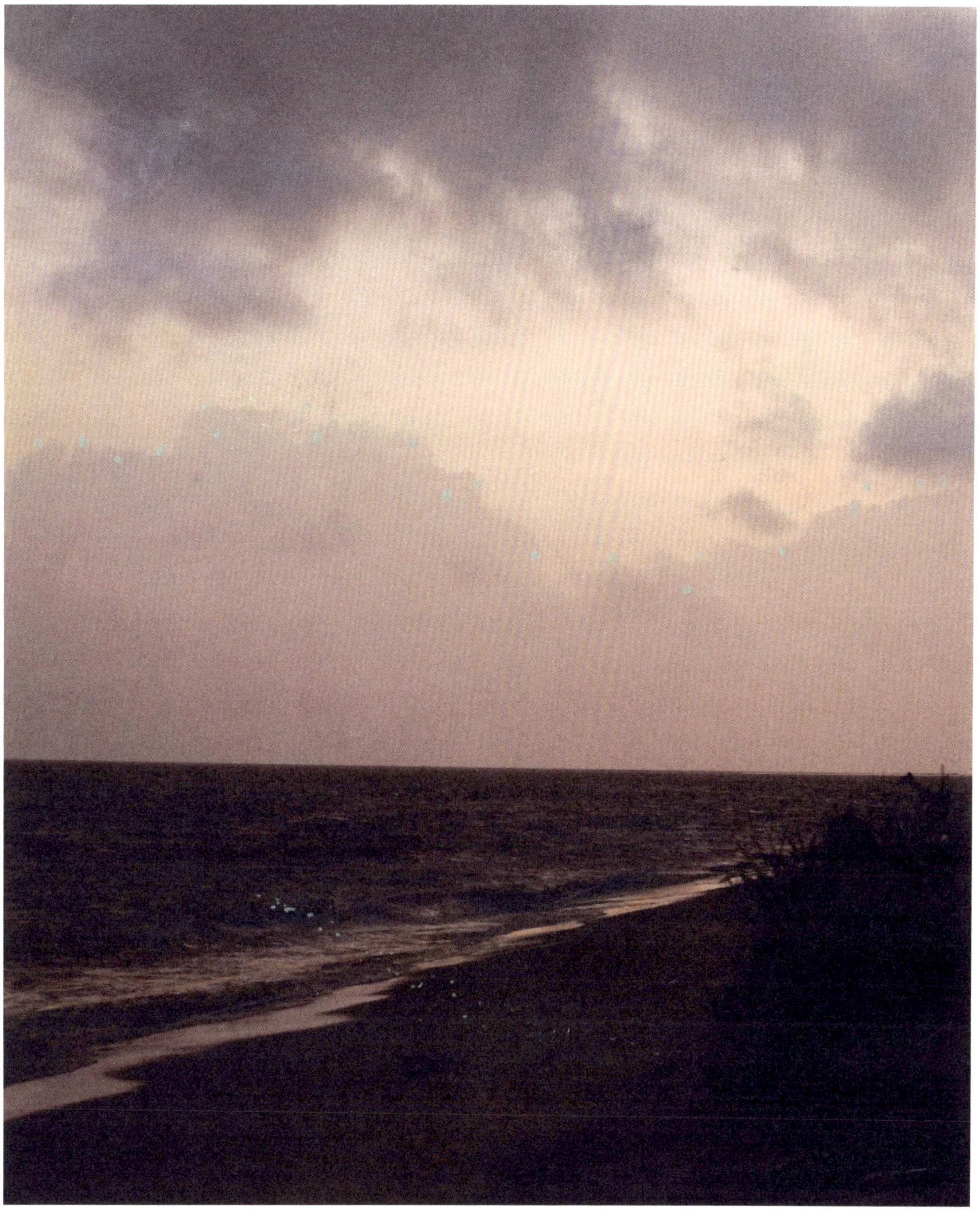

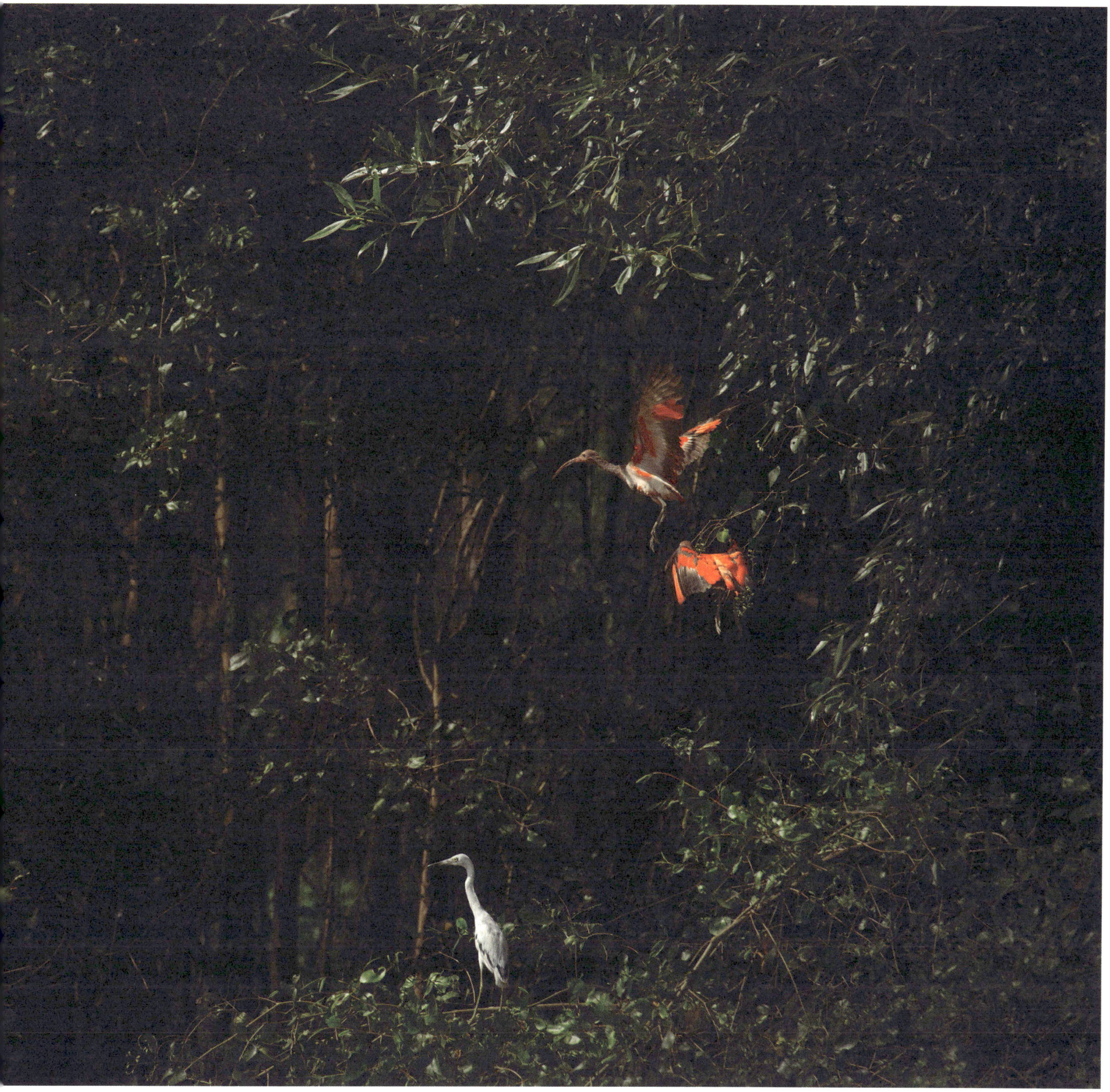

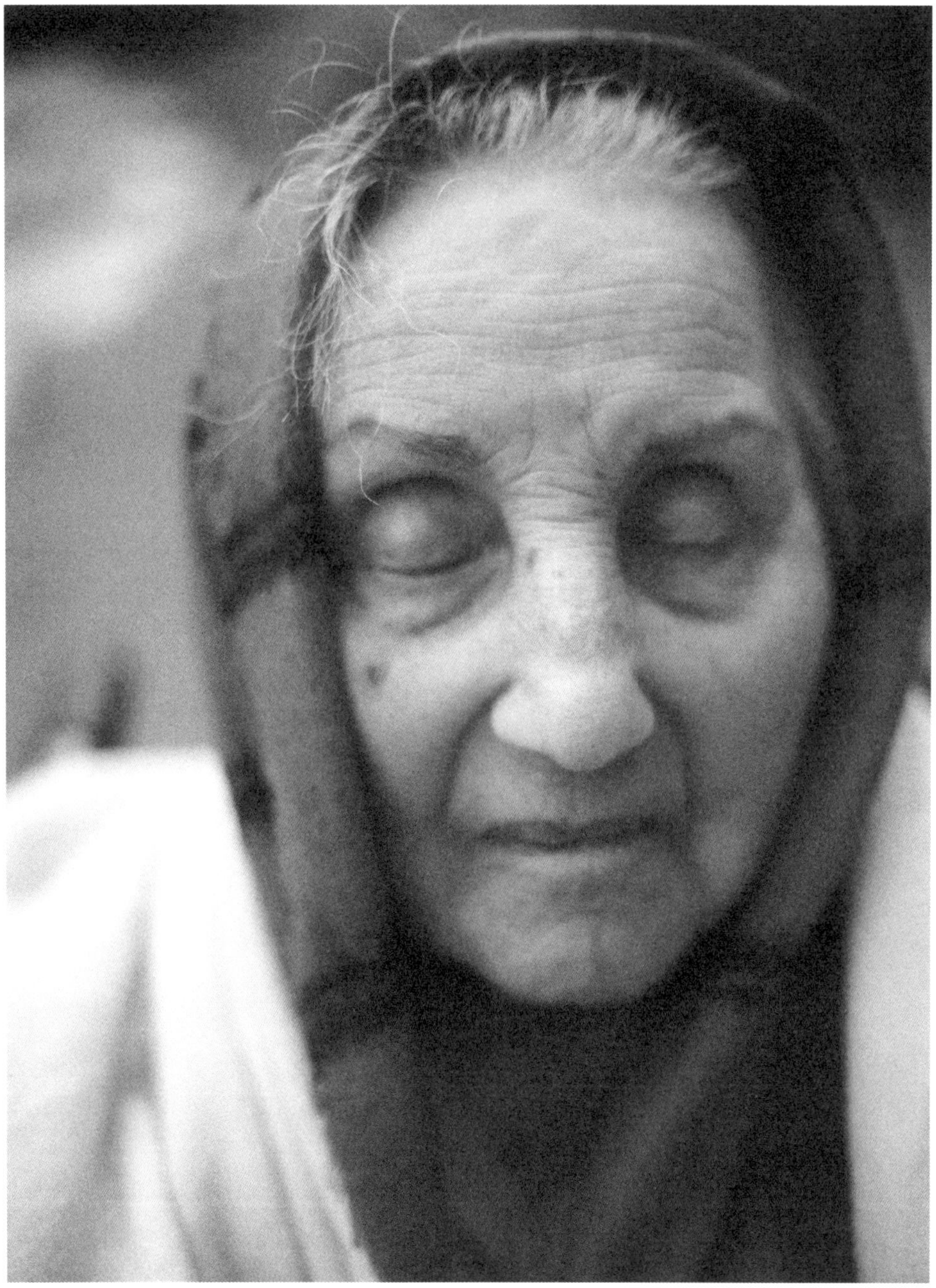

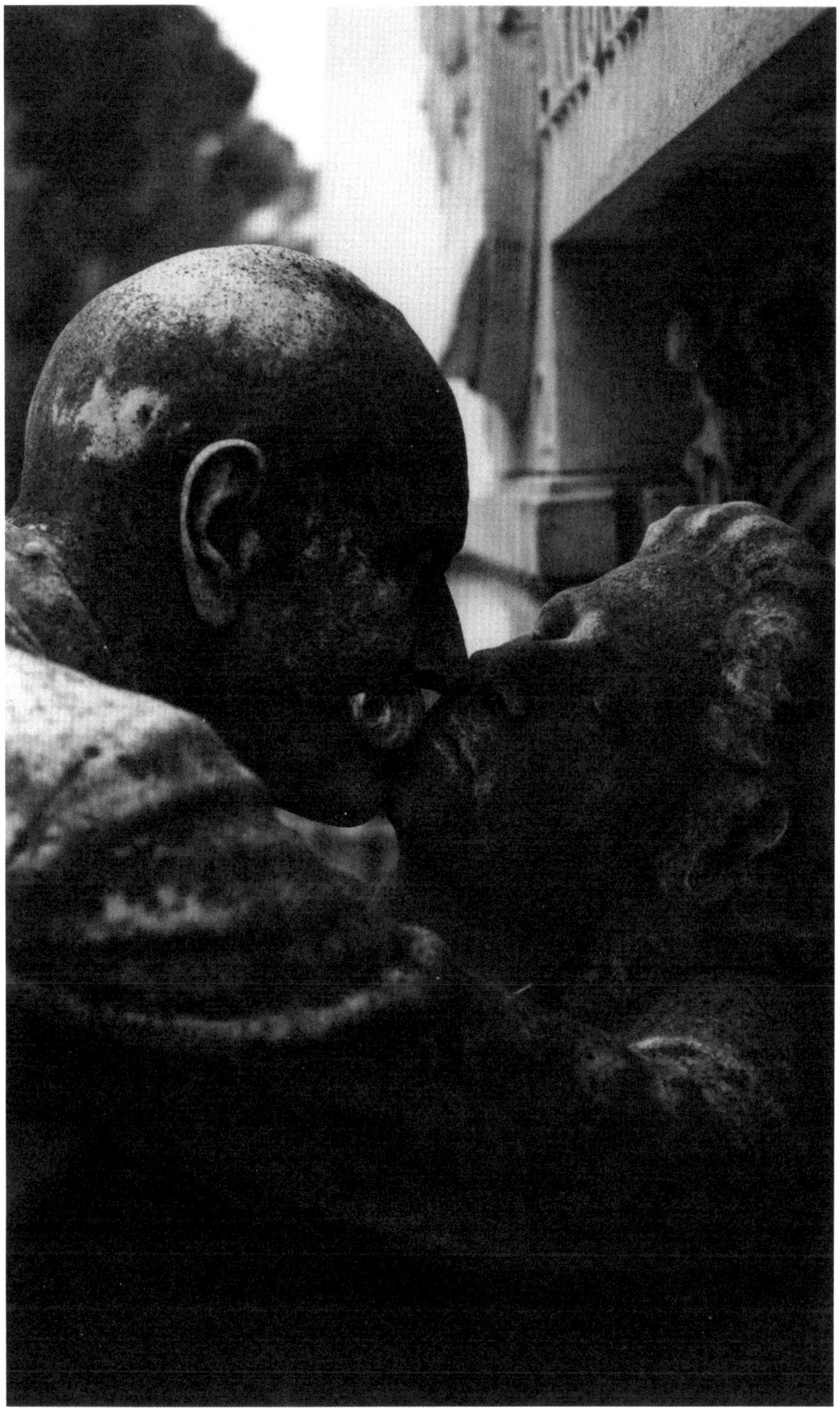

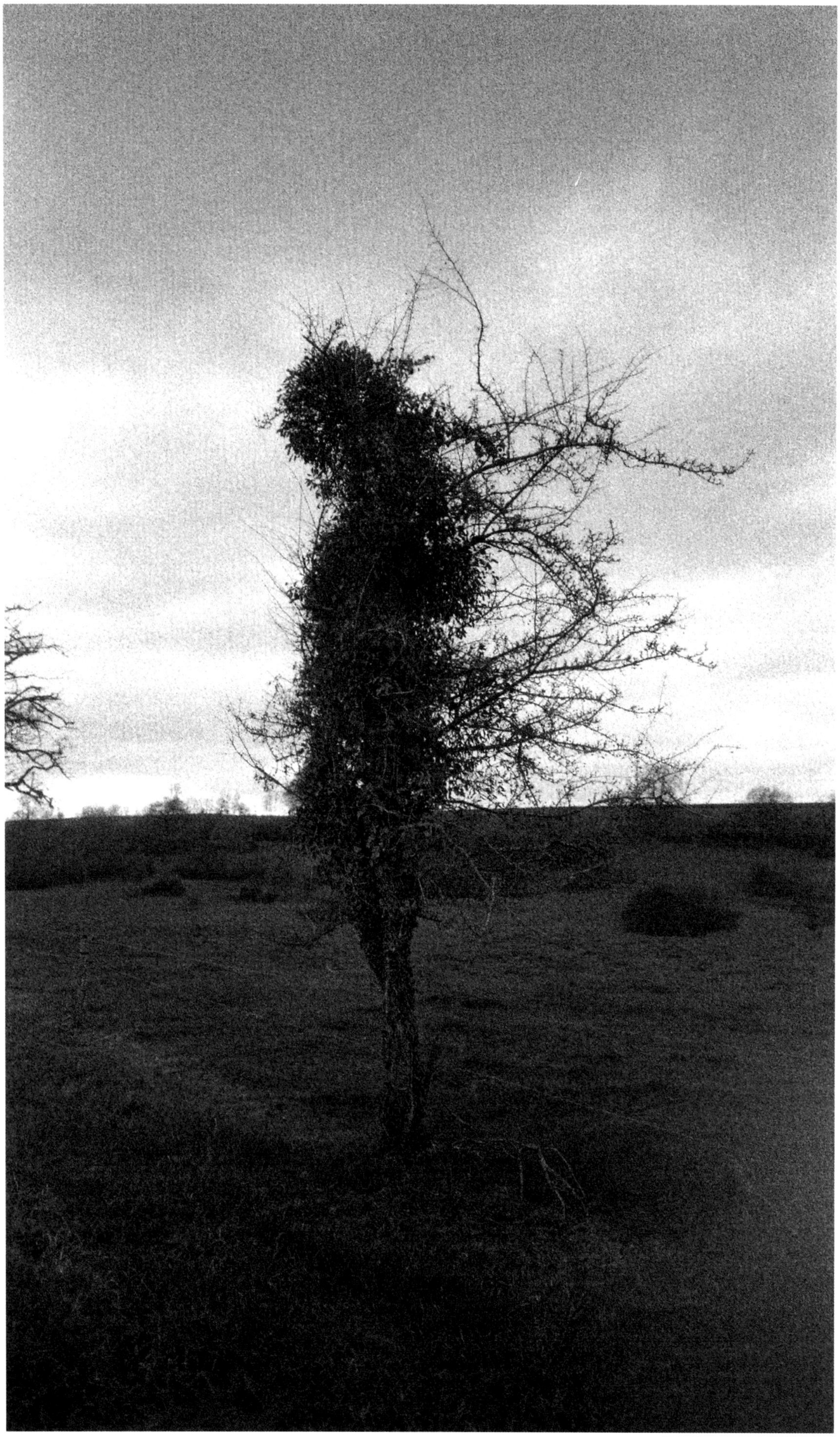

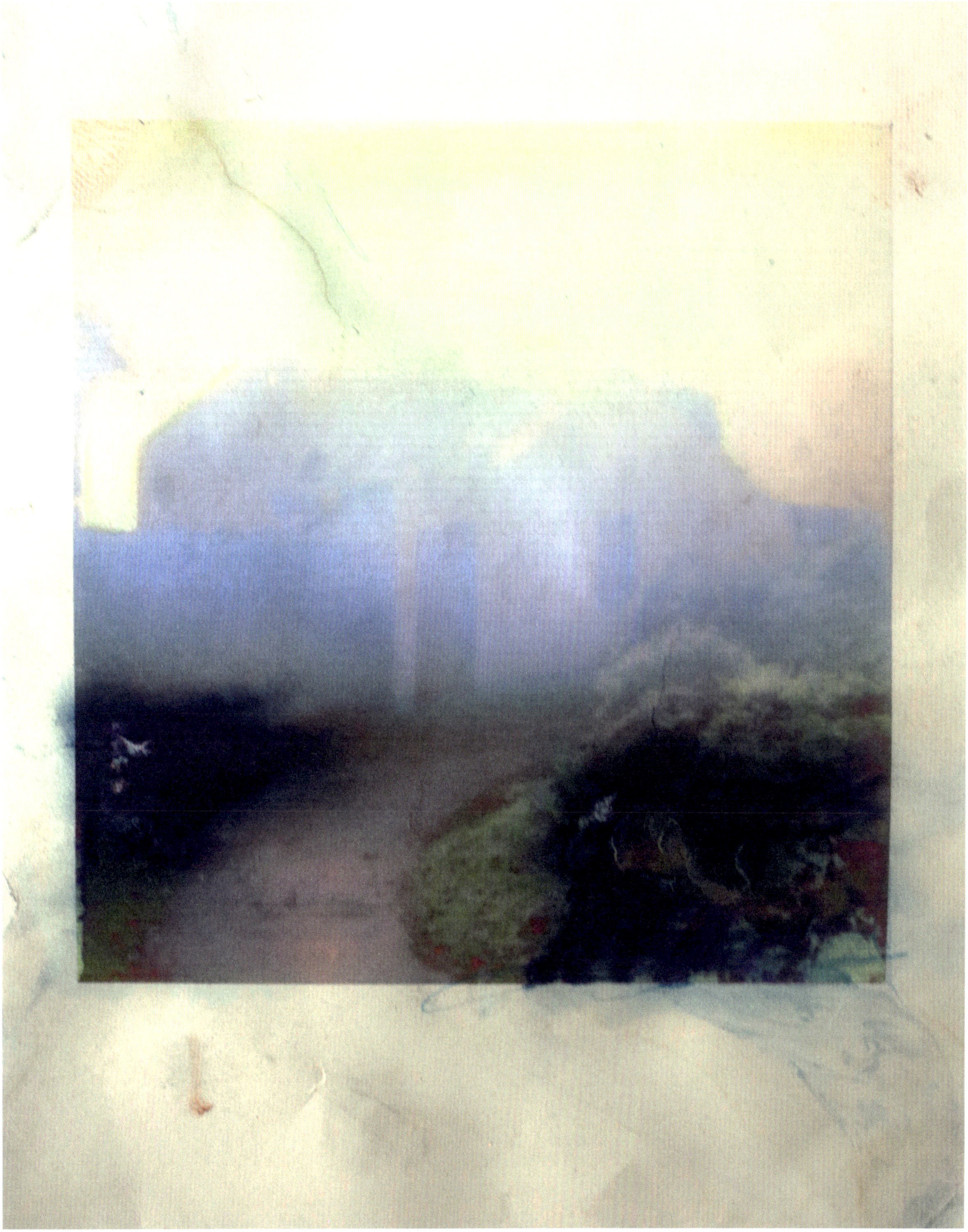

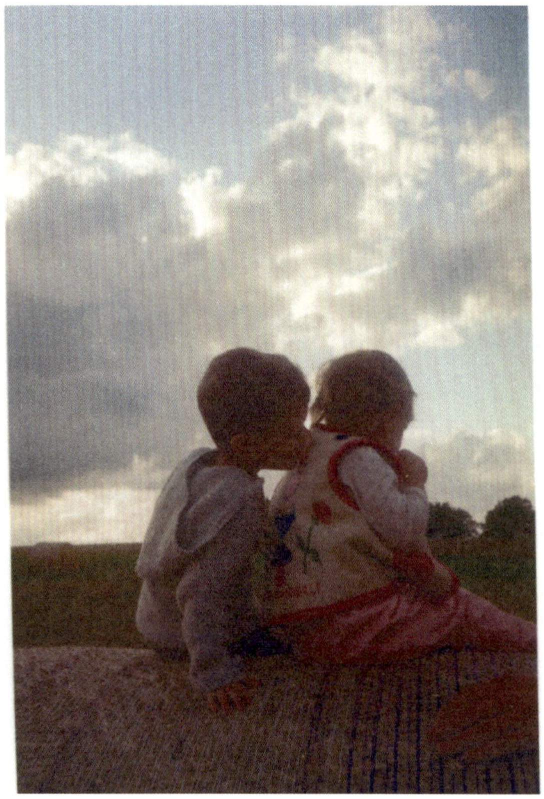

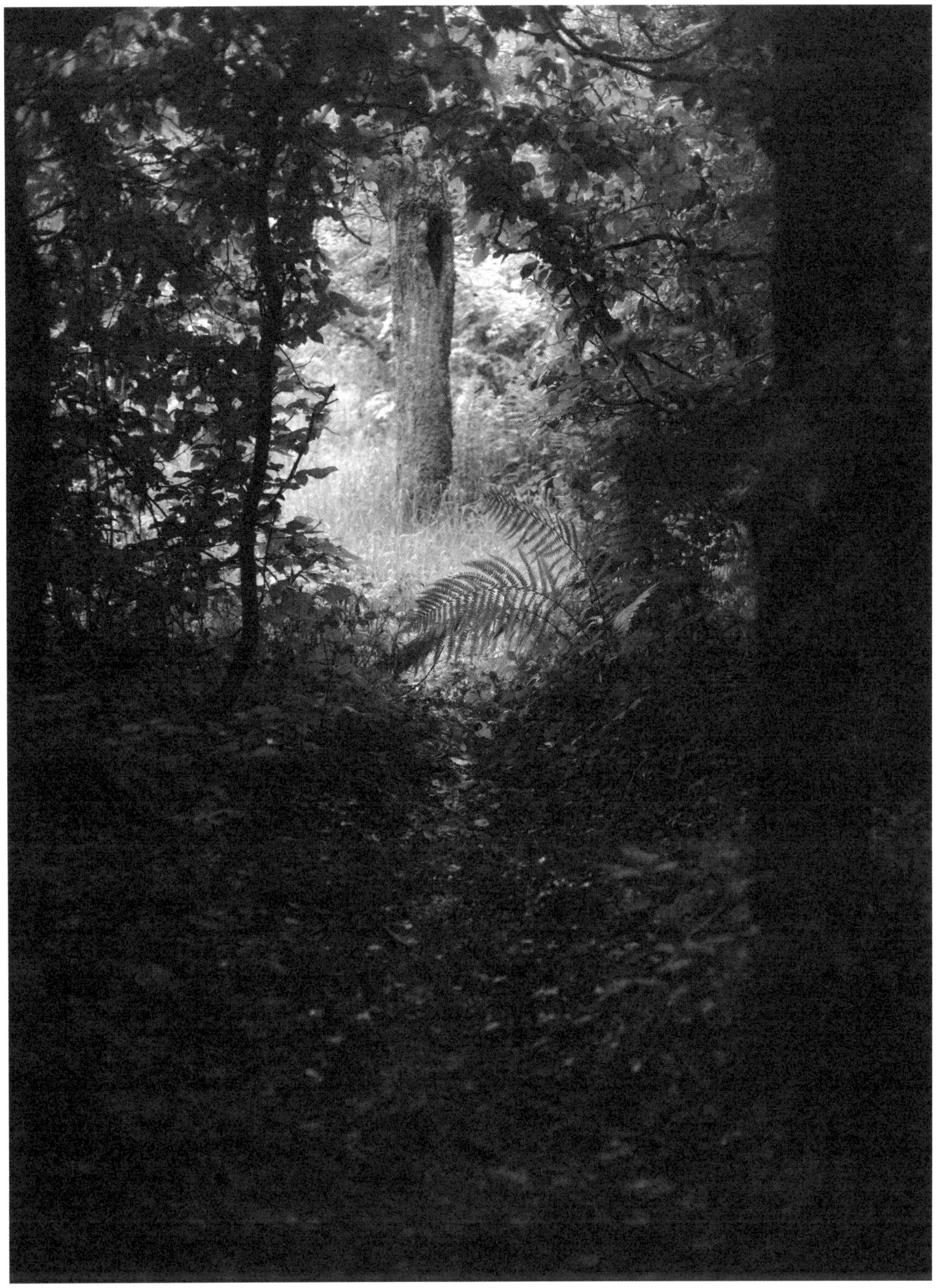

Est-ce qu'il pleut ?
est-ce que les pommes sont vertes ?
est-ce que les feuilles piquent ? est-ce que les aiguilles piquent ?
est-ce que les feuilles tombent ?
est-ce que les feuilles vieillissent est-ce que les fleurs meurent ?
est-ce que les humains tombent ?
est-ce que les mains sont dures est-ce que les ongles sont durs ?
est-ce que la peau est sèche ?
est-ce que la voix est sèche ?
est-ce que la toux est rauque ?
est-ce que les fenêtres sont ouvertes ?
est-ce que les corps flottent ?
est-ce que les corps sont jaunes est-ce que les corps sont bleus ?
est-ce que les corps sont lourds est-ce que les corps coulent ?
est-ce que la pluie tombe dans la mer est-ce que je peux tomber dans la rivière ?
est-ce que les assiettes se cassent ?
est-ce que les céréales se renversent sur le sol ?
est-ce qu'il y a encore des céréales dans la boite ?
est-ce qu'il y a du lait ? est-ce que j'aime le lait ?
est-ce que je peux avoir un verre d'eau ?

Les corps ne coulent pas les fleurs meurent tu ne tomberas pas dans la rivière la pluie tombera la neige tombera et la voix sera douce et les mains seront douces et la peau sera sèche et les fenêtres ouvertes et les corps bleus et les piscines ouvertes. Parfois la mer sera agitée et on s'y baignera quand elle sera calme. Parfois les assiettes casseront et on mangera dans des bols. Les dindons sont rouges et les ânes sont gros les choses changent et on ne boit pas l'eau de la rivière et on ne boit pas l'eau de la mer et on ne court pas autour de la piscine et je n'oublie pas je ne t'oublie pas je ne t'oublie pas dans l'eau et je ne t'oublie pas dans la mer et on mange ce qu'il y a à manger et on sent avec le nez et tes chaussettes sont mouillées il faut les changer.

Est-ce que les dindons font peur ?
est-ce qu'on mange les dindons ?
qu'est-ce qu'on mange ?
est-ce que ça sent bon ?
est-ce que la neige est froide ?
est-ce que les fleurs fondent ?
est-ce que les gens tombent ?
est-ce que les choses changent ?
est-ce que c'est la même eau qui coule dans le fleuve ?
est-ce que c'est la même eau qu'on boit ?
est-ce qu'on a froid dans l'eau ?
est-ce qu'on attend quelque chose ?
est-ce que tu m'attends ? est-ce que les fleurs meurent ?
est-ce que les enfants grandissent ?
est-ce que mon dessin est beau ? qu'est-ce qu'on attend ?

*Je te prends en photo, je t'attends j'ai froid, en hiver ton dessin est beau,
je veux un dessin parfois les ânes ont peur de moi on attend la pluie.*

Est-ce que les poneys ont peur est-ce que les ânes font peur ?
est-ce que les bouts des doigts sont durs ?
est-ce qu'ils grattent ?
est-ce que ce sont des champignons ?
est-ce qu'on peut les manger ?
est-ce qu'on peut jeter des pierres dans la mer ?
est-ce qu'on peut manger du raisin ?
est-ce qu'on aime bien l'hiver ?
est-ce que les choses s'oublient ?
est-ce que tu fais une photo ?
est-ce que tu me prends en photo ?
est-ce que tu peux baisser la tête ?
est-ce que j'ai froid en hiver ?
est-ce que tu as chaud en été ?
est-ce qu'on a le temps ?

On jettera des pierres dans la mer les oiseaux voleront et mes cheveux seront mouillés tu me prendras en photo et je sécherai tes cheveux le bout de mes doigts sera dur on aura froid et ce sera l'été.

Est-ce que tu aimes bien les fleurs ?
est-ce que tu veux un dessin ?
est-ce qu'on a le temps de s'arrêter ?
est-ce que les chats sont fatigués ?
est-ce qu'on peut nourrir les pigeons ?
est-ce que les oiseaux volent ?
est-ce qu'on a le temps de rester ?
est-ce que mes chaussettes sont mouillées ?
est-ce que mes cheveux sont secs ?
est-ce que c'est le matin ?
est-ce que le soleil se couche ?
est-ce qu'on peut courir autour de la piscine ?
est-ce qu'on peut sauter dans la piscine ?
est-ce qu'on peut la boire ?
est-ce que la piscine devient rouge ?
est-ce qu'il y a des vagues ?
est-ce que je vais me noyer ?
est-ce que j'ai peur ?

*Je ne sais pas si tu as peur je ne sais pas si tu aimes l'hiver
je ne sais pas ce que tu oublies et ce que tu retiens je ne cours pas
autour de la piscine on a le temps c'est le matin et le soleil se couche.*

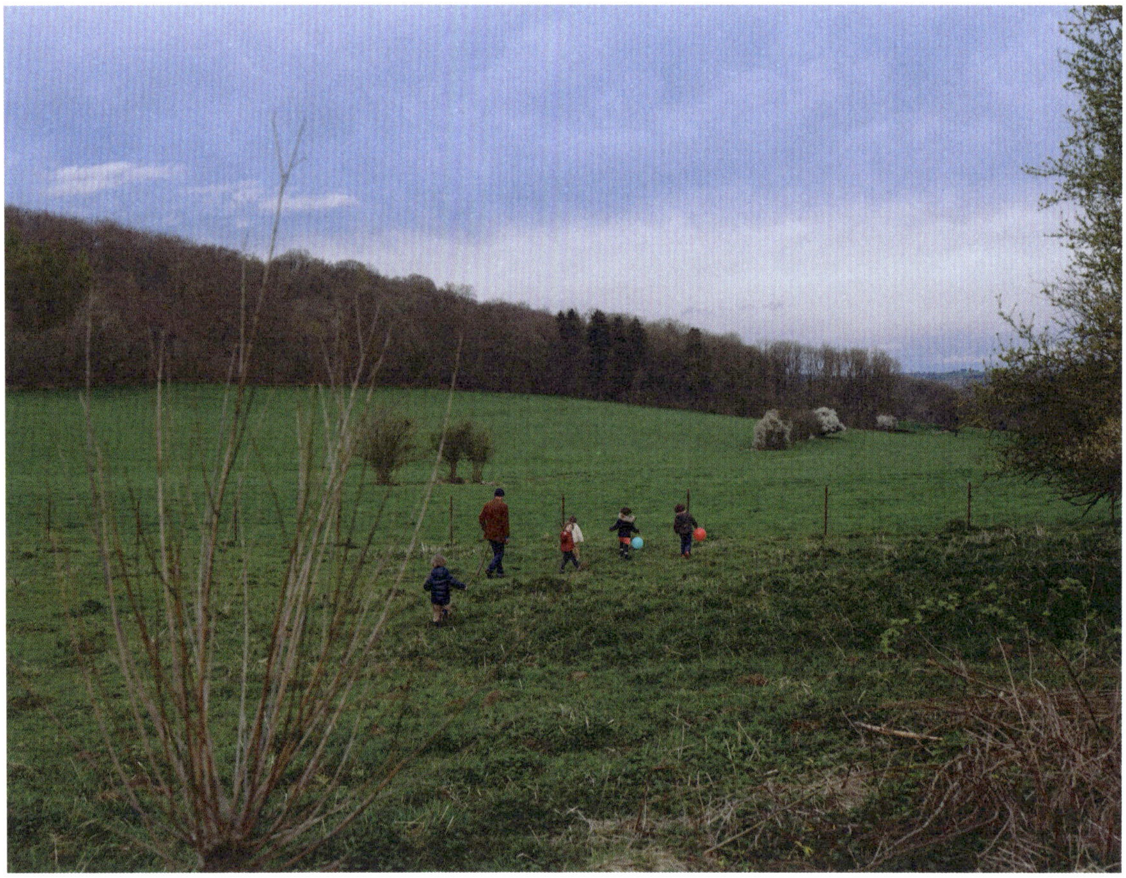

Remerciements

À Lucia,
Ma fille, ma lumière,
Ma force.
Je dédicace aussi ce livre à toutes les mamans, à notre terre, ses arbres et ses fleurs, ses rivières et ses océans ; aux mitochondries.
Aux pierres qui en retracent l'âge.
Aux forêts et aux lieux qui me connectent aux fantômes. Aux personnes qui protègent.

Je remercie également pour cet ouvrage:
Lissa Gasparotto, ma sœur pour son magnifique papillon de nuit, Eva Mancuso pour ses mots,
Bruno Devos, Sarah Stone, David Boon de chez HOPPER&FUCHS pour leur confiance dans la production
de se livre. Christopher de Béthune pour la poésie du titre.
Brice Dreessen pour son soutien inconditionnel et tout l'amour et la sécurité qu'il m'apporte.

Marquisar Jean-Jacques et les habitants de Awala-Yalimapo et Coswine : Michel, Rita, Gaëtan, Lidya,
Benjamin ainsi que l'équipe des Rencontres Photographiques de Guyane sans qui rien n'aurait été possible là-bas.
Claude Goulet, les Rencontres de la photographie en Gaspésie et le Centre d'artistes Vaste et Vague pour le Canada,
Dries Roelens et Marie Papazoglou de chez Stieglitz 19 de croire en mon travail et pour leur soutien.
Mes amis en Ukraine,
Ma famille, ma maman, mon papa, mon frère, ma grand-mère et ceux qui sont déjà partis,
mes tantes, mes cousins et les cousines, Minnie et Toto, ma marraine.

Mes précieuses amies et leurs merveilleux enfants pour nos refuges ensemble :
Lauriane et Basile, Laura et Billie et Diego, Giulia et Malik, Caro et Lenny, Jeanne et Elodie et Reva, Sidney et Nour, Valentine et Isaac,
Paola et Asia, Margaux et Ziggy, Anémone et Georgia, Anton et Paloma, Stef et Morris, Gaëlle et Tobias et aussi Malou, Liyo,
Mimi, Lora, Audrey, Munix, John John, Luna, François, Diego, Xavier, Nick, Tania, Soa, Clara, Marine, Alice, Leo, Jeanne et Tony
pour la Sicile, Harold, Camiel, Aurélie, Lillie et Nico, Geert, Louise, Anne Françoise, Christian et Martine, Cassandre,
Jean Ba, Coco, Thomas et Salomé, Laurent et Xavier pour le prêt d'atelier, Manu et Élodie les guérisseuses.

Je remercie également toutes les personnes qui ont soutenu mes éditions caritatives, l'exposition Lettres Ukrainiennes
à la New Space et tous ceux et celles qui luttent pour la défense de l'environnement, contre le fascisme et le patriarcat.

Merci pour tout immensément.

Colophon

Photographs • Lara Gasparotto
Cover illustration • Lissa Gasparotto
Graphic Design • Lara Gasparotto & David Boon
Text • Eva Mancuso
Publisher • Bruno Devos at HOPPER&FUCHS
Printing • Zwartopwit
Paper • Munken Lynx 1.13 150 gsm
ISBN • 9789464002386

Refuge, 750 copies, June 2024